기독교문서선교회 (Christian Literature Center: 약칭 CLC)는 1941년 영국 콜체스터에서 켄 아담스에 의해 시작되었으며 국제 본부는 미국 필라델피아에 있습니다. 국제 CLC는 59개 나라에서 180개의 본부를 두고, 약 650여 명의 선교사들이 이동도서차량 40대를 이용하여 문서 보급에 힘쓰고 있으며 이메일 주문을 통해 130여 국으로 책을 공급하고 있습니다. 한국 CLC는 청교도적 복음주의 신학과 신앙서적을 출판하는 문서선교기관으로서, 한 영혼이라도 구원되길 소망하면서 주님이 오시는 그날까지 최선을 다할 것입니다.

인류의 기원과 역사(상)
과학으로 보는 천지창조

The Origin and the History of the Humankind: A Scientific Review of the Creation
Written by Jinsung Kim
All rights reserved.
Korean Edition Copyright ⓒ 2021 by Christian Literature Center, Seoul, Korea.

인류의 기원과 역사(상)

2021년 3월 25일 초판 발행

지 은 이 | 김진성

편　　집 | 황평화
디 자 인 | 한다정, 서보원
펴 낸 곳 | (사)기독교문서선교회
등　　록 | 제16-25호(1980.1.18.)
주　　소 | 서울특별시 서초구 방배로 68
전　　화 | 02-586-8761~3(본사) 031-942-8761(영업부)
팩　　스 | 02-523-0131(본사) 031-942-8763(영업부)
이 메 일 | clckor@gmail.com
홈페이지 | www.clcbook.com
송금계좌 | 기업은행 073-000308-04-020　(사)기독교문서선교회
일련번호 | 2021-21

ISBN 978-89-341-2243-2 (94230)
ISBN 978-89-341-2242-5 (SET)

이 책의 저작권은 저자와 (사)기독교문서선교회가 소유합니다. 신저작권법에 의하여 한국 내에서 보호받는 저작물이므로 무단 전재와 무단 복제를 금합니다.

인류의 기원과 역사(상)
과학으로 보는 천지창조

김진성 지음

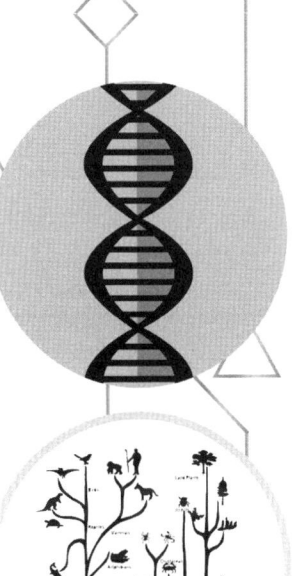

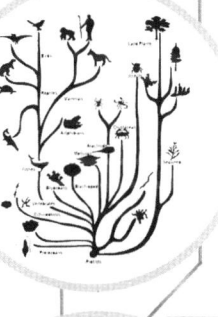

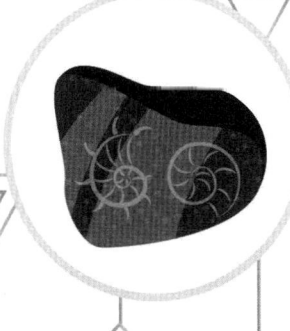

CLC

목차

저자 서문   6

제1부   모든 것의 시작   12
제1장   처음에 무엇이 있었을까?   13
제2장   과거를 어떻게 알 수 있을까?   33

제2부   우주의 기원   51
제1장   우주는 어떻게 이렇게 유지되고 있을까?   52
제2장   우주는 어떻게 시작되었을까? 빅뱅 이론   77
제3장   우주는 어떻게 시작되었을까? 우주 상대성 이론   99

제3부   생명의 기원   121
제1장   생명의 속성은 무엇일까?   122
제2장   생명체의 구조는 얼마나 복잡할까?   143
제3장   생명체의 정보는 얼마나 복잡할까?   165

제4부　지구의 격변　　　　　　　　　　　　　　　186

　제1장　지구는 얼마나 오래되었을까? 방사성 동위원소 연대 측정　187

　제2장　지구는 얼마나 오래되었을까? 동일 과정설 vs. 격변설　208

　제3장　지구는 어떻게 지금 모습이 되었을까? 수판 이론　224

제5부　생명의 격변　　　　　　　　　　　　　　　245

　제1장　지층과 화석은 어떻게 생겨났을까? 대홍수와 화석　246

　제2장　화석은 어떻게 분류될 수 있을까? 다윈의 진화계통수　264

　제3장　생명체는 변화하고 있을까? 창조 vs. 진화　287

제6부　인류의 격변　　　　　　　　　　　　　　　311

　제1장　원시인은 누구인가? 화석 속의 고대 인류　312

　제2장　인류의 조상은 누구일까? 아담과 노아　335

저자 서문

김 진 성 박사
한국과학기술원(KAIST) 경영공학

우선, 다른 사람들의 연구를 인용한 책으로서 저작권과 관련된 입장 같은 변명을 먼저 말하고자 한다.

전문가의 연구 업적들은 보통 논문의 형태로 학술지에 실리게 된다. 이러한 저술을 1차 저작이라고 할 수 있다.

논문과 같은 1차 저작은 보통 하나의 주제에 대해 깊숙이 다루기 때문에 해당 분야에 대한 체계적이고 전문적인 이해를 제공하지는 않는다. 따라서 해당 분야의 전문가들은 후대를 양성하거나 자신의 분야를 다른 사람들에게 설명하기 위해 전문적인 내용들을 체계적으로 정리하여 비교적 쉽게 설명하는 책들을 작성하게 된다. 이러한 저술을 2차 저작이라고 할 수 있다. 2차 저작은 보통 수많은 1차 저작을 참고로 하여 작성된다.

이 책은 어디에 속하는가 하면, 3차 저작이라고 할 수 있다. 이 책은 수많은 2차 저작 중에서 가장 합리적이고 체계적인 저술들을 골라내어, 하나의 세계관을 완벽히 설명하기 위해 구성했다. 따라서 참고 문헌은 다수의 1차 저작보다는 소수(약 10권 정도)의 2차 저작에 크게 의존한다. 결과적으로 이 책에서 대부분의 장은 중요 2차 저작 중 해당 부분의 인용, 요약, 정리, 체계화 및 추가 해설의 형태이고, 일부 적절한 2차 저작을 찾을 수 없는 부분들만 직접 1차 저작들을 찾아가며 정리한 2차 저작의 형태가 되었다.

즉 이 책은 소수의 책 속의 중요한 연구 성과를 체계적으로 엮어 제공하고자 작성되었으며, 결과적으로 이들 연구자에게 크게 빚지고 있다. 다만,

그동안 다양한 책과 글을 읽고 공부해 온 저자로서는 소수의 책 선별 및 체계적 정리라는 이 책의 기여 역시 결코 적다고는 생각하지 않는다. 각 장의 마지막에는 주로 인용된 책뿐만 아니라, 참고된 책을 모두 정리했다. 주요 저작에서 가져온 과학적 사실이나 기술들이 많기 때문에, 본문에서 각 인용처 별로 세부적인 주석을 달거나 표시를 하지는 않았다.

다음으로, 이 책의 의도에 대해 언급하고자 한다.
이 글은 수많은 창조론자가 성공적으로 해석해 낸 과학적 사실들을 일련의 흐름 속에서 통합적으로 제시하고, 기존의 통합 이론인 진화론과 비교했다. 더불어, 인류의 역사도 기존에 알려진 연대들과 달리 창조론에 맞춰 충분히 합리적으로 재편될 수 있다는 점은 다음에 나올 책에서 정리할 것이다.

'구슬이 서 말이라도 꿰어야 보배'라는 속담이 있다. 값비싸고 귀중한 것들도 하나로 아름답게 엮어져야 그 진정한 가치가 더욱 도드라진다. 마찬가지로, 하나하나의 장면이 정말 기가 막히고 재밌어도, 전체적인 이야기의 개연성과 흐름이 잘 잡혀있지 않으면 훌륭한 영화라고 하기 어렵다. 이렇게 각각의 세부적인 요소를 더욱 부각해 주는 전체적인 구성과 체계는 특히나 학문의 세계에서 정말로 중요하다.

반면, 전체적인 구성과 체계가 너무나 큰 설득력을 가져서, 그 세부적인 사항에 빈틈과 허점이 많더라도 사람들이 대수롭지 않게 봐주는 경우들도 생긴다. 특히 장기간에 걸쳐 연재되는 대서사시 부류의 소설이나 만화 등에서 세부적인 사항들에 오류가 생기는 경우가 많다. 그러나 이렇게 웃어넘겨도 되는 취미 생활과 달리, 엄밀성을 요구하는 학문의 세계에서 이런 식으로 구렁이 담 넘어가듯 지나치는 일이 실제 존재한다는 것은 큰 문제가 아니라 할 수 없다. 바로 진화론의 체계가 '우주의 기원', '지구의 역사', '생명의 기원'에 대해서 아무런 구체적인 증거를 제시하지 못할뿐더러, 치명적인 결함들로 가득하다는 점에서 그렇다. 이 책은 진화론의 문제들을 지엽적인 수준이 아닌 가장 근본적인 부분에서 지적하고 있다.

한편, 창조론은 그동안 제대로 된 체계를 통합적으로 제시하지 못했다. 뛰어난 학자들이 '우주의 기원', '지구의 역사', '생명의 기원'에 대한 합리적인 이론들을 개발해 내었지만, 이 모든 것은 각각의 주제로 따로 다루어졌다. 많은 훌륭한 저자가 창조론과 관련된 내용들을 하나의 책에 정리하기도 했지만, 각각의 구슬을 하나로 잘 연결하여 보물로 엮었는지에 대해서는 의문이 남는다. 하물며 창조 과학을 다룬 책에서 진화론에 포섭되어 버린 인류의 역사까지 제대로 다룬 경우는 전혀 없다. 이 책은 모든 것의 시작을 체계적, 단계적으로 살펴보며 창조론의 합리성을 주장한다.

그리고 과학을 다룬 상권과 달리 하권에서는 서아시아(중동)의 기원전 역사 연대를 설득력 있게 재편함으로써, 인류의 역사가 그리 오래되지 않았다는 주장이 충분히 가능성이 있음을 보여 주고자 한다. 다음 책에서는 우리가 막연히 자료가 없어 알기 어렵다고 생각하던 고대의 역사가 생각보다 별로 빈 부분이 없으며, 서로 상관없는 것 같은 내용이 기묘하게 연결되면서 역사의 퍼즐들이 완벽하게 맞춰지는 것을 확인할 수 있을 것이다.

마지막으로, 이 책의 구성에 관해 기술하고자 한다. 이 책은 크게 '기원 편'과 '격변 편'으로 구성되어 있다.

'기원 편'은 먼저 처음이란 무엇인지, 과학적 연구 방법이란 무엇인지에 대한 이해로부터 시작된다. 다음으로 우주의 기원에 대해서 '빅뱅 이론'과 '우주 상대성 이론'을 살펴본다. 우주의 기원에 이어서는 우주 안에 존재하는 가장 특별한 존재, 생명의 기원에 대해 살펴보기 위해 생명의 특수성을 살펴본다. 이러한 특수성이 어떻게 존재할 수 있는가를 통해 생명의 기원을 설명하고자 한다.

이 책의 후반부는 '격변 편'을 다룬다. 먼저 생명이 존재하는 지구는 얼마나 오래되었는지 살펴보며, '동일 과정설'과 '격변설'을 비교한 뒤, 격변이 발생한 방식인 '수판 이론'을 설명한다. 생명의 변화는 보통 화석으로 설명되는데, 격변설이 설명하는 화석의 생성 원인을 파악함으로써 실제 생명의 변화가 어떻게 해석되어야 하는지를 살펴본다. 특히 다윈의 진화론과 멘델의 유전학 그리고 린네의 분류학이 어떤 관계를 가지는지 확인해 본다. 끝으로 원시인 혹은 고대 인류 화석들을 살펴보고, 유전학적 연구들을 통해 실제 인류가 어떤 변화를 겪었는지 검증해 봄으로써 격변편이 마무리된다.

  비록 이 글에서 제시하는 창조론 이론과 체계에 다소 미흡하고 어설픈 부분들이 있지만, 이것은 창조론이 사실에 부합하지 않기 때문이 아니라, 더 많은 자료를 검토하고 더 잘 정리하지 못한 저자의 부족함에 기인하는 것이다. 미흡하고 부족하지만, 누군가 내디뎌야 할 첫걸음을 찾다 찾다 마침내 스스로 걸을 수밖에 없었던 저자의 간절함이 되도록 많은 분의 마음에 가닿기를 바라며 부족한 글을 마친다.

핵심 참고 문헌

아래에 소개되는 책들은 각 주제에 대해 잘 정리된 책들로 이 책에서 기술되는 과학적 사실들과 논리들은 주로 아래 책들에 수록된 내용을 옮긴 것이다. 아래의 책들 외에 다른 참고 서적들과 논문들은 각 장 말미에 소개되어 있다(출간 연도가 둘인 경우, 후자는 번역본의 출간 연도를 의미한다).

제1부 제1장: 처음에 무엇이 있었을까?
R.C.스프로울, 키이스 매티슨. 『창조인가 우연인가』(Not a Chance), 김태곤 역. 서울: 생명의말씀사, 1994/2014, 제8장-9장.

제1부 제2장: 과거를 어떻게 알 수 있을까?
스티븐 C. 마이어. 『세포 속의 시그니처』(Signature in the cell), 이재신 외 역. 서울: 겨울나무, 2009/2014, 제7-8장.

제2부 제1장: 우주는 어떻게 이렇게 유지되고 있을까?
Alex Williams/John Hartnett. *Dismantling the Big Bang*. Master Books, 2005, 제3장.

제2부 제2장: 우주는 어떻게 시작되었을까? 빅뱅 이론
Alex Williams/John Hartnett. *Dismantling the Big Bang*. Master Books, 2005, 제4장.

제2부 제3장: 우주는 어떻게 시작되었을까? 우주 상대성 이론
John Hartnett. Starlight, *Time And The New Physics*. Creation Book Publishers, 2010, 개정판, 전체.

제3부 제2장: 생명체의 구조는 얼마나 복잡할까?
마이클 베히. 『다윈의 블랙박스』(Darwin's black box), 김창환 외 역. 서울: 풀빛, 1996/2001, 전체.

제3부 제3장: 생명체의 정보는 얼마나 복잡할까?
스티븐 C. 마이어. 『세포 속의 시그니처』(*Signature in the cell*), 이재신 외 역. 서울: 겨울나무, 2009/2014, 제8-13장.

제4부 제1장: 지구는 얼마나 오래되었을까? 방사성 동위원소 연대 측정
John Morris. *The Young Earth: The Real History of the Earth – Past, Present, and Future*. Master Books, 2007, 2nd edition, 제1장, 4-5장.

제4부 제2장: 지구는 얼마나 오래되었을까? 동일 과정설 vs. 격변설
John Morris. *The Young Earth: The Real History of the Earth – Past, Present, and Future*. Master Books, 2007, 2nd edition, 제7장.

제4부 제3장: 지구는 어떻게 지금 모습이 되었을까? 수판 이론
Walt Brown. *In the Beginning: Compelling Evidence for Creation and the Flood*. CSC, 2008, 8th edition, 제2부-개론.

제5부 제1장: 지층과 화석은 어떻게 생겨났을까? 대홍수와 화석
Walt Brown. *In the Beginning: Compelling Evidence for Creation and the Flood*. CSC, 2008, 8th edition, 제2부-액상화 현상.

제5부 제2장: 화석은 어떻게 분류될 수 있을까? 다윈의 진화계통수
스티븐 C. 마이어. 『다윈의 의문』(*Darwin's Doubt*), 이재신 외 역. 서울: 겨울나무, 2013/2015, 제1장-6장.

제6부 제1장: 원시인은 누구인가? 화석 속의 고대 인류
Marvin Lubenow. *Bones of Contention*. Grand Rapids: Baker Books, 2004 revised edition, 전체.

제1부

모든 것의 시작

제1장 처음에 무엇이 있었을까?

제2장 과거를 어떻게 알 수 있을까?

제1장

처음에 무엇이 있었을까?

• 요약

1. 우주의 시작을 알아내는 법

인류가 고민 끝에 얻어낸 우주의 시작에 대한 답변은 세 가지 질문과 네 가지 답변으로 정리된다.

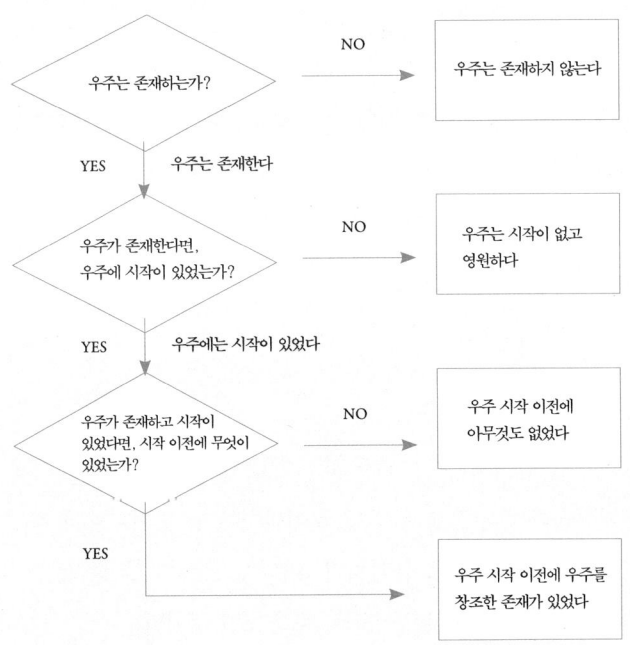

2. 첫 번째 질문과 답변

우주가 꿈이라는 사람들이 있지만, 우주가 없다면 꿈도 없다. 꿈이 있다는 것은 꿈을 꾸는 사람도 필요하고, 무엇보다도 꿈 자체가 이미 존재하는 것이다. 즉, 반드시 무엇(그것이 물질이든 꿈이든)인가가 존재한다는 점에서 우주는 존재한다.

3. 두 번째 질문과 답변

우주가 영원하다는 사람들이 있지만, 과학적 발견에 따르면 그 시작이 있었다. 팽창하는 우주는 언젠가 우주가 더 작아질 수 없는 시점이 있었음을 보여 주며, 점점 무질서해지는 우주는 아직 질서정연하기 때문에 영원히 존재했던 것이 아님을 보여 준다. 즉, 우주는 영원하지 않고 시작이 있었다.

4. 세 번째 질문과 답변

우주 시작 전에 아무것도 없었다는 사람들이 있지만, 신적 존재가 있었다. 아무것도 없으면 영원히 아무것도 생겨나지 않는다. 어떤 법칙이 에너지와 물질을 만들어 냈다면, 우주를 만드는 법칙이 처음부터 존재했던 것이다. 따라서, 우주 시작 전에 우주를 초월한 존재(혹은 법칙)가 존재해야만 한다. 우리 우주를 만들어 낸 초월적 존재는, 우주에 속한 우리로서는 온전히 알 수 없는 신적 존재이다.

5. 초월적 존재

우리 우주를 넘어서는 이 신적 존재에 대해서는 그 어떤 과학적 접근도 불가능하다. 즉, 평행 우주 같은 이야기는 종교 이야기와 전혀 다를 바 없는 사이비 과학에 불과하다. 어디서 왔는지 알 수 없는 빅뱅 이전 특이점의 이야기도 과학이 아니라 종교일 뿐이다.

우리는 우리가 알 수 있는 것들에 대해서만 얘기해야 할 것이다.

1. 시작

우주에는 시작이 있었을까?
아니면 영원히 존재하고 있는 것일까?
만약 우주에 시작이 있었다면 시작 전에는 무엇인가가 있었을까?
혹시 시작 전에는 아무것도 없었던 것일까?
정말로 우주 자체가 존재하기는 하는 걸까?
어쩌면 우리 모두가 꿈을 꾸고 있는 것은 아닐까?
사람들은 오랜 시간 우주의 시작에 대해 고민해 왔다. 그리고 오랜 궁리 끝에 얻어진 우주의 시작에 대한 답변은 다음처럼 네 가지로 정리된다.

첫째, 우주는 환영이다. 그것은 존재하지 않는다 - 우리는 꿈을 꾸고 있는 것이다.
둘째, 우주는 스스로 존재한다 (그리고 영원하다) - 우주에는 시작이 없었다.
셋째, 우주는 스스로 창조되었다 - 시작 전에는 아무것도 없었다.
넷째, 우주는 스스로 존재하는 누군가에 의해 창조되었다 - 시작 전에 어떤 존재가 있었다.

여러분은 우주가 어떻게 시작되었다고 생각하는가?
각자의 철학, 종교 그리고 과학적 입장에 따라 아마 답변이 달라질 것이다.
그렇다면 우리는 이 네 가지 답변 중 어느 것이 사실인지 확인할 수 있을까?
어떻게 하면 이 네 가지 답변에 대해 사실 여부를 검토할 수 있을까?

2. 세 가지 질문

이 네 가지 답변은 다음과 같은 세 가지 질문을 통해 구분이 가능하다.

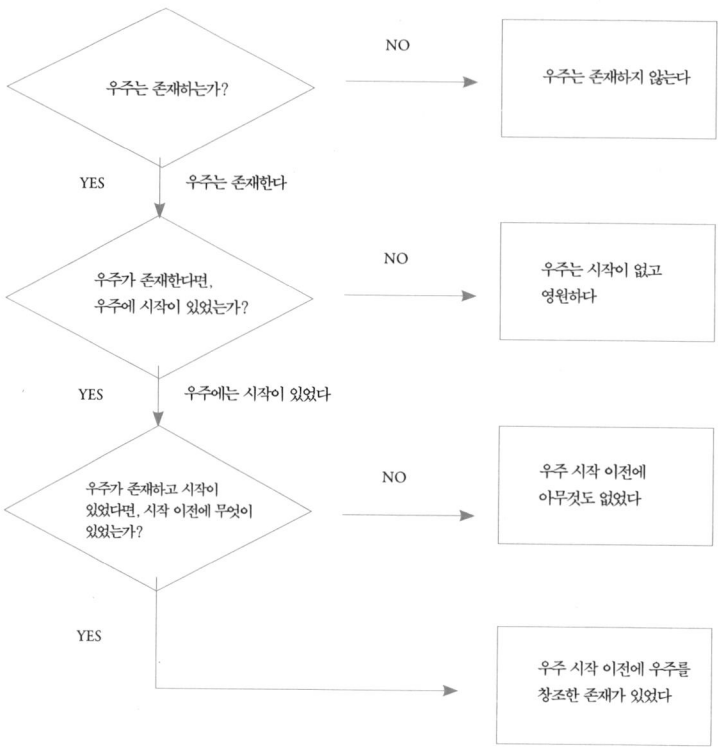

이제 우리에게 이 세 질문에 답할 능력(지식과 지혜)이 있다면, 아마 우주의 시작에 무엇이 있었는지 알 수 있을 것이다. 어쩌면 능력 부족으로 정확한 답을 알아내지 못할 수도 있다.

그렇더라도 우리가 어디까지 알아낼 수 있는지 함께 살펴보도록 하자.

3. 첫 번째 질문: 우주는 존재하는가?

첫 번째 질문-우주는 존재하는가?
첫 번째 답변-우주는 환영이다. 그것은 존재하지 않는다.

이 질문에 답하기 위해 친숙한 예시를 살펴보도록 한다. 꿈 이야기 중에 저자가 아는 유명한 것으로는 장자의 <호접몽>(나비 꿈)과 영화 <매트릭스>(1999)가 있다.

우선 가볍게 키아누 리브스 주연, 워쇼스키 형제(이 책을 쓰던 당시에는 남매가 되었는데, 현재는 자매가 되었다.) 감독의 영화 <매트릭스>를 생각해 보자.

매트릭스의 세계에서 기계는 인간과의 전쟁에서 승리하고 인간들을 가둔 뒤 자신들의 에너지원으로 만들었다. 그리고 인간으로부터 더 효율적으로 에너지를 뽑아내기 위해 인간들이 꿈을 꿀 수 있는 가상 현실을 만들어 낸다. 잠자는 인간들은 이 가상 현실 세계에서 실제처럼 살고 있다는 꿈을 꾼다. 키아누 리브스(네오)는 로렌스 피시번(모피우스)을 만나고, 그에게서 빨간 약과 파란 약 중에 선택할 것을 제안받는다. 파란 약을 먹으면 계속 꿈을 꾸며 살던 대로 살 수 있고, 빨간 약을 먹으면 진실을 알고 이전과는 다른 삶을 살게 된다.

다음으로 중국의 고전인 '장자'에 등장하는 <호접몽>을 살펴보자.

> 언제인가 장주는 나비가 된 꿈을 꾸었다. 훨훨 날아다니는 나비가 된 채 유쾌하게 즐기면서 자기가 장주라는 것을 깨닫지 못했다. 그러나 문득 깨어나 보니 틀림없는 장주가 아닌가.
> 장주가 꿈에 나비가 되었을까? 아니면 나비가 꿈에 장주가 된 것일까?

두 이야기 모두 꿈과 현실이 너무나 비슷하여, 어느 것이 꿈이고 어느 것이 현실인지 모르는 상황을 보여 주고 있다.

1) 꿈과 꿈꾸는 자의 존재

자, 다시 원래 이야기로 돌아와서 우주에 대해 이야기해 보자. 우선 첫 번째 질문(우주는 존재하는가?)에 대해서 첫 번째 답변(우주는 환영이다. 존재하지 않는다)이 사실이라고 생각해 보자. 그럼 이런 질문이 생겨난다.

우주가 존재하지 않는다면, 이 우주 꿈을 꾸고 있는 건 대체 누구지?

가상 세계 매트릭스에서 돌아다니는 네오는 실제로 존재하지 않는다고 해도 기계에 의해 잠들어 꿈을 꾸는 네오는 존재한다. 꿈속의 나비가 존재하지 않는다고 해도 꿈을 꾼 장주는 존재한다. 호접몽에서는 나비가 장주 꿈을 꿨을 가능성에 관해서도 얘기하는데, 그렇다면 장주는 존재하지 않더라도 나비가 존재한다고 볼 수 있다.

즉 꿈과 환영은 반드시 그 꿈을 꾸거나 환영을 보는 누군가의 존재가 필요하다. 따라서 우주가 존재하지 않는다면, 이 꿈꾸는 존재는 우주에 포함되지 않는 존재여야 한다.

우리는 우주의 기원에 관해 얘기하고 있다. '우주는 환영이다. 우주는 존재하지 않는다'라는 답변의 핵심은 우주가 존재하지 않는다는 것이다. 존재하지 않으므로 시작도 없다는 것이 이 답변의 핵심이고, 우주가 존재하지 않는 것을 설명하기 위해 꿈과 같은 예시를 든 것이다. 누군가 꿈을 꾼다면 우주의 기원에 대한 답변은 이 꿈꾸는 존재의 기원을 설명해야 한다. 그리고 꿈꾸는 존재는 분명히 존재하므로 우주는 존재하지 않는다는 답변, 즉 아무것도 없다는 답변은 우주의 기원이 될 수 없다.

그런데 정말로 우주는 혹은 꿈은 존재하지 않는 것일까?

꿈을 꾸는 누군가가 없다고 하더라도 꿈의 내용 자체는 존재한다. 환영과 꿈은 이미 그 자체로 존재하는 것이다. 존재하지 않는 이야기는 생각된 적 없는 이야기고 존재하지 않는 꿈은 꿔지지 않은 꿈이다. 이 우주가 꿈이라 하더라도 우리가 아는 이 모든 것은 존재하는 꿈이다. 따라서 이 우주라는 꿈이 존재하는 한, 우주가 존재하지 않는다는 답변은 사실이 아니다

(꿈은 물리적 실재가 아니라고 말하는 분들이 계시겠지만 꿈을 생각하면 뇌의 분자들이 위치를 바꾸고, 꿈을 말하면 음파가 생성되며, 꿈을 기록하면 책이 생긴다. 물리적 실재가 변하지 않으면 꿈이 꿔진 것이 아니다. 즉, 꿈은 어딘가 그 존재의 기반이 있다).

2) 첫 번째 질문의 답변 : 우주는 존재한다

이제 첫 번째 질문에 대한 결론을 내려보자. 우주의 시작에 대한 첫 번째 답변 '우주는 환영이다. 그것은 존재하지 않는다'라는 답변은 세 가지 측면에서 거짓이다.

첫째, 우주가 존재하지 않는다면 환영도 존재할 수 없다.
아무것도 없고 존재도 하지 않는 곳에서는 아무도 이런 질문을 하지 못하고, 아무도 이런 답변을 할 수 없으며, 환영(꿈)을 인식할 존재 자체가 없다. 심지어 이런 곳을 우주라고 부를 수도 없다.

둘째, 우주가 환영이라면 누군가는 그 꿈을 꾸기 위해 존재해야 한다.
우리 모두가 꿈속의 헛된 존재라 해도 우리가 돌아다니는 이 우주 꿈을 꾸는 누군가는 존재한다.
그렇다면 그의 존재는 어떻게 시작되었을까?
이제 꿈꾸는 누군가는 확실히 존재하므로 우주의 기원은 꿈꾸는 자의 기원을 찾는 것으로 바뀔 뿐 해결된 것이 아니다. 결국, '그는 환영이다. 존재하지 않는다'라는 답변은 우주의 기원에 대한 답이 될 수 없다.

셋째, 우주가 환영일지라도 환영도 존재하는 것이다.
꿈꾸는 존재가 우주에 포함되지 않는다면, 우주가 존재하지 않는 것일까?
앞에서 얘기했듯이 우주라는 꿈은 꾸어지고 있으므로 그 자체로 존재한다. 존재하지 않는 꿈은 꾸어지지 않은 꿈뿐이다.

따라서 우주의 시작에 대한 답변 중, '우주는 환영이다. 존재하지 않는다'라는 답변은 틀린 답변이다. 우주는 존재한다. 우주가 꿈이라 하더라도 우주는 꿈을 꾸는 존재에 기대어 존재한다.

우주가 존재하므로 처음에 무엇이 있었는지를 알기 위해 우리는 다음 질문을 살펴봐야 한다.

4. 두 번째 질문: 우주에 시작이 있었는가?

우리는 우주가 존재한다는 사실을 확인했다. 우주가 존재하므로 이제는 그 시작에 대해 궁금해진다. 그럼 두 번째 질문과 답변을 살펴보자.

두 번째 질문 - 우주에 시작이 있었는가?
두 번째 답변 - 우주는 시작이 없고 영원하다.

우주에 시작이 있었다는 데 사용되는 주요 논증은 보통 두 가지다.

① 우주의 팽창
② 엔트로피(무질서도)

1) 팽창하는 우주

우선 우주의 팽창부터 이야기를 해보자. 과학에서 가장 유명한 두 사람을 꼽으라면 저자는 뉴턴과 아인슈타인을 꼽겠다.

뉴턴은 운동의 법칙을 통해 고전 역학을 완성했는데, 그는 신이 세상을 완벽하게 운행하는 법칙이 있을 것이라고 생각하며 운동의 법칙을 찾아냈다. 뉴턴은 시간과 공간이 변하지 않고 고정돼 있다고 생각했다.

아인슈타인도 처음에는 우주가 변하지 않는다고 생각했다. 그러나 그가 개발해 낸 상대성 이론은 시간과 공간이 관측자의 움직임에 따라 달라진다는 것을 보여 줬다. 게다가 알렉산더 프리드만이 상대성 이론을 다른 방식으로 풀어내면서 우주는 팽창하거나 수축한다는 결과를 도출했다. 아인슈타인은 우주가 변하지 않도록 만들기 위해 자신의 이론에 '우주 상수'라는 것을 임의로 집어넣었다.

그런데 아인슈타인과 동시기에 허블이 우주를 관찰하면서 이상한 현상을 발견하게 된다. 별들이 내보내는 빛을 자세히 살펴보니까 빛의 속성(파장)이 약간씩 빨간색 쪽으로 움직여 있는 것이다(이를 적색 편이라고 한다). 물리학에는 '파장'의 변화를 설명하는 '도플러 효과'라는 것이 있다. 예를 들면 우리에게 다가오는 구급차의 사이렌 소리는 약간 고음으로, 우리에게서 멀어지는 구급차의 사이렌 소리는 약간 저음으로 들리는 것이다.

'도플러 효과'에 따르면 적색 편이를 갖는 별들은 우리에게서 멀어지고 있다는 뜻이다(적외선보다 자외선이 빛이 더 강하다. 이것은 빨간색[적색]이 보라색[자색]보다 더 약하다는 뜻이다. 서로 멀어져야 빛이든 소리든 약해지게 된다. 그래서 적색 편이는 별들이 우리로부터 멀어져서 빛이 약해지는 것으로 해석된다).

2) 팽창의 시작 시점: 빅뱅의 순간

아인슈타인의 상대성 이론은 우주가 팽창하거나 수축한다는 결론을 보여 준다. 그리고 허블의 관측은 모든 별이 지구로부터 멀어진다는 점을 보여 준다. 역시 이 둘과 동시기에 살던 벨기에의 우주론자 조르주 르메트르는 이 두 연구가 연관이 있다는 점을 알아챘다. 그는 우주가 팽창한다면 언젠가 시작이 있었을 것이고, 허블이 주장한 우주의 팽창을 거꾸로 돌리면 과거의 언젠가에는 모든 것이 한 점(특이점)에 모여 있었을 것이라고 생각했다.

이 특이점이 '빵'하고 터져서 우주가 팽창하기 시작했다는 것이 바로 '빅뱅'(big bang, 대폭발)이론이다. 아인슈타인은 허블의 관측과 르메트르의 해석을 듣고 나서 우주가 변한다는 사실을 인정하고 '우주 상수'를 자신의 가장 큰 실수라고 일컬었다.

우주는 팽창한다. 지금도 팽창하고 있다. 이는 아인슈타인의 상대성 이론과 허블의 관측 결과에 부합하는 설명이다. 그리고 팽창하는 우주는 시간을 거꾸로 돌리면 수축하게 된다. 이 말은 모든 것이 더 이상 수축할 수 없는 시간, 즉 우주가 시작된 특이점이 온다는 것이다. 그래서 우주에는 시작이 있다.

3) 무질서해지는 우주

다음으로 엔트로피(무질서도)에 관해 얘기해 보자.

아인슈타인은 그 유명한 '$E=mc^2$'이라는 공식을 제시했다. 이를 통해 우리는 물질(무게, 질량을 가진 것들)과 에너지(물질에 작용하여 변화를 일으킬 수 있는 능력)가 서로 변환될 수 있다는 것을 알게 됐다.

그런데 이 에너지에 대해 사실로 입증된 강력한 법칙이 있다. 바로 열역학 법칙이다. 열역학 제1법칙은 에너지 보존의 법칙이다. 간단히 말하면 에너지는 여러 형태로 변할 수 있지만, 그 총량은 절대로 변하지 않는다. 이를 우주에 적용하면 우주의 에너지는 수백억 년 전이나, 수백억 년 후나 언제나 똑같다.

다음으로 열역학 제2법칙은 에너지 변질의 법칙이다. 간단히 말하면 에너지는 점점 쓸모없는 형태로 변해 간다는 뜻이다. 열역학 제2법칙은 보통 엔트로피(무질서도)의 법칙이라고 하는데, 우주가 점점 무질서해진다는 뜻이다. 열역학 제2법칙에서 중요한 것은 에너지로 인해 어딘가의 질서가 증가하면, 다른 곳에서는 그 이상으로 무질서가 증가해서 전체적으로는 무질서가 계속 증가한다는 점이다. 이를 우주에 적용하면 우주 전체의 에너지는 시간이 지나면서 점점 쓸모가 없어진다는 뜻이다. 즉, 수백억-수천억 년 후에는 우주에서 아무런 일도 일어나지 않게 된다.

4) 두 번째 질문의 답변: 우주는 시작이 있었다

이 두 열역학 법칙을 합치면 이런 결론이 나온다. 우주의 에너지는 일정하고 점점 쓸모없어지므로 미래의 언젠가는 쓸모 있는 에너지가 없어 우주에 아무 일도 일어나지 않는다. 이게 무슨 뜻이냐 하면, 우주가 영원히 오래됐다면 이미 우주는 아무 일도 일어나지 않고 있어야 한다는 뜻이다. 그런데 별들은 빛나고, 태양은 불타오르며, 우리는 이런 재미없는 글을 읽고 머리 아파하고 있다. 우주가 영원히 먼 옛날부터 존재하고 있었을 리 없다는 뜻이다.

팽창하는 우주를 봤을 때, 우주에는 시작이 있었다. 무질서해지는 우주를 봤을 때, 우주는 영원히 오래되지 않았다. 즉, 우주에는 시작이 있었다. 우주는 시작이 없고 영원하다는 답변은 틀렸다.

그렇다면 우주의 시작 이전에는 과연 무엇이 있었을까?

5. 세 번째 질문: 우주 시작 이전에는 무엇이 있었을까?

이제 세 번째 질문과 답변들을 살펴보자.

세 번째 질문-우주 시작 이전에는 무엇이 있었을까?
세 번째 답변-우주 시작 이전에 아무것도 없었다.
네 번째 답변-우주 시작 이전에 우주를 창조한 존재가 있었다.

1) 그리고 아무도 없었다

우선 세 번째 답변부터 살펴보자.

세 번째 답변의 의미는 우주는 스스로 창조됐다는 뜻이다. 그런데 이것은 논리적으로 모순이다. 우주가 창조되기 이전에는 아무것도 없었다.

그런데 무엇이 스스로 창조했을까?

우주는 아니다. 우주는 없었다. 심지어 아무것도 없었다. 그러니까 어떤 일이든 실행할 주체(신이든 물질이든 법칙이든)가 전혀 없다는 것이다. 그러니까 스스로 창조할 수도 없었다. 창조할 능력이 있는 우주가 처음부터 없었다는 것이다. 그래서 우주는 영원히 스스로 창조하지 못하고 영원히 아무것도 없어야 한다.

그렇다면 세 번째 답변의 의미를 약간 바꿔서 생각해 보자. 우주가 어느 순간 갑자기 '짠' 하고 나타난 것이다. 정확히는 우주가 시작하는 순간의 우주, 지금과는 약간 다르게 생긴 우주다. 이를테면 빅뱅 이전의 특이점 같은 것이 갑자기 '짠' 하고 존재하기 시작한 것이다. 이에 대해서는 그 어떤 설명도 있을 수 없다. 왜냐하면, 그 이전에는 아무것도 없었기 때문이다.

칼 포퍼는 '반증 가능성과 열린 사회'에서 반증이 가능하지 않으면 과학이 아니라고 했다. 그런 의미에서 셋째 답변은 과학이 아니라 사이비 과학, 공상과학 소설 혹은 종교라고 말할 수 있을 것이다. 무엇이 이런 우주의 급작스러운 출현을 가능하게 했는지 말할 수 없기 때문이다.

2) 존재하는 이것은 사실은 존재하는 것이 아니다?

재미있는 점은 일부 유명 대중 과학자들도 아무것도 없다는 것의 의미를 잘못 사용하고 있다는 점이다.

(1) 스티븐 호킹

스티븐 호킹은 『위대한 설계』(The grand design)에서 다음과 같이 말한다.

> 중력과 같은 법칙이 있기 때문에, 우주는 무로부터 자기 자신을 창조할 수 있고 창조할 것이다.

이 문장은 두 가지 측면에서 틀렸다.

첫째, 중력이 존재하는 상황은 아무것도 없는 상태가 아니다. 중력이 버젓이 존재하고 있기 때문이다. 즉 우주를 만들어 내는 법칙이 있다면 그것은 우주 시작 이전에 아무것도 없는 것이 아니라 무엇인가(법칙)가 있었다는 뜻이다.

둘째, 우주는 무로부터 자기 자신을 창조할 수 있다고 했는데 앞에서 봤듯이 아무것도 없는 상태는 우주도 없는 상태라는 뜻이다. 그런데 우주가 우주, 즉 자기 자신을 만들려면 시작 이전에 존재해야 한다. 무엇인가 만들어지려면 그것을 만들기 이전에 만드는 누군가가 있어야 한다는 뜻이다. 아무것도 없는 상태에서 우주는 자신을 창조할 수 없다. 창조할 능력이 있는 우주 자체가 존재하지 않았기 때문이다. 만약 창조할 능력을 가진 우주가 이미 존재해야 한다면, 더 이상 아무것도 없는 '무'의 상태는 아니다.

(2) 피터 앳킨스

피터 앳킨스는 『다시 찾은 창조』에서 이렇게 한다.

> 처음에는 아무것도 없었다. 단순한 텅 빈 공간이 아니라 절대적 공허였다. 공간이 없었고 시간 이전이었으므로 시간도 없었다. 우주는 형체가 없고 공허했다. 우연히 파동이 있었고 ….

앳킨스는 처음에는 아무것도 없었다고 말한다. 공간도 없고 시간도 없었다. 그런데 넷째 문장에서 갑자기 우주가 등장한다.

"우주는 형체가 없고 공허했다."

이것은 분명히 우주가 존재하지 않았다는 말과는 다르다. 첫 문장의 아무것도 없었다는 말은 우주도 존재하지 않았다는 뜻인데, 갑자기 우주는 형체가 없고 공허했다는 것은 우주가 존재했다고 말하는 것이다. 형체가 없다는 것은 다른 무엇인가는 있다는 의미를 가지고 있기 때문이다.

첫 문장에서는 아무것도 없는데 왜 넷째 문장에서 갑자기 우주가 등장했을까?

심지어 바로 다음 문장에는 아무것도 없었는데 갑자기 파동도 나타난다.

형체 없는 우주와 우연히 나타난 파동은 대체 어디서 어떻게 나타난 것일까?

정말로 처음에는 아무것도 없었던 것일까?

(3) 로렌스 크라우스

로렌스 크라우스는 리차드 도킨스와 함께 쓴 『무로부터의 우주』에서 이렇게 말한다.

> 내가 생각하는 '무'는 말 그대로의 '무'가 아니라 우리가 보통 빈 공간이라 부르는 것이다.

시공간과 물질의 기원을 논하는 책에서 공간은 시작 이전부터 존재하는 것이었다. 심지어 이 빈 공간에는 물질은 없어도 물질로 변할 수 있는 에너지는 가득 있었을 것이다. 스티븐 호킹이 우주를 생성한 법칙들이 시작 이전에 있었다고 한 것처럼 말이다.

3) 세 번째 질문의 답변 1: 그래서 누군가는 있었다

이상의 사례들을 통해 봤을 때, 대중 과학자 혹은 과학 철학자들이 하는 말은 분명하다.

"우주의 시작 이전에 무엇인가가 있었다."

그것이 우주인지 아닌지는 모르겠지만 우주의 시작 이전에 아무것도 없었던 것은 아니다.

세 번째 답변(우주 시작 이전에 아무것도 없었다)은 논리적으로 오류다. 그리고 세 번째 답변을 주장하는 사람들은 실질적으로는 네 번째 답변을 말하고 있다. 우주의 시작 이전에 우주를 창조한 존재가 있었다는 것이다. 그 존재가 스티븐 호킹이 말한 대로 어떤 법칙들인지 종교인들이 말하는 신인지는 아직 알 수 없다. 그러나 지금까지 우리가 검토한바, 적어도 우주의 시작에 관한 질문들의 답은 명백하다. 바로 네 번째 답변이다.

우주는 존재하며 시작이 있었고 시작 이전에 우주를 창조한 존재가 있었다.

4) 세 번째 질문의 답변 2: 궁극의 존재

드디어 첫 번째 주제가 끝나간다. 우리가 지금까지 얻은 결론은 다음과 같다.

우주는 존재하며, 시작이 있었고, 시작 이전에 우주를 창조한 존재가 있었다.

그렇다면 이 우주를 창조한 존재는 대체 무엇일까?

앞에서 살펴봤듯이 무로부터 스스로 창조하는 것은 불가능하다. 따라서 만일 무엇인가가 존재한다면 그것은 궁극적으로 영원히 자존(스스로 존재)하거나 영원히 자존하는 존재에 의해 창조된다(어쩌면 이 자존하는 존재가 우주라는 꿈을 꾸고 있는 것일지도 모르겠다). 이 존재가 우주든, 법칙이든, 신이든 간에 이 존재가 바로 우주의 기원이 된다. 철학자들의 말에 따르면 자존하는 존재는 자신 안에 존재하는 능력을 가진다. 그래서 그것은 존재하기 위해 다른 것에 의지하지 않고 독립적이기 때문에 '시작'도 존재하지 않는다. 그래서 그것은 항상 존재해 왔다.

6. 모든 것을 초월하는 존재

그렇다면 이 자존하는 존재는 과연 무엇일까?

일부는 자존하는 존재에 신이라는 이름을 붙인다. 이것을 유신론이라고 한다. 반면, 신을 부정하는 일부는 우주(또는 우주를 생성한 법칙 등)가 자존한다고 말한다. 이것을 유물론이라고 한다. 따라서 우리는 자존하는 우주가 어떤 의미가 있는지 살펴볼 필요가 있다.

우주가 자존한다고 할 때, 그 우주는 어떤 우주일까?

우리는 우리와 우리의 물건들이 (영원히) 자존하지 않음을 알고 있다. 따라서 우주가 자존한다고 말한다면 그것은 우주의 일부가 자존해 우주의 나머지 부분들을 창조했다고 말하는 것이다. 예를 들면 중력의 법칙 같은 것이다. 만일 우주의 일부는 자존하고, 일부는 이들에 의해 만들어진 부수적인 것이라면, 이 둘의 존재 속성은 완전히 구분된다. 자존하는 우주 부분은 창조된 우주 부분을 시간과 공간에서 초월한다.

　자존하는 우주는 영원하지만 창조된 우주는 영원하지 않다. 즉 자존하는 우주 부분은 시간을 초월한다. 이것은 자존하는 우주 부분이 무한히 긴 시간 동안 존재한다는 것이 아니라 우리가 아는 시간으로 잴 수 없다는 것이다. 왜냐하면, 우리가 아는 시간도 우주와 함께 창조된 것이기 때문이다.

　마찬가지로 자존하는 우주 부분은 공간도 초월한다. 자존하는 우주 부분은 창조된 우주 부분의 어딘가에 위치하는 것이 아니라 그 어떤 공간에도 속하지 않는다. 왜냐하면, 공간이 만들어지기 이전부터 존재했었으니까 공간이 없어도 어딘가에 존재해야 하고, 공간이 생긴다고 거기에 있을 필요가 없기 때문이다.

　즉 이 자존하는 우주 부분은 우리가 아는 창조된 시간과 공간 어디서도 발견될 수 없고, 그런 의미에서 초월적이다. 그리고 우리가 아는 우주의 모든 것, 물질, 에너지, 법칙까지도 시간과 공간을 벗어나지 못한다. 법칙은 창조된 시간과 공간에 따라 물질과 에너지가 변하는 것을 설명하는 것이므로 시간과 공간이 없는 상태에서는 존재하지 않는다. 즉 이 자존하는 우주 부분은 우리가 아는 그 어떤 것으로도 설명할 수 없다.

7. 너의 이름은…

　그렇다면 이 신비하고 초월적인 자존하는 우주 부분은 도대체 무엇일까? 우리가 살고 있는 우주의 일부가 자존하는 우주일까?
　그러나 우리가 살고 있는 우주는 모두 창조된 것이므로 단 일부분도 자존하지 않는다.

그렇다면 우리가 살고 있는 우주 너머 우리가 알지 못하는 곳에 자존하는 우주가 있는 것일까?

그렇다면 이것은 신을 말하는 것과 아무런 차이가 없다. 우리는 우리 우주 너머에 대해서는 아무것도 모르기 때문이다.

일부 사람들은 우리 우주 내에 존재하지 않는 어떤 존재에게 이렇게 신의 속성을 부여하면서 그것이 신이 아니라 물질이나 에너지, 혹은 법칙이라고 말하고 있다.

그러나 어떻게 우리가 알지도 못하는 것들에 대해 물질, 에너지 혹은 법칙이라고 이름을 붙일 수 있을까?

그리고 결정적으로 우주 내에 존재하지 않는 자존하는 존재에게 어떻게 우주라고 이름을 붙일 수 있는 것일까?

우주를 초월하고 현재 우주의 속성으로는 설명할 수 없는 신적 존재만이 자존할 수 있다. 이 존재는 우주가 아닌 것이 분명하다.

결론적으로 오늘날 우리가 아는 물질, 에너지 혹은 법칙으로 우주의 기원을 설명할 수 있다고 주장하는 사람은 두 부류 중 하나다. 하나는 세 번째 답변처럼 잘못된 논리를 주장하는 유물론자고, 나머지는 물질(혹은 법칙)인지 아닌지도 알지 못하는 궁극적 존재를 물질이라고 주장하는 유물론자다. 그리고 후자는 유신론자와 별 차이가 없다. 유물론은 우리 우주의 법칙으로 설명할 수 없는 자존하는 신적 존재를 우리 우주의 법칙으로 설명하려 하는 실현 불가능한 이론이다.

8. 창조주의 이름: 자신의 종교를 따라 불러 주세요

오늘날 널리 알려진 우주 이론 중 하나는 평행 우주 이론이다. 어떻게 생겨났는지는 모르지만 무한히 많은 우주가 있고, 각 우주는 각기 다른 물질, 에너지, 법칙을 가진다는 것이다.

각기 다른 물질, 에너지, 법칙을 가진 우주들을 만들어 내는 자존하는 영원한 존재(법칙을 만드는 법칙일 수도 있다)가 있다면, 무한히 많은 우주가 있을 수 있다. 그리고 그중에 우리 우주도 있을 수 있다. 그러나 우주가 스스로 그런 법칙에 따라 무한히 만들어지는 것은 아니다. 엄연히 어떠한 법칙과 존재가 우주를 만들어 내는 것이다. 그리고 우리는 이렇게 우주를 만들어 내는 영원히 자존하는 존재가 있는지, 그 자존하는 존재가 어떻게 우주를 만드는지 알 수 없다. 그것은 우주 너머에서 벌어지는 일이기 때문이다(우리는 우리 우주를 벗어날 수 없다).

따라서 평행 우주 이론은 신이 말씀으로 우주를 만들었다는 기록보다 조금도 나은 것이 없는 반증 불가능한 사이비 과학 혹은 철학과 종교인 것이다. 다만, 신 대신 믿을 수 있는 유일한 유물론적 선택지란 점이 다를 뿐이다. 신이라는 이름보다 법칙이라는 이름을 좀 더 맘에 들어 하는 사람들이 선호하는 설명이라고 할 수도 있을 것이다.

이제 처음에 '무엇이 있었을까?'에 대한 답변을 마무리해 보자.

우주는 존재하고, 시작이 있었으며, 시작 이전에 우주를 창조한 존재가 있었다. 우주를 창조한 존재는 우주와 다르며, 시공간을 초월하는 신적 속성이 있어 우리가 아는 우주의 물질, 에너지, 법칙들로 설명할 수 없다. 우주를 창조한 이 신적 존재의 속성은 신인지 법칙인지 증명할 수 없는 종교의 영역이다.

자, 여러분은 어떤 종교를 가지고 있는가?

참고 문헌

R.C.스프로울, 키이스 매티슨. 『창조인가 우연인가』(*Not a Chance*), 김태곤 역. 서울: 생명의말씀사, 1994/2014.
- 제1부 제1장은 이 책의 내용을 참고하여 작성했다. 우주의 기원을 네 가지로 분류한 것은 이 책을 따른 것이다. 네 가지 답변에 대한 몇 가지 논리적 지적 역시 이 책을 참고했다. 또한, 피터 앳킨스와 로렌스 크라우스의 서술도 이 책에서 재인용한 것이다. 스티븐 호킹의 주장도 이 책에서 다뤄지고 있다.

스티븐 호킹, 레오나르도 믈로디노프. 『위대한 설계』(*The grand design*), 전대호 역. 서울: 까치, 2010/2010.
- 본문에 인용된 스티븐 호킹의 주장은 이 책에서 따 온 것이다. 호킹은 이 책에서 우주를 힘과 에너지만으로 설명하려면 10차원, 힘으로만 설명하려면 26차원으로 설명 가능하다고 말하고 있다.

제2장

과거를 어떻게 알 수 있을까?

• 요약

1. 기원 과학의 방법론

기원 과학에서 '최선의 설명'을 찾는 귀추적 추론의 절차는 다음과 같다.

첫째, 후보 원인이 사건 당시에 존재했다는 증거 제시
둘째, 그 원인이 조사 중인 현재 결과를 산출하는 능력이 있다는 증거 제시
셋째, 다른 가능한 원인들에 대한 증거는 없음을 입증

2. 과학으로서 유신론과 유물론

기원 과학은 귀추적 추론의 세 절차 중 두 번째 과정이 실험을 통해 과학적으로 입증되어야 하기 때문에 과학의 한 분야가 될 수 있다.

유물론은 모든 현상을 물질(또는 에너지, 법칙)로 설명한다. 그래서 유물론의 주장들은 보통 실험을 통해 검증 가능한 형태가 된다.

유신론도 실험을 통해 검증 가능한 과학의 형태를 갖추기 위해 '신이 생명을 만들었다' 대신 '지적 존재가 생명을 설계했다', '신이 우주를 만들었다' 대신 '우주의 나이가 젊다'와 같은 이론들을 개발해 냈다.

따라서 이제 과학적 방법인 귀추적 추론을 통해 유물론과 유신론 중 어느 이론이 더 최선의 설명인가를 알아낼 수 있다.

3. 유물론과 유신론의 핵심 개념

유물론과 유신론의 핵심 개념들은 우리가 귀추적 추론에서 어떤 점에 주의를 기울여 실험을 하고 관찰해야 하는지를 알려 준다. 유신론은 지성, 설계, 질서라는 개념을 제시한다. 반면, 유물론은 우연, 시간, 자연 법칙이라는 개념을 제시한다.

이 두 진영의 주장은 '지성이 부여한 조화 속의 임의성' 그리고 '시간이 제공하는 우연한 변화'로 요약할 수 있다.

4. 유물론과 유신론의 차이

유물론과 유신론을 가르는 또 한 가지 중요한 개념은 특별한 경험을 인정하는가이다. 유물론은 격변, 전 지구적 대홍수와 같은 특별한 경험을 배제하고 현재 발생하는 보편적인 경험만을 사용해야 한다고 주장한다.

반면, 유신론은 지구가 과거 어느 순간 매우 특별한 경험을 했을 수도 있다고 주장한다.

특별한 경험은 입증이 쉽지 않지만, 그런 일이 없었다고 단정하는 것도 불가능하다. 우리가 알고자 하는 것은 검증 가능한 이론 자체가 아니라 과거에 실제 어떤 일이 있었는가 하는 사실이다. 그리고 사실을 찾는 사람은 가능성이 있는 특정 이론을 배제해서는 안 될 것이다.

1. 과거를 아는 방법

우리는 어떻게 우리의 소싯적 과거를 알 수 있을까?

부모님께 여쭤보기도 하고, 쓰다 말다 한 일기를 들춰볼 수도 있고, 학생부를 찾아본다던가, 사진을 꺼내볼 수도 있을 것이다. 자신의 미화된 기억들도 한 부분을 차지할 것이다.

그렇다면 과거를 들춰 보는 학문들은 어떻게 과거를 알 수 있을까?

역사 전승 혹은 기록, 과학적 추론이나 종교적 신념 같은 것들이 아마 우리에게 과거에 대해 어렴풋한 흔적들을 줄 수 있을 것이다.

그러나 과거를 알려 주는 이런 단서 중에 과연 어떤 것이 믿을 만한 것들일까?

우리는 역사학자들의 역사 서술이나 연대기, 과학자들의 우주와 지구의 형성 연대 추정을 거의 절대적으로 믿고 있다. 이것들은 다양한 역사적 자료들과 수많은 과학 이론을 검토하면서 형성된 과거에 대한 기술들이다. 그러나 일부 사람들은 이렇게 일반적으로 알려져 있는 역사나 과학의 과거 서술에 대해 틀린 점이 있다며 비판하기도 한다.

이들은 단순히 자신들의 신념에 어긋나기 때문에 일반적으로 받아들여지는 과거에 대한 기술을 틀렸다고 반대하는 것일까?

아마 이 중에 일부는 나름대로 합당한 근거에 기반해 일반적으로 받아들여지는 과거 서술을 반대하고 있을 것이다. 따라서 우리는 우리가 어떤 것을 믿고 있는지, 왜 그것이 믿을 만한지에 대해서 검토해 볼 필요가 있다.

이후의 주제들은 우주의 시작에 대한 것이므로, 여기서는 과학이 과거를 추론하는 방식에 대해서 얘기해 보자.

2. 연역법과 귀납법

다들 연역법, 귀납법에 대해 들어봤을 것이다. 연역법은 일반적인 사실로부터 구체적인 사실을 찾아내는 논리고, 귀납법은 구체적인 사실로부터 일반적인 사실을 찾아내는 논리다. 예를 들면 연역법은 '모든 사람은 죽는다-나는 사람이다-따라서 나는 죽는다'라는 식으로 진행되고, 귀납법은 '뉴턴은 죽었다-아인슈타인도 죽었다-따라서 모든 사람은 죽는다'라는 식으로 진행된다.

그런데 연역법과 귀납법은 모두 심각한 문제가 있다. 연역법의 경우에는 시작이 되는 일반적인 법칙이 정말 일반적인지 종종 확신할 수 없다는 것이고, 귀납법의 경우에는 우리가 예외 없이 모든 경우를 다 살펴보기 어렵기 때문에 도출되는 법칙이 정말 확고한 법칙이라고 말하기 어렵다는 것이다. 그리고 일반적으로는 연역법보다 귀납법의 문제가 더 심각하다.

연역법의 일반적 법칙은 특정 경우로 한정하면 그 상황에서는 절대적일 수 있지만 귀납법은 결국 전수를 조사하지 않는 이상 그것이 사실이라고 하기 어렵기 때문이다. 전 세계 백조를 다 보기 전에는 검은 백조가 없다고 단언할 수 없는 것이다.

3. 기원 과학의 방법론: 귀추적 추론

과거를 연구하는 학문들은 연역법과 귀납법 중 귀납법과 유사한 귀추적 추론이라 불리는 방법을 사용한다. 귀납법의 경우에는 보통 구체적 사실들 모두가 현재 입증이 가능한 사실들이다. 그러나 과거를 연구할 때는 구체적 사실들 모두가 현재 입증이 불가능하다. 왜냐하면, 우리가 과거로 돌아가서 그 장소에서 실제 어떤 일이 있었는지를 확인할 수 없기 때문이다. 그래서 귀추적 추론은 일반적인 법칙을 찾아내는 단서가 될 구체적 사실들에 대해서도 종종 추론을 해야 한다. 간단한 예를 살펴보자.

① 비가 오면 거리가 젖을 것이다.
② 거리가 젖어 있다.
③ 그러므로 비가 왔다.

이 삼단논법에서 '비가 왔다'라는 과거의 사건은 '거리가 젖어 있다'라는 현재의 단서로부터 추론한 것이다. 이 추론을 위해 우리는 '비가 오면 거리가 젖는다'라는 입증 가능한 사실을 근거로 사용했다. 그런데 우리는 과거에 그 장소로 돌아가서 비가 왔는지 확인할 수 없다. 즉, 역사적 사건은 '재현 불가능성'을 가지고 있기 때문에 역사적 사건을 연구하는 '기원 과학'은 언제든 재현 가능한 상황을 연구하는 일반적인 '작동 과학'과는 차이가 있다.

19세기에 윌리엄 휴웰은 '귀납적 과학의 역사'와 '귀납적 과학의 철학'을 통해 과거에 대한 연구인 '원인규명학적 과학', 즉 기원 과학을 물리나 화학 같은 작동 과학과 구분하였다. 이 두 과학은 다음과 같은 세 가지 면에서 서로 차이가 발생한다.

① 기원 과학은 자연의 보편적 법칙이 아니라 과거의 사건들(오래전 고대의 조건들이나 과거 원인)을 알고자 하는 특별한 목적이 있다.
② 기원 과학은 과거 원인적 사건들을 참조해 '나타난 결과'인 현재의 사건들을 설명한다.
③ 기원 과학자들은 '고대의 조건들'을 재구성하기 위해 독특한 추론 방법을 사용한다.

즉 기원 과학은 '원인-결과에 대한 지식'을 '거꾸로 사용'해 현재 '나타난 결과'로부터 '과거의 사건'들을 추론하는 것이다. 이러한 추론 방법을 미국 철학자인 찰스 샌더스 피어스는 '귀추적 추론'이라고 이름 붙였다.
 연역법은 특정한 사실이나 사건에 일반적인 법칙을 적용하여 또 다른 사실을 도출하는데, 수학, 논리학, 철학 등에서 많이 사용된다. 귀납법은 동일한 현상의 반복된 관찰로부터 보편적인 법칙이나 원리를 도출하는데, 물리, 화학 같은 작동과학에서 많이 사용된다. 그리고 귀추적 추론은 확인할 수 없는 과거의 사건들을 현재의 단서나 사실들로부터 추론하는데, 법의학, 진화 생물학, 고생물학, 지질학, 고고학 등에서 많이 사용된다.
 그런데 귀납법을 사용하는 물리, 화학과 같은 작동과학도 종종 이론이 수정되는 경우가 발생한다. 그러니 귀납법보다 문제가 더 많은 귀추적 추론을 사용하는 기원 과학은 이론이 수정될 가능성이 더 높다.

4. 귀추적 추론의 사례

 다시 앞에서 논의한 땅이 젖은 문제를 살펴보자.

 첫째, 우선 문제의 현재 사건이 일어날 수 있는 알려진 방법을 찾아내야 한다.
 우리는 비가 오면 땅이 젖는 것을 알고 있다. 하지만 우리는 비가 오는 것 말고, 세차라든가, 소화전 고장 같은 땅을 젖게 만드는 여러 가지 경우를 더 알고 있다. 그리고 우리는 쉽게 이런 여러 경우에 땅이 젖는다는 것을 확인할 수 있다. 즉 알려진 방법들은 그 원인이 현재의 결과를 도출할 수 있다는 것을 실험으로 검증할 수 있는 방법이어야 한다. 즉 일반적인 작동 과학이 인과 관계를 통해 과거를 설명하는 열쇠가 된다.
 둘째, 이 알려진 방법 중 실제 실현된 방법을 찾아내야 한다.
 예를 들어 땅이 이 근처만 젖어 있고, 약간 떨어진 곳은 젖어 있지 않다면, 비가 왔을 가능성은 없다고 봐야 할 것이다. 또한, 근처에 소화전이 없다면 소화전 고장으로 물이 새어 나왔다는 것도 가능성이 없다. 그리고, 만약 근처에 세차용품이 놓여 있다면 우리는 세차로 인해 땅이 젖었다고 판단할 수 있을 것이다. 즉 최대한 많은 증거를 찾아서 다른 사건이 일어났을 가능성을 배제하고 하나의 특정 사건이 일어났을 가능성을 높인다면 우리는 그 방법이 최종적으로 현재 결과를 일으켰을 것이라고 추정할 수 있다.

5. 최선의 설명

마이클 스크리븐은 이러한 귀추적 추론의 절차를 다음과 같이 정리하고 있다.

① 후보 원인이 사건 당시에 존재했다는 증거 제시
② 그 원인이 조사 중인 현재 결과를 산출하는 능력이 있다는 증거 제시
③ (철저한 검색에도 불구하고) 다른 가능한 원인들에 대한 증거는 없음을 입증

즉 귀추적 추론은 유일하게 그럴듯한 단 하나의 원인을 추론하고 이 원인의 가능성을 높이기 위해 새로운 증거를 최대한 찾는 것이다. 이 과정이 성공적일 경우에 지목된 단 하나의 원인을 현재 상황에 대한 '최선의 설명'이라고 할 수 있다. 이것이 바로 기원 과학의 방법론이고, 과거에 대해 궁금증을 풀어 가는 우리가 계속 염두에 두어야 할 연구 방법이다.

그렇다면 과연 어떤 설명이 현재를 가장 잘 설명할 수 있는 '알려진 방법'이 될 수 있을까?

기원 과학에서 증거로 채택될 수 있는 설명은 어떤 것일까?

혹은 어떤 특정한 설명이 비과학적이라는 이유로 원천적으로 배제될 수 있을까?

6. 실험 가능성

　기원 과학이 과학으로 분류될 수 있는 이유는 귀추적 추론의 과정 중 두 번째 항목(특정 원인이 특정 결과를 산출하는 능력이 있음을 입증) 덕분이다. 과학적으로 인과 관계가 있는 것으로 입증된 원인과 결과를 가지고 현재의 결과가 과거 이러한 원인으로 인해 발생했다고 주장함으로써 그 주장은 설득력을 얻게 되는 것이다. 이렇게 용의자로 지목된 여러 원인 중, 셋째 항목(다른 원인이 발생했다는 근거가 없음)에 힘입어 다른 후보들을 모두 물리치고 오직 단 하나의 원인만이 남게 된다면 현재 존재하는 결과는 과거에 바로 그 원인이 있었음을 입증하는 증거가 된다(즉, 단 하나의 후보만 남으면 첫 번째 항목이 필요가 없어진다).

　기원 과학에서 어떤 진술이 과학적임을 주장하기 위해서는 모든 아이디어와 사상들이 인과 관계를 나타내는 형태로 기술되어야 하고, 그 인과 관계는 실험을 통해 검증이 가능해야 한다. 하지만 주장을 입증하기 위해 반드시 직접 실험해야 하는 것은 아니다. 왓슨과 크릭은 다른 과학자들이 실험해 얻은 결과들을 모으고 그것들을 하나로 통합해서 DNA의 이중나선 구조를 완성했다. 코페르니쿠스는 다른 사람들의 천문 관측 결과들을 모아서 지동설을 주장한 『천구의 회전에 관하여』(*De revolutionibus orbium coelestium*)를 집필했다. 아인슈타인도 특허청에 근무하면서 실험은 하나도 하지 않고 다른 학자들의 연구 결과를 가지고 현대 물리학을 재정립했다.

　중요한 것은 실험을 통해 과학적 사실로 밝혀진 것들로 귀추적 추론을 구성해야 한다는 것이다.

7. 유물론 vs. 유신론

그런데 바로 이 지점에서 큰 문제가 발생하게 된다. 유물론자들은 모든 현상을 물질적(또는 에너지 또는 법칙, 이후로는 그냥 물질이라고 표기한다)으로 기술한다. 그리고 모든 일의 원인이 바로 물질이라고 말한다. 그래서 이들의 주장은 보통 실험을 통한 검증이 가능한 형태로 구성된다.

검증이 됐다는 게 아니라 검증이 될 수 있다는 데 주의하기 바란다. 이들의 주장이 틀릴 수도 있기 때문이다. 다만 검증이 가능하다는 점에서 과학적이라는 것이다. 검증을 통과하면 그것은 일반적으로 받아들여지는 사실이 된다. 더 나은 이론이 나타나기 전까지는 그렇다.

그런데 유신론자들은 약간 상황이 다르다. 이들의 주장은 기본적으로 물질이 아닌 다른 요소를 포함한다. 그런데 신의 존재라던가 관념 같은 것들은 실험될 수 없는 요소들이다. 그래서 유물론자들은 유신론자들의 종교적 색채를 띤 주장들에 대해 '비과학적'이라는 딱지를 붙인다. 당연하다. 실험이 불가능한 것이다. 그래서 유신론자의 주장은 학계에서 배척된다.

8. 종교의 언어를 과학의 언어로 번역하기

따라서 유신론의 주장들은 과학적인 주장이 되기 위해 과학적 검증이 가능한 형태로 번역되어야 한다. 즉 실험될 수 없는 요소들은 주장에서 덜어내고, 경험과 실증에 의해서 입증될 수 있는 존재와 사건들로 주장을 구성해야 하는 것이다.

예를 들면 '신이 생명을 만들었다' 같은 것은 입증될 수 없다. 따라서 비과학적이다. 그러나 알 수 없는 '신' 대신에 우리가 관찰하고 알 수 있는 '지성'을 넣고, 어떻게 진행됐는지 알 수 없는 '만들었다' 대신에 우리가 알 수 있는 생명의 구조를 '설계했다'라고 한다면 이제 검증 가능한 형태로 변하게 된다. '지성이 생명을 설계했다' 이것이 바로 창조론자들이 주장하는 '지적 설계'라는 것이다. 그러나 그렇다고 해서 이 지성이 신을 입증하는 것은 아니다. 신은 입증 불가능한 영역이기 때문이다.

또 다른 예로 '신이 우주를 만들었다'라는 것도 입증할 수 없다. 역시 비과학적이다. 그런데 '우주의 나이가 젊다'라는 것은 검증 가능한 주장이다. 유물론자들은 진화가 발생할 시간이 필요하기 때문에 '우주의 나이가 오래되었다'라고 주장한다. 창조론자들은 '우주의 나이가 젊다'라고 말하며, 그래서 진화는 사실이 아니라고 주장한다. 어쨌든 이것이 창조론자들이 주장하는 '젊은 우주/지구' 이론이다. 즉 유신론자들은 자신들의 주장이 과학적임을 입증하기 위해 상당히 고심했고, 그 결과 '지적 설계', '젊은 우주' 같은 과학적 이론들을 개발해 낸 것이다.

9. 공정한 검증

따라서 유신론자의 이론들이 현대 과학의 이론들로 충분히 설명된다면 이들의 이론이 종교적이며 비과학적이라고 비난하고 배척하는 것은 합당하지 않다(그러나 실제 대부분의 유물론자는 이런 논리에 대해 무지한 채로 이들의 이론이 과학이 아니라고 비난한다). 유신론자들의 노력과 그 성과는 과학적이라고 인정 받을 자격이 있다. 그러나 그것이 '최선의 설명'인지 아닌지는 그들이 수행한 귀추적 추론을 면밀히 검토해 봐야 하는 것이다.

그리고 자신들의 주장만이 과학적이라고 주장하는 유물론자들의 주장 역시 '최선의 설명'인지 아닌지 면밀히 검토돼야 한다. 유신론적 주장은 비과학적이므로 배제하고 과학적인 주장은 자신들의 주장뿐이므로 자신들의 주장이 유일한 '최선의 설명'이라고 주장하는 것은 과거를 연구하는 학자의 자세로는 불합격이라고 할 수 있을 것이다.

이제 우리는 귀추적 추론이라는 방법을 이해하고 있다. 그리고 유신론과 유물론 모두 귀추적 추론을 적용한 과학 이론들을 가지고 있다. 따라서 우리는 각 입장이 제시하는 여러 이론을 면밀히 비교, 검토하면서 어떤 것이 '최선의 설명'인지 찾아보면 되는 것이다.

10. 유신론의 증거: 지성에 따른 임의적 설계

그렇다면 유물론과 유신론의 과학적 주장들의 쟁점은 무엇일까?
과거를 입증하기 위해 이들이 사용한 핵심 증거들을 살펴봄으로써 우리가 어떤 점에 주의하여 이들의 이론을 비교해야 하는지 알아볼 필요가 있다.

먼저 유신론적 주장의 핵심 개념은 지성이다. 신은 지성을 가지고 있고 이 지성을 통해 질서를 가진 세상을 설계했다는 것이다. 중세 말기 유럽의 과학 혁명은 이러한 설계(혹은 법칙)가 있다고 믿고 이를 발견하기 위해 세상을 관찰한 과학자들에 의해 시작됐다(당시 유럽은 유신론이 일반적이었다). 과학 혁명 시기의 과학자들은 자연의 질서는 논리적 필연의 결과가 아니라 합리적 사고와 선택의 결과라고 생각했다. 그림을 그리거나 블록 모형을 만들거나 글을 쓸 때 많은 방법이 있다. 어떤 그림이나 블록, 글은 필연적으로 그렇게 만들어지는 것은 아니다. 그것은 지성을 가진 저자가 선택한 결과이므로 전혀 다르게 만들어졌을 수도 있는 것이다. 단지 저작자의 의도에 따라 그런 결과가 나온 것일 뿐이다.

뉴턴은 행성 궤도의 임의성에 대해서 다음처럼 언급했다.

> 실로 이런 천체들이 단순한 중력의 법칙에 의하여 그들의 궤도를 유지한다고 할지라도 그런 법칙에 의해서는 결코 처음부터 그들이 자신들의 궤도상 위치를 가질 수는 없었을 것이다.

즉 행성들이 현재의 안정적인 궤도를 유지하기 위해서는 단순히 중력이 존재하는 것만으로는 부족하고 태양, 행성, 혜성들이 정확한 초기 위치와 속도를 가지고 있어야 한다고 지적했던 것이다.

그래서 자연 철학자들은 자연의 질서를 논리적 대전제로부터 추론할 수 없었다. 그들은 자연을 이해하기 위해 자연을 주의 깊게 관찰해야만 했다. 예를 들어 지구가 우주의 중심이라는 대전제는 천동설을 만들어 낼 수 있을 것이다.

그러나 주의 깊은 관찰의 결과는 지동설이 천체를 더 잘 설명한다는 것을 보여 준다. 신은 완전히 자유롭기 때문에 지구가 태양을 돌게도, 태양이 지구를 돌게도 만들 수 있었을 것이다. 따라서 어느 것이 사실인지 알기 위해서 자연 철학자들은 자연의 질서에 대해서 경험적, 관찰적 접근을 해야 했던 것이다.

11. 지성으로 이해 가능한 질서

초기 과학자들은 신이 인간의 지성을 만들었으므로 신에게도 동일한 지성이 있다고 생각했다. 그리고 그 지성이 자연도 설계했기 때문에 인간의 지성으로 자연을 이해할 수 있다고 가정했다.

요하네스 케플러는 행성의 운동을 그가 발견한 세 가지 행성 운동 법칙으로 이해할 수 있었고 칼 린네는 식물과 동물을 질서 정연한 그룹 분류 체계로 나눠서 이해할 수 있었으며 뉴턴은 만유인력의 법칙으로 행성계의 안정성을 이해할 수 있었다.

즉 신이라는 합리적 지성이 우주를 설계했다는 가정은 두 가지 속성을 가지고 있다.

① 앞에서 본 임의성
② 인간의 이해 가능성

유신론적 주장의 핵심은 지성이며 이 지성은 이해 가능한 법칙뿐만 아니라 필연적이지 않은 임의성을 포함한다는 점에서 유물론자들의 물질 근본주의와 차이가 있다.

12. 유물론의 증거: 우연, 시간 그리고 자연 법칙

초기 과학자들이 당연하게 생각했던 '지적 설계'는 어느 순간 과학계에서 완전히 사라졌다. 그리고 우연, 시간 그리고 자연 법칙에 따른 필연이 핵심 개념인 유물론이 과학계를 지배하게 됐다.

다윈은 『종의 기원』(The Origin of Species)에서 생명체에 놀라운 설계의 모습이 나타나 있다고 말했다. 생명체가 그들의 환경에 얼마나 잘 적응하고 있는지 말이다. 그런데도 그는 설계 지성의 능력을 모방하는 자연 선택으로 이러한 설계의 모습이 잘 설명될 수 있다고 주장했다(설계는 가장 좋은 모습을 정하는 과정인데, 자연 선택으로 가장 좋은 모습만 남게 되므로 마치 설계처럼 보인다는 뜻이다). 그 이후로 생명체에 나타나는 설계의 모습은 대부분 생물학자에 의해 강력한 암시성을 가진 환상으로 이해됐다. 실제로는 설계가 아니지만 우리에게는 설계처럼 보이는 착각이란 것이다(생명의 복잡성과 설계 여부에 대해서도 나중에 하나의 주제로 다룰 것이다).

다윈에 따르면 충분한 시간이 주어지면 자연의 선택적 능력은 어떠한 형태의 변이에 작용해 인간이 성취할 수 있는 것을 훨씬 넘어서는 어떤 구조나 기능을 완성시킬 수 있다. 즉, 지적 원인(설계)에 의한 것으로 착각하기 쉬운 생명체의 복잡한 시스템들도 전적으로 자연적 원인에 의한 것이라는 주장이다. 다윈의 이론이 일반적인 이론이 되면서 이제 과학자들은

(지성을 배제하고) 오직 자연 법칙만을 통한 과거의 복원을 과학적이고 훌륭한 모델로 인지하게 됐다.

유물론적 주장의 핵심은 시간이다. 세상은 오직 물질과 자연 법칙만으로 구성되므로, 물질과 자연 법칙이 작동할 수 있는 충분한 시간이 주어져야 복잡한 세상이 만들어질 수 있기 때문이다. 이것이 유신론적 주장과의 결정적 차이라고 할 수 있다.

결론적으로 유신론에서 과학적 주장의 핵심은 지성, 설계, 질서이며, 유물론에서 과학적 주장의 핵심은 우연, 시간, 자연 법칙이다. 이 둘의 차이를 좀 더 간략히 줄인다면 유신론의 '지성의 임의성', 유물론의 '변화를 위한 시간'이 과학적 주장의 핵심 증거로 사용되고 있다고 할 수 있을 것이다.

13. 유물론의 방법론: 동일 과정설

유신론과 유물론을 가르는 핵심 개념이 하나 더 있다. 그것은 바로 변화를 일으키는 방법으로 특별성을 인정할 것인가 하는 점이다.

앞에서 살펴봤었던 검은 백조 문제를 기억하는가?

귀납법은 그 추론 특성상 모든 경우를 다 살펴볼 수 없기 때문에 특이한 경우가 발생하는 것에 취약하다. 그리고 기원 과학의 방법론인 귀추적 추론은 귀납법보다 한계가 더 큰 방법론이기 때문에, 이런 특이 경우의 문제에 더욱 취약하게 된다.

다윈은 찰스 라이엘의 『지질학 원리』(Principles of Geology)를 읽고 그 추론 원리를 『종의 기원』에 사용했다. 라이엘은 '지질학 원리'에서 과거 지구 표면의 변화를 현재 지구 표면에서 일어나는 현상들로 참조해 설명하고자 했다. 이것을 '동일 과정설'이라고 한다. 즉, '현재는 과거의 열쇠'로써 오직 현재 관찰되는 것만을 과거에 적용해야 한다는 것이다. 이것은 현재 입증 가능한 과학적 원리들로만 설명하는 것과는 약간 다르다. 왜냐하면, 보편적인 과학적 원리와 달리 관찰되는 현상은 환경에 따라 달라질 수 있기 때문이다.

예를 들면 동일 과정설에 따르면 지층이 생기는 방법은 강에 의한 퇴적이 유일하다. 왜냐하면, 현재 퇴적물은 강이 바다로 운반하면서 생기는 것만이 관측되기 때문이다. 즉 전 지구적 대홍수 같은 것은 현재 일어날 수 없기 때문에 지층의 생성 방법이 될 수 없다.

그러나 만약 지구의 상태가 먼 옛날에는 지금과 달랐다면 어떨까?

과거의 지구는 딱 한 번 대홍수가 일어날 수 있었고 대홍수가 일어난 지금은 다시는 대홍수가 일어날 수 없다는 경우를 생각해 보자. 이 경우 검은 백조처럼 대홍수의 가능성을 완전히 부인할 수 없다.

14. 유신론의 방법론: 격변설

반대로 현재의 결과들이 일상적인 현상이 아니라 특별한 사건에 의해서만 발생된다고 충분히 입증할 수 있다면 오히려 현재의 결과는 과거에 특별한 사건이 있었다는 증거가 될 수 있다. 바로 귀추적 추론 덕분이다. 그리고 이러한 특별한 사건, 즉 '격변설'이 유신론적 주장을 과학적 주장으로 번역한 것이다.

특기할 점은 이러한 격변설이 유물론자들에 의해서도 종종 사용된다는 것이다. 예를 들면 한참 공룡 멸종의 원인으로 지목되었던 '대규모 운석 충돌' 같은 것이 있다. 오늘날 지구상의 생명체가 멸종할 정도의 운석 충돌은 전혀 발생하지 않고 있다. 그렇다면 동일 과정설에 따라 과거에도 그런 충돌이 없었다고 보는 것이 더 타당하겠다. 비록 다른 이유로 운석 충돌에 따른 공룡 멸종설이 밀려나고 있지만 격변설은 때로 매우 매력적인 설명이다.

어쨌든 격변설 자체는 동일 과정설에 비해 입증이 쉽지 않지만, 물리적 인과 관계에 따라 입증 가능하다는 점에서 그리고 쉽게 배제될 수 없다는 점에서 과학적 가설로 기능할 수 있다.

이제 유신론과 유물론의 과학적 주장의 차이점을 확실히 파악할 수 있을 것이다. '지성의 임의성 vs. 변화 가능한 시간', '동일 과정 vs. 격변'. 유신론과 유물론의 각 주장은 이러한 핵심을 얼마나 설득력 있게 전달하는지로 평가받을 것이다. 만약 이 핵심 주장들이 제대로 검증되지 않고 사용된다면 그것은 해당 주장이 모래 위에 지어진 집이라는 뜻일 것이다.

15. 과학과 사실

지금까지 우리는 과학적으로 과거를 알아보는 방법에 대해 알아봤다.

그런데 왜 이렇게 '과학적'이라는 말에 집착하고 있는 것일까?

보통 우리는 과거에 대한 확고한 증거가 있다는 뜻으로 '과학적'이라는 표현을 사용한다. 이 말은 우리가 처음에 언급했던 역사 전승 혹은 기록, 종교적 신념보다는 '과학'을 더 신뢰한다는 뜻이다. 정확히는 '과학적 방법론'으로 검증된 사실들은 믿을 만하다고 생각하는 것이다. 그리고 실제로도 '과학'은 실험을 통한 재현 가능성과 검증을 기초로 하기 때문에 이러한 생각은 사실과 부합하다고도 할 수 있다.

문제는 '기원 과학'이 '과학적 방법'이기는 하지만 그 특성상 다소 한계가 있다는 점이다. 역사란 재현 불가능하기 때문이다. 그렇기에 오랜 기간 전해져 온 '역사 전승 혹은 기록, 종교적 신념'들이 우리에게 더 많은 빛을 비춰 줄 수도 있다. 정말로 중요한 것은 '실제로 일어난 사건/사실'이지 사실을 알기 위한 방법 같은 것이 아니기 때문이다.

우리가 어떤 주장을 "과학적이 아니다"라고 말할 수는 있지만, 그것을 "사실이 아니다"라고 주장하는 것은 별개의 문제다. 과학이 아니라도 사실을 확인할 방법들은 얼마든지 있을 수 있다. 많은 사람이 유신론과 창조론을 과학이 아니라고 말하고, 따라서 그것들은 사실이 아니라고 주장한다. 이러한 낙인 찍기는 특정 이론을 검토 과정에서 배제함으로써 우리가 사실에 접근할 수 있는 가능성을 줄여 버린다. 정말로 중요한 것은 사실이고 사실을 확인하는 데 있어서 가장 중요한 것은 '과학'이라는 용어보다는 '합리적 방법'으로 검증할 수 있는가 일 것이다.

여러분은 사실을 알고 싶은가, 자신이 믿는 주장이 어떻게든 승리하는 것을 보고 싶은가?

참고 문헌

스티븐 C. 마이어. 『세포 속의 시그니쳐』(*Signature in the cell*), 이재신 외 역. 서울: 겨울나무, 2009/2014.
- 제1부 제2장은 이 책의 내용을 참고하여 작성했다. 이 책은 본격적으로 생물학의 발견에 대해 기술하기 전에 과학적 방법론에 대해 한참을 할애하고 있다. 창조 과학을 과학이 아니라고 생각하는 사람들에게 과학이 무엇인지 알려줄 필요가 있었던 것이다.
- 귀추적 추론과 관련된 윌리엄 휴웰, 찰스 샌더스 피어스, 마이클 스크리븐의 서술들은 이 책에서 재인용한 것이다.
- 과학 혁명 당시 과학자들 및 다윈 등의 사상과 업적도 이 책에서 인용했다.
- 젖은 땅의 예시는 이 책보다 더 오래된 창조 과학 관련 책들에서 많이 다루는 내용으로 이 책에서도 다루고 있다.

제2부

우주의 기원

제1장 우주는 어떻게 이렇게 유지되고 있을까?

제2장 우주는 어떻게 시작되었을까? 빅뱅 이론

제3장 우주는 어떻게 시작되었을까? 우주 상대성 이론

제1장

우주는 어떻게 이렇게 유지되고 있을까?

• 요약

1. 우주를 지배하는 네 가지 기본 힘

현재는 과거를 알 수 있는 열쇠다. 따라서 현재 우주의 모습을 이해하는 것은 과거를 알기 위한 첫 번째 단계다. 우주의 모든 물질은 네 가지 기본적인 힘(중력, 전자기력, 강력, 약력)에 의해서만 움직인다. 즉, 이 네 가지 힘이 현재 우주의 모습을 유지해 주고 있다.

원자핵과 관련된 '강력'과 '약력'은 다양한 원자가 붕괴되지 않도록 그 모습 그대로 유지시켜 준다. '전자기력'은 원자와 분자들이 레고 블록처럼 여러 개가 붙었다 떨어졌다 하면서 특정한 속성을 가진 분자가 될 수 있도록 만들어 준다. '중력'은 작은 물질 간에도 영향을 주지만 행성/별 수준인 태양계를 넘어서 은하계 혹은 그 이상까지도 하나로 묶어 우주의 거대 구조에 영향을 준다. 아주 작은 것에서부터 엄청나게 큰 것까지 이 네 힘이 적절히 영역을 나눠서 물질에 영향을 주고 있으며, 덕분에 우리 우주는 안정적으로 현재의 모습을 유지하고 있다.

2. 적절히 조절된 힘의 세기

만약 강력과 약력의 크기가 지금보다 약간만 강하거나 약해진다면 원자의 다양성은 사라지고 한 종류의 원자만 남아서 생명체가 생존할 수 없게 되고 태양이 너무 뜨거워지거나 가벼워져서 역시 지구상에 생명체가 살 수 없게 될 것이다.

만약 전자기력의 크기가 지금보다 약간만 크거나 약해진다면 분자들이 결합한 후에 절대 분리되지 않거나 너무 쉽게 분리되면서 그 어떤 생명체도 다양한 생명 활동을 영위할 수 없을 것이다.

만약 중력의 크기가 지금보다 약간만 크거나 작아진다면 역시 태양이 너무 뜨거워지거나 차가워져서 지구상에 생명체가 살 수 없게 된다. 즉, 우주의 네 가지 기본 힘은 지구상에 생명체가 살 수 있도록 적절한 수준으로 맞춰져 있다.

3. 기본 힘으로 설명되지 않는 별의 모습들

이 네 가지 기본 힘은 우주가 현재 모습으로 유지되는 것은 잘 설명해 주지만, 우주가 어떻게 현재 모습이 되었는지는 전혀 설명해 주지 못한다.

중력은 별과 행성들이 동그란 모습을 갖고 있는 것을 잘 설명해 주고, 뉴턴의 운동 법칙은 행성들이 태양 주위를 공전하고 있는 것을 잘 설명해 준다. 그러나 어떤 힘도 별이나 행성들이 자전하거나 공전하게 된 이유를 설명해 주지는 못한다.

중력은 오늘날 불타고 있는 별에서 가스들이 만드는 거대한 난기류에도 불구하고 별에서 튕겨 나가지 않고 여전히 가운데로 모여 핵융합이 일어나 빛을 내도록 만들어 준다. 그러나 어떤 힘도 엄청난 양의 가스들이 거대한 난기류를 뚫고 가운데로 꼭꼭 모여들어 핵융합이 일어날 수 있을 정도로 강력한 중력을 형성할 수 있었는지는 설명해 주지 못한다.

4. 기본 힘으로 설명되지 않는 우주의 모습들

열역학 법칙과 우주의 복잡한 모습들, 블랙홀(과 특이점)의 특징, 중력에 의해 휘어지지 않은 우주 공간, 아인슈타인이 발견한 4차원 시공간 등 다양한 우주의 모습들은 현재 우리가 알고 있는 힘과 법칙들로 왜 그런 모습이 되었는지 설명되지 않는다.

현재 우주의 모습이 어떻게 생겨났는지 아주 간단히 그리고 명백히 설명할 수 있는 이론이 있을까?

아니, 현재 우주 이론이 우주의 모습을 있는 그대로라도 제대로 설명할 수 있을까?

1. 우주를 유지하는 4대 기본 힘

우주의 시작에 대해서 알기 위해서는 우주가 현재 어떻게 움직이고 있는지 알 필요가 있다. '현재'가 '과거를 알 수 있는 열쇠'기 때문이다.

그렇다면 우주를 현재 모습으로 유지시켜 주는 것은 무엇일까?

우주의 모든 물질은 오직 4개의 기본 힘으로 묶여 있다. 이 네 개의 기본 힘이 물질들이 어떻게 움직이는지를 말해 준다. 물리학으로 설명한다는 것은 곧 이 네 개의 힘으로 설명한다는 뜻이다. 이 네 개의 기본 힘은 중력, 전자기력, 강력, 약력이다.

보통 중력과 전자기력은 다들 알고 있다.

그런데 강력, 약력은 상당히 생소하지 않는가?

강력, 약력은 우리의 일상생활과는 거의 관계가 없기 때문에 물리학을 공부하지 않는 이상 접하기 어렵기 때문이다.

그럼 이 각각의 힘은 어떤 일을 하고, 그 힘이 미치는 규모(거리)는 얼마나 될까?

2. 중력

중력은 무게를 가진 서로 다른 두 물질이 서로를 끌어당기는 힘이다. 지구는 사과를 끌어당기고, 사과도 지구를 끌어당긴다. 나뭇가지에서 사과가 떨어지면 지구는 사과 쪽으로, 사과는 지구 쪽으로 움직이게 된다. 다행히 지구는 사과에 비해서 너무너무 무겁기 때문에 지구가 움직이는 거리는 사과가 움직이는 거리에 비해 너무너무 적게 되는 것이다. 중력의 법칙을 간단히 설명하자면, 중력의 세기는 두 물체의 무게가 무거우면 커지고, 두 물체의 거리가 멀어지면 급격히 작아진다.

재밌는 점은 이 중력이 영향을 미치는 거리는 엄청나게 길다는 것이다. 중력은 지구, 목성, 명왕성이 태양 주위를 돌도록 붙잡아 주고, 우리 태양계가 속한 은하의 수많은 별도 나선 모양으로 회전하도록 붙잡아 주며, 심지어는 은하와 은하 사이도 서로 붙잡아 준다. 은하와 은하 간의 거리는 빛이 수백만 년을 이동해야 하는 엄청나게 먼 거리지만 은하 하나하나에는 별들이 너무너무 많아서 은하의 무게가 너무너무 무겁고, 그래서 엄청나게 먼 은하 간에도 여전히 중력이 작용하게 되는 것이다.

만약 중력이 없다면 우리 지구는 태양에서 멀어져서 어디론가 쭉 날아가 버릴 것이고 엄청 추워져서 모두 얼어 버리거나 운이 없으면 엄청 뜨거운 별에 부딪혀 녹아 버릴 것이다.

3. 전자기력

전자기력은 전기력과 자기력을 합친 말이다. 일반적인 수준에서 물질을 이루는 가장 작은 단위는 원자다. 이 원자를 쪼개면 그 안에서 양성자, 중성자, 전자가 나타난다. 양성자와 전자는 서로를 끌어당긴다. 이것은 양성자는 +전하, 전자는 −전하를 갖기 때문이다. 이 +전하와 −전하가 서로를 끌어당기는 힘이 바로 전기력이다. 그리고 이 전하는 특이하게도 같은 전하끼리는 서로 밀어내는 특성이 있다. 즉 양성자(+)는 양성자(+)와 떨어지려고 하고, 전자(-)는 전자(-)와 떨어지려고 하는 것이다. 이렇게 같은 전하가 서로를 밀어내는 힘도 바로 전기력이다. 두 물체의 전하에 따라 힘의 방향이 정반대로 바뀌는 것이다. 무조건 서로를 끌어당기는 중력과는 확실히 다르다.

원자 내에서 양성자는 원자핵 내에 꼭 붙어 있다. 반면, 양성자보다 약 1,800배 가벼운 전자는 원자 내에서 자유롭게 돌아다닌다. 이 전자가 원자에서 빠져나와 전기가 통하는 물질을 따라 쭉 이동하면 이를 전류라고 한다. 우리가 집에서 사용하는 전기는 이렇게 전자가 전선을 통해 이동하는 것이다.

그렇다면 전기력은 어느 정도 규모에서 작동할까?

전기는 반드시 물질을 통해 이동한다. 그러니까 진공에서는 전기가 생기지 않는다. 하지만 물질만 있다면 전기는 지구처럼 커다란 물체에서도 흐를 수 있다. 별이나 행성은 물질이 있지만 우주는 진공이기 때문에 결과적으로 전기가 영향을 미치는 규모는 행성이나 별 크기 정도로 제한된다. 즉 태양계나 은하계 같은 거대한 공간에는 영향을 미치지 못하는 것이다.

자기력은 전기가 흐르는 곳 주변에서 생겨난다. 이렇게 생겨난 자기력이 영향을 미치는 공간을 자기장이라고 한다. 전기에 의해 발생하는 자기장은 전기와 달리 물질이 없는 진공에서도 생겨날 수 있다.

지구의 자기장은 지구 밖으로 상당한 영역까지 퍼져 있는데 지구 자기장은 우주로부터 지구로 들어오는 강력한 물질들을 방어해 준다. 또한, 우리 태양계에는 태양과 목성이 만들어 내는 엄청난 규모의 자기장이 존재한다. 이렇게 자기장은 행성과 별의 규모를 넘어 더 넓은 영역까지 영향력을 행사한다. 전자기력은 아주 작은 원자 규모의 결합부터 별을 둘러싸는 상당히 넓은 영역까지 영향을 미치고 있다.

4. 강력

이제부터는 매우 생소한 힘이다. 강력은 말 그대로 매우 강력한 힘이라는 뜻이다.

왜 강력한 힘이 필요할까?

아까 원자는 양성자, 중성자, 전자로 이뤄져 있다고 언급했다. 그리고 양성자는 원자핵에 꼭 붙어 있다고도 말했다. 세상에는 100개가 넘는 다양한 종류의 원자(정확히는 원소)가 있다. 이 원자들의 차이는 원자핵에 붙어 있는 양성자의 수가 결정한다. 양성자가 하나면 원자핵이 가지는 전자기력의 힘은 +1, 양성자가 두 개면 +2 … 이렇게 원자의 전자기력 특성이 달라지는 것이고 이것이 원자 간의 차이를 가져오게 된다.

그런데 우리는 아까 전기력을 살펴보면서 같은 전하를 가진 양성자는 서로를 밀어낸다는 것을 배웠다.

그렇다면 어떻게 원자핵에 양성자가 여러 개 모여 있을 수 있을까?

그렇다. 바로 강력한 힘, 강력이 양성자들이 서로 밀어내지 못하도록 원자핵 내에서 잡아 주는 것이다. 참고로 원자핵 내에서 이 강력이 발생하도록 도와주는 것이 바로 중성자다.

그렇다면 강력이 영향을 미치는 거리는 얼마일까?

강력은 전자기력보다 100배는 강하다. 그래서 양성자들이 서로 밀어내려고 해도 떨어질 수가 없다. 서로 밀어내려는 힘보다 100배나 강한 힘으로 서로 잡아당긴다. 하지만 이 엄청나게 강력한 끌어당기는 힘은 겨우 원자핵 거리에서만 작동한다. 만약 이 힘이 원자 밖에까지 미친다면, 한 원자의 원자핵이 다른 원자의 원자핵까지 잡아당기고, 그래서 세상의 모든 원자가 다 들러붙어 버릴 것이다.

본드가 붙어서 한번 조립하면 다시는 분해할 수 없는 블록을 생각해 보라. 그런 것은 지속적으로 변하는 생명체가 될 수 없을 것이다.

5. 약력

이제 마지막으로 약력이 남았다. 강력에서 눈치채겠지만 약력은 약한 힘이라는 뜻이다. 약력도 원자핵 수준에만 영향을 미치는데 강력 대비 매우 약한 힘이다. 아까 원자에는 양성자, 중성자, 전자가 있다고 했고 양성자는 +전하, 전자는 -전하를 가진다고 했다.

그러면 양성자랑 전자를 붙여 놓으면 어떻게 될까?

+1-1=0. 즉 전기 속성이 중성이 된다. 그리고 그것이 바로 중성자다. 그래서 중성자의 무게(질량)는 '양성자+전자'의 무게다(정확히는 아주 약간 다르다). 이렇게 중성자와 양성자는 전자를 떼거나 붙임으로써 서로 변환이 가능하다. 중성자와 양성자가 서로 변환하는데 작용하는 힘을 약력이라고 한다.

이 약력은 왜 필요할까?

만약 약력이 없다면 태양은 불타지 않을 것이다. 바로 핵융합을 가능하게 해 주는 힘이 약력이기 때문이다. 태양 내에서 양성자 하나만 가진 수소들이 엄청난 속도로 돌아다니다가 서로 꽝 부딪친다. 속도가 엄청나기 때문에 양성자와 양성자가 전자기력으로도 서로를 밀어내지 못하고 부딪힌 다음 들러붙어 양성자가 두 개인 헬륨이 된다. 그런데 양성자만 두 개면 결국에는 서로 붙어 있지 못하고 떨어져 나간다.

이때 약력으로 인해 두 양성자 중 하나가 중성자로 변한다. 그래서 수소 두 개가 부딪혀 양성자 두 개만 가졌던 헬륨이 이제는 양성자 하나, 중성자 하나를 가진 특별한 수소가 된다. 이제 일반 수소보다 중성자 하나를 더 가진 수소(중수소-무거운 수소)가 다시 다른 수소와 충돌해서 이번에는 양성자 두 개 중성자 하나를 가진 헬륨이 된다.

다시 약력의 영향으로 양성자 하나가 중성자가 되면서 이제는 양성자 하나, 중성자가 두 개인 또 다른 특별한 수소(삼중수소-세 배로 무거운 수소)가 된다. 그리고 이 삼중수소가 다시 다른 수소와 부딪혀서 양성자 두 개,

중성자 두 개를 가진 정상적인 헬륨이 되면 핵융합이 마무리된다. 이렇게 약력 덕분에 수소가 헬륨으로 변하는 핵융합이 일어나고, 태양은 이 과정에서 엄청난 에너지를 내뿜어 지구에서 생명체가 살 수 있는 것이다.

6. 4대 힘의 관계

이제 우주를 유지하는 네 개의 기본 힘을 정리해 보자.

원자핵과 관련된 강력과 약력은 다양한 속성의 원자들을 그대로 유지시켜 준다. 이 두 힘은 미치는 범위가 입자 수준으로 물질들의 존재 방식 자체를 결정한다.

전자기력은 원자/분자들이 레고 블록처럼 여러 개가 붙었다 떨어졌다 하면서 특정한 속성을 가진 분자가 될 수 있도록 만들어 준다. 즉, 전자기력은 물질(원자)들의 상호 작용에 영향을 준다. 그리고 전자기력은 행성이나 별 수준의 규모로 영향력을 미치기도 한다.

마지막으로 중력은 작은 물질 간에도 영향을 주지만 별을 넘어서 거대한 태양계와 은하계까지도 하나로 묶어 준다. 중력은 아주 먼 거리까지도 영향을 주기 때문에 (태양계, 은하계 같은) 우주의 거대 구조에 영향을 준다.

우주를 유지하는 기본적인 네 힘은 아주 작은 것에서부터 엄청나게 큰 것까지 적절히 영역을 나눠서 영향을 주고 있으며, 덕분에 우리 우주는 안정적으로 현재의 모습을 유지하고 있다.

이 네 힘은 각기 다른 영역에 대해 서로 다른 세기의 힘을 가지고 있다.

이 네 힘의 현재 세기는 어떤 의미를 가지고 있을까?

힘의 세기가 변해도 우주가 지금과 같은 형태를 유지할 수 있을까?

7. 원자의 구조와 강력의 세기

원자는 원자핵과 전자로 구성되어 있고, 원자핵은 양성자와 중성자가 모여 이뤄진다. 원자핵 속의 양성자들은 서로가 같은 전기 속성(+)을 가지고 있어서 서로를 밀어낸다. 다행히 중성자의 도움을 받아 발생하는 강력이라는 힘이 양성자들을 원자핵 속에 붙잡아 줘 이들이 흩어지지 못하도록 만들어 준다.

원자핵 내에 양성자의 수가 적으면, 중성자가 양성자와 비슷한 숫자만 있어도 양성자를 붙잡을 수 있다. 그러나 양성자의 수가 많아지면 서로 밀어내는 힘이 더 강해지기 때문에 강력도 더 강해지기 위해 중성자가 양성자보다 훨씬 더 많아져야 한다. 결과적으로 양성자가 많이 포함된 무거운 원소의 경우에는 원자핵 내에 중성자가 양성자보다 1.5-1.6배 정도까지 많아진다.

그런데 이렇게 원자핵을 유지시켜 주는 강력이 지금보다 얼마나 약해지면 원자핵이 붕괴될까?

단 2%만 강력이 약해져도, 양성자와 중성자를 붙잡아 주는 힘이 부족해서 양성자는 원자핵에서 다 튕겨 나가게 된다. 그러면 우주에는 원자핵에 양성자가 하나뿐인 수소만 남고 다른 종류의 원소는 모두 사라지게 되는 것이다.

반대로, 강력이 지금보다 얼마나 강해지면 원자핵에 또 문제가 생길까?

이번에는 더 심각한데 단 0.3%만 강력이 지금보다 강해져도 양성자와 중성자를 붙잡아 주는 힘이 너무 강해져서 우주에서 수소는 다 사라지고 양성자와 중성자가 잔뜩 달라붙은 가장 무거운 원소만 남게 될 것이다. 강력의 세기는 아주 아슬아슬한 줄타기를 하면서 현재 우주의 모습을 유지하고 있는 것이다.

8. 태양과 약력의 세기

다음으로 약력을 살펴보자. 다소 단순화하면 중성자는 양성자+전자다. 서로 다른 전기 속성을 가진 양성자(+)와 전자(-)가 하나로 합쳐지면 중성자가 되고 반대로 중성자가 충격을 받아 쪼개지면 서로 다른 전기 속성을 가진 양성자와 전자로 나눠진다. 이렇게 중성자와 양성자가 서로 변환되는 데 작용하는 힘이 약력이다. 이 특이한 변환은 태양을 포함한 별들의 핵융합 과정에서 발생한다. 태양은 약력의 작용 덕분에 핵융합으로 수소를 헬륨으로 바꾸면서 엄청난 에너지를 내뿜는다.

만약 약력이 지금보다 강해지면 어떻게 될까?

약력이 강해지면 중성자와 양성자 간 변환이 더 빨라지면서 핵융합이 더 빨리 진행된다. 즉, 태양의 열기가 지금보다 더 뜨거워지게 되는 것이다. 그 결과, 지구는 더 뜨거워지고 생명체가 살기 어려운 곳이 돼 버린다. 지구보다 훨씬 먼 화성 정도가 생명체가 살기에 적합한 곳이 될 수도 있다. 빠른 핵융합의 영향으로 태양은 연료인 수소를 빠르게 소진해서 헬륨만 남게 되고, 얼마 지나지 않아 급속히 식어 버릴 것이다.

반대로 약력이 지금보다 약해진다면 핵융합은 느려지고 지구는 금방 추워져서 또 다른 형태로 생명체가 살기 어려워질 것이다. 이 경우에는 금성이 오히려 생명체가 살기에 적합해질 수도 있다.

이렇게 지구가 지금보다 훨씬 뜨거워지거나 꽁꽁 얼어붙을 수 있다는 점에서 약력의 세기는 생각보다 매우 중요하다. 강력과 마찬가지로 약력도 우리가 지구에서 다른 행성들 대비 매우 쾌적한 생활을 하도록 아주 적절한 세기로 아슬아슬한 줄타기를 하고 있다고 할 수 있다.

9. 원자의 이온화

　강력과 약력은 원자핵 규모의 거리에 영향을 미친다. 원자는 아주 작은 원자핵과 상대적으로 거대한 부분을 돌아다니는 여러 개의 전자로 이뤄져 있다. 또, 원자핵은 양성자와 중성자로 이루어져 있다. 그리고 양성자와 전자는 전하라는 전기 속성을 가지고 있다. 양성자와 전자는 서로 반대 속성의 전하를 가지고 있다. 양성자는 +전하, 전자는 -전하를 가지고 있다. 전기는 서로 반대 속성은 끌어당기고, 같은 속성은 밀어내므로 전자는 보통 원자에 갇혀서 원자 안에서만 돌아다니게 된다. 그리고 원자는 같은 수(n)의 양성자와 전자로 구성되므로 원자의 전기 속성은 +n-n=0, 즉 아무런 전기 속성을 갖지 않게 된다.

　그런데 원자는 경우에 따라 종종 전자를 몇 개 잃어버리거나 몇 개 더 얻게 되는 경우가 발생한다. 원소 내에는 양성자의 수만큼 전자도 존재하는데 전자의 수가 많아지면 원자 내에서 돌아다니던 전자들끼리 서로 밀어내면서 일부 전자가 원자핵에서 좀 먼 곳으로 밀려나게 된다. 그러면 거리에 영향을 받는 전자기력의 특성상 원자핵의 양성자가 전자를 잡아당기는 힘이 급속히 약해지게 된다. 그 결과 종종 약간의 충격으로 바깥으로 밀려난 전자 몇 개가 원자 밖으로 튕겨 나가 사라지는 일이 발생한다.

　반대로, 양성자의 수가 상당히 많고 전자도 양성자 수 만큼 상당히 많음에도 불구하고 원자 내에서 양성자의 전자기력이 여전히 효력을 미치는 거리에 전자가 몇 개 더 들어올 수 있을 여유 공간이 발생하기도 한다. 이 경우에는 주변에 떠돌아다니던 전자가 붙잡혀서 원자 안에 더 들어오기도 한다.

　이렇게 원자가 전자를 더 얻거나 잃는 것을 이온화라고 한다. 이온화된 원자는 전자를 몇 개 더 가지거나 잃게 되므로 이제는 전기적 속성을 가지게 된다. 그리고 이런 원자들이 여러 개 모여서 결합하면 바로 분자가 되는 것이다. 이온화된 원자들은 이제 전자기력의 힘으로 다른 원자들을 힘차게 붙잡게 된다.

10. 분자와 전자기력의 세기

만약 전자기력의 세기가 지금보다 커지면 어떻게 될까?

한 번 달라붙은 이온화된 원자들은 다시는 떨어지지 않고 딱 붙어 있을 것이다. 즉, 분자가 변하지 않게 되고, 특정한 분자를 다른 형태로 변환하면서 살아가는 지구상의 생명체들은 모두 다 죽어 버릴 것이다. 아니, 심지어 원자 내에서 전자가 도망가지 못하게 되면서 아예 원자가 이온화되지도 못할 것이다. 분자가 처음부터 생성될 수도 없는 것이다. 생명체를 구성하는 부품들이 분자라는 점에서 생명체가 존재할 수도 없는 것이다.

반대로 전자기력의 세기가 지금보다 약해지면 어떻게 될까?

원자들이 분자를 만들려고 달라붙었다가 분자가 제 역할을 하기도 전에 원자들이 서로 분리돼서 흩어져 버릴 것이다. 역시 분자에 의지해 살아가는 생명체들은 모두 죽어 버린다. 게다가 원자 내에서 전자들도 마구 뛰쳐나가면서 +전하를 가진 이온화는 잘 되겠지만 전자를 잡아들여서 –전하를 가지는 원자는 형성되지 않을 것이다. 전자기력이 약해서 전자를 붙잡아 둘 수 없기 때문이다. 결국, +이온과 –이온이 만나서 분자가 형성되는 일은 발생하지 않을 테고 역시 분자가 존재할 수도 없게 된다.

즉 전자기력은 특정 원자가 전자를 잃어버려 +이온이 될 정도로 약하되, 다른 원자는 전자를 잡아들여 –이온이 될 정도로는 강력하고, 또한 이온화된 원자들끼리 튼튼하게 분자로 결합될 정도로는 강하되, 다른 작용에 의해 분리될 수 있을 정도로는 약해야 한다. 역시 전자기력도 강력, 약력과 마찬가지로 힘의 세기라는 면에서 아슬아슬한 줄타기를 하고 있는 것이다.

11. 태양과 중력의 세기

태양은 수소를 핵융합으로 불태우면서 지구에 에너지를 공급하고 있다. 태양은 너무나 뜨겁기 때문에 수소들은 엄청나게 빠른 속도로 이리저리 돌아다니다가 서로 부딪히면서 핵융합을 일으키게 된다. 그런데 이렇게 빠르게 움직이는 수소는 태양이 중력으로 강력히 붙잡고 있기 때문에 태양에서 우주 공간으로 도망치지 못하고 있다. 앞에서 수소가 핵융합을 통해 헬륨이 되는 과정에 약력이 작용한다는 것을 얘기했는데, 중력도 이 핵융합에 영향을 준다.

만약 중력이 지금보다 더 커진다면, 태양이 수소들을 더 세게 잡아당기고, 수소들은 좀 더 바싹 태양 중심 쪽으로 모여들게 된다. 그러면 수소 원자들 사이의 거리가 줄어들고, 수소들이 좀 더 자주 충돌하게 된다. 그 결과 핵융합이 더 많이 일어나고, 태양은 더 많은 열을 내뿜어서 지구가 훨씬 더 뜨거워지게 된다.

반대로 중력이 지금보다 작아진다면, 태양은 수소들을 약간 느슨하게 잡아당기고 수소들은 태양 중심에서 약간 더 멀리까지 흩어지게 된다. 그러면 수소 원자들 사이의 거리가 늘어나고 수소들이 좀 덜 충돌하게 되면서 핵융합이 줄어들고 지구는 현재보다 더 추워지게 되는 것이다.

물론 태양 안에는 수소 원자의 수가 한정되어 있으므로 핵융합 속도에 따라 태양이 불탈 수 있는 기간도 늘어나거나 줄어들게 될 것이다. 중력도 역시 다른 세 기본 힘과 마찬가지로 쾌적한 지구의 온도를 유지한다는 측면에서 아슬아슬한 줄타기를 하고 있는 것이다.

12. 기본 힘으로 우주를 설명하기

우주가 지금처럼 유지되고, 특히 지구상에서 생명체들과 인간이 지금처럼 살아갈 수 있는 것은 우주의 기본적인 네 가지 힘의 균형 덕분이다. 지구는 생명체가 살기에 적당하고, 물질들은 생명체를 성공적으로 구성할 수 있다.

우주를 지배하는 이 네 기본 힘 중에, 우주 규모에서 영향을 미치는 것은 대부분 중력이고 아주 드문 경우 전자기력이 영향을 미친다. 따라서 우리가 우주의 모습을 설명한다는 것은 중력과 전자기력만으로 우주가 어떻게 현재 모습으로 형성되었고 현재처럼 유지되고 있는지를 설명한다는 것이다.

그렇다면 이 네 가지 힘이 정말로 우주의 모습들을 충분히 설명해 주고 있을까?

특히나 뉴턴이 말한 것처럼 현 모습이 유지되는 것은 법칙에 지배되지만 현 모습이 만들어지는 과정은 법칙과는 상관이 없을 수 있다는 점에서 기본 힘들만으로 우주가 어떻게 현재 모습이 되었는지 설명할 수 있을까?

먼저 하늘을 돌아다니는 별들과 행성들에 대해서 알아보자.

13. 천체의 동그란 모습

태양은 동그랗다. 지구도 동그랗다. 달도, 목성도 그리고 우주의 모든 별도 모두 동그랗다.

왜 천체(하늘의 물체들)는 동그란 모습일까?

그것은 바로 모든 것을 끌어당기는 중력 때문이다. 중력은 질량을 가진 물질들이 서로를 끌어당기는 힘이다. 그래서 중력은 특정한 방향이 없고, 모든 방향으로 똑같이 영향을 미친다. 덕분에 다른 힘이 없고 중력만 있다면 물질들이 모여 동그란 모습을 가지게 된다. 그래서 별과 행성들은 동그란 모습이 되는 것이다. 다만 행성보다 작은 천체들, 즉 소행성이나 작은 위성 같은 경우에는 중력이 충분하지 않기 때문에 딱딱한 물질들이 동그란 형태가 되지 못한다.

중력은 우주의 천체들이 동그란 이유를 잘 설명해 준다.

14. 천체의 자체 회전(자전)

천체는 자체적으로 회전한다. 태양도, 지구도, 달도 자전을 하고 별들도 다 회전을 한다. 즉, 천체는 전부 회전한다.

그런데 이 천체들은 왜 빙글빙글 돌고 있을까?

중력은 거대한 천체의 물질들이 전부 중심부로 모이도록 해 준다. 그래서 천체는 동그란 모양이 된다. 중력은 이렇게 중심부로 물질들이 모여들 때 물질들이 중심부로 직선으로 날아오도록 만든다. 따라서 천체의 회전은 기본적으로 발생할 수 없다. 천체 가운데로 몰려오던 물질들이 서로 부딪히면 이리저리 움직여 중심부를 벗어나는 움직임도 생성된다. 그러나 이렇게 무작위로 부딪히는 물질들은 서로 방향이 엇갈리면서 움직임이 상쇄되지 모두 일사불란하게 한 방향으로 움직이면서 소용돌이를 만들어 내지는 않는다.

별의 진화 이론에서는 중력으로 모이는 물질들이 소용돌이를 생성하고 그 소용돌이의 영향으로 물질들이 하나로 합쳐진 천체가 회전을 한다고 하지만 중력만으로는 절대 소용돌이가 발생하는 원인을 설명할 수 없다. 물론 소용돌이를 만들 수 없는 것은 전자기력도 마찬가지다. 별의 진화 이론은 이 부분에 대해 여전히 아무런 해답이 없는 상태다.

대체 온 우주의 천체들은 어떻게 빙글빙글 돌기 시작한 것일까?

일단 돌기 시작하기만 한다면 뉴턴이 발견한 운동의 법칙에 따라 우주의 천체들은 계속 돌게 된다. 그러나 우리는 천체들이 왜 돌기 시작했는지 알 수 없다.

15. 천체의 궤도 회전(공전)

지구, 목성, 금성 같은 천체들은 자체적으로도 회전하지만(자전) 태양 주위를 크게 돌기도 한다(공전). 그리고 뉴턴은 중력과 세 가지 운동 법칙을 통해 행성들이 태양 주위를 도는 현상을 설명해 내는 데 성공했다. 뉴턴이 찾아낸 세 가지 운동 법칙은 다음과 같다.

① 관성의 법칙: 멈춰있는 것은 계속 멈춰 있으려 하고, 움직이던 것은 계속 같은 방향과 속도로 움직이려 한다.
② 가속도의 법칙: 물체에 힘이 가해지면 힘이 가해진 방향으로 속도가 빨라진다.
③ 작용, 반작용의 법칙: 모든 작용에는 힘의 크기는 같고 방향이 반대인 반작용이 발생한다.

태양이 한 위치에 정지해 있다고 가정해 보자(실제로는 태양도 은하계 내에서 움직이고 있다). 운동 법칙에 따라 태양은 계속 정지해 있다. 이제 지구가 움직인다고 생각해 보자.

지구는 운동 법칙에 따라 계속 움직인다. 그런데 태양은 너무 무겁기 때문에 지구까지 거리에도 중력이 영향을 미친다. 그래서 지구는 두 가지 힘의 영향을 받는다. 하나는 관성력으로 움직이던 방향으로 계속 움직이려는 힘이다. 그리고 나머지 하나는 태양의 중력으로 지구를 태양 쪽으로 끌어당기는 힘이다. 그런데 태양은 지구에 비해 너무너무 무겁기 때문에 태양은 지구로 끌려오지 않고 지구만 태양으로 끌려들어 간다. 사과와 지구가 서로를 당겨도 사과만 지구로 떨어지는 것과 같다.

이제 두 힘의 크기를 생각해 보자. 태양이 지구를 너무 세게 당기면 지구는 태양 쪽으로 끌려 들어가 태양과 부딪혀서 녹아 버리게 된다. 반대로 지구가 움직이는 속도가 너무 빠르면 지구는 태양에서 멀어지면서 태양계 밖으로 날아가서 얼어버리게 된다. 즉, 지구가 움직이는 속도와 태양이 지구를 당기는 중력이 아주 절묘하게 맞아 들어갈 때 지구는 태양 주위를 거의 동그란 원처럼 돌게 되는 것이다. 마찬가지로 태양계의 다른 행성들도 움직이는 속도와 중력이 적절히 균형을 이루면서 거의 원과 같은 궤도를 돌고 있다. 즉 중력과 운동 법칙은 모든 행성이 태양을 중심으로 커다란 원 궤도를 도는 것을 설명할 수 있다.

문제는 중력과 운동 법칙만으로는 각 천체가 왜 그런 궤도에 위치하게 됐는지를 설명할 수 없다는 것이다.

천체들은 어떻게 현재 궤도의 위치에서 처음에 그런 속도로 움직이게 됐을까?

참고로 지구 주위의 궤도를 빙글빙글 돌고 있는 인공위성을 살펴보자. 현재 성공적으로 지구 주위를 돌고 있는 인공위성들은 처음에 현재 궤도로 진입할 때 여러 방향으로 로켓 엔진을 분사하면서 속도와 위치를 조절한다. 즉 공전하는 물체의 현재 움직임과 위치를 설명하기 위해서는 분명히 다른 힘이 필요한 것이다. 하지만 태양 주위를 도는 행성들은 이렇게 속도와 위치를 조절할 수 있는 로켓 엔진이 전혀 없다.

행성들은 어떻게 현재 위치에서 원 궤도를 가지게 된 것일까?

16. 흩어지는 가스들과 별의 형성

목성은 거대한 가스 행성이다. 목성에는 심지어 지구보다 더 큰 규모의 폭풍이 존재한다. 가스들이 지구의 대기처럼 특정 공간에 갇히게 되면 천체가 자전하는 것과는 다른 복잡한 움직임을 보이게 된다. 가스들은 엄청나게 빠른 속도로 공간을 날아다니는데, 중력으로 인해 행성을 벗어나지는 못한다. 가스 분자들은 중력에 의해 가속되거나 감속되기도 하고, 서로 충돌하면서 방향을 바꿔 튕겨 나가기도 하고, 서로 스쳐 지나가면서 회전하기도 한다. 그리고 이러한 복잡한 움직임들이 엮여서 난기류가 형성된다.

즉 공기가 일정한 방향으로 흐르기보다는 어지럽게 엉켜서 바람이 이리저리 불게 되는 것이다. 가끔 난기류가 일부 지역에서 정렬이 잘 될 경우, 목성에서처럼 거대한 폭풍이 형성되기도 한다. 이러한 난기류는 목성, 토성 같은 행성에서만 형성되는 것이 아니라 때로는 은하의 거대 가스층에서도 형성된다.

이 난기류는 가스들이 한곳(중력의 중심부)으로 모이는 것을 방해한다. 가스는 중력이 있음에도 불구하고 가운데로 충분히 모일 수 없다. 가스들이 난기류를 형성하면서 서로 밀어내기 때문이다.

가스가 가운데로 충분히 모이면 무슨 일이 일어날까?

바로 핵융합이 일어난다. 즉 별이 될 수 있는 것이다. 하지만, 가스의 난기류는 가스들이 모여 별이 되는 것을 방해한다.

가스들은 어떻게 난기류를 뚫고 가운데로 충분히 모일 수 있을까?

밤하늘의 별들은 반짝반짝 빛난다. 이 별빛들은 모두 핵융합의 결과다.

별들은 모두 거대한 가스 공이다. 그리고 그 가스의 대부분은 수소다. 만약 가스공이 충분히 크면 물질들이 너무 많아서 중력이 커지고 이렇게 커진 중력은 가스를 가운데로 상당히 끌어당기게 된다. 이렇게 가스들이 별의 중심부로 충분히 압축되어 모여들면 가스의 온도가 엄청나게 상승하고 핵융합이 가능한 온도까지 올라가게 된다. 초고온에서 수소는 서로 합쳐져서 헬륨이 되고 이 과정에서 엄청난 에너지를 내뿜는다. 그런데 별의 중력은 너무나 강력해서 핵융합 폭발을 별 내부에 가두고 에너지를 열로 바꾼다. 이렇게 높은 온도가 지속되면서 핵융합이 계속 일어나고 별은 뜨겁게 달궈져서 빛을 내게 된다.

즉 중력은 밤하늘의 별들이 현재 반짝이고 있는 현상을 설명해 준다. 하지만 어떻게 가스들이 난기류를 뚫고 이렇게 강력한 중력을 형성할 정도로 많은 양이 밀접하게 모였는지는 설명해 주지 못한다.

오늘날 빛나고 있는 별들은 어떻게 가스를 가운데로 모을 수 있었을까?

17. 우주의 속성 1: 열역학 법칙

우주의 기본 힘들은 천체의 현재 상태는 설명해 주지만 어떻게 현재 상태가 되었는지를 설명하는 데는 충분치 않다. 한편 우주를 설명하기 위해서는 천체의 속성뿐만 아니라 우주 자체의 속성도 역시 염두에 둬야 한다.

천체가 아닌 우주 자체의 속성은 무엇이 있을까?

기억할지 모르겠지만 제1부 제1장 "처음에 무엇이 있었을까"에서 우주에 시작이 있었다는 것을 입증할 때 열역학 법칙이 쓰였다. 열역학 법칙은 18-19세기 증기기관이 개발되면서 열과 에너지의 전달을 이해하기 위한 많은 노력의 결과로 정립된 법칙이다. 열역학 제1법칙은 에너지는 생성되거나 소멸될 수 없다는 에너지 보존의 법칙이고, 열역학 제2법칙은 에너지가 점점 쓸모없게 변한다는 에너지 변질의 법칙(또는 무질서도가 증가한다는 엔트로피 법칙)이다.

이 두 법칙에 따르면 우주가 영원히 오래됐다면 우주에서는 이미 쓸모 있는 에너지가 다 사라져서 아무 일도 일어나지 않게 된다. 간단히 예를 들면 뜨거운 물과 찬물을 섞으면 물이 섞이는 현상이 발생한다. 그러나 다 섞여서 미지근해지면 물에서는 더 이상 아무런 일도 일어나지 않게 된다. 이렇게 모두 상태가 같아져서 아무 일도 일어나지 않는 상태를 평형 상태라고 한다.

이 열역학 법칙은 우주의 과거에 대해 중대한 힌트를 준다. 우주에는 지금 쓸모 있는 에너지가 매우 많다. 별들은 매우 뜨겁고, 나머지 우주 공간은 매우 차갑다. 즉, 우리 우주는 아직 미지근한 물처럼 평형 상태가 아니다. 열역학 법칙은 시간이 지날수록 우주가 평형 상태가 된다고 말해 준다.

만약 시계를 거꾸로 돌리면 어떻게 될까?

과거로 갈수록 우주는 비평형 상태가 된다. 이 말은 과거의 우주는 현재의 우주보다 더 복잡하고 구조적이어야 한다는 뜻이다.

결과적으로 태양계의 행성 궤도, 은하계의 나선팔 등은 처음부터 그렇게 생겼거나 과거에는 지금보다 더 복잡하게 생겼어야 한다. 그리고 당연히 이렇게 복잡한 구조들의 형성 과정은 단순한 중력만으로는 설명할 수 없다.

18. 우주의 속성 2: 초신성 폭발과 블랙홀

중력은 거리가 2배, 3배로 늘면 힘이 4분의 1, 9분의 1이 된다. 반대로 거리가 5배, 10배로 줄어들면 힘이 25배, 100배로 늘어난다. 따라서 많은 질량이 아주 작은 공간에 모이게 되면 중력은 순식간에 엄청나게 커지게 된다. 물리학자들은 큰 별에서는 중력으로 원자들이 더 밀집해 모이게 되고 핵융합이 더 빨리 일어난다고 생각한다.

별들이 핵융합으로 연료를 다 써 버리면 더 이상 열은 발생하지 않는다. 열을 잃어버린 원소들은 더 이상 밖으로 뛰쳐나가려고 하지 못하고 그 결과 중력의 영향으로 점점 더 안쪽으로만 모여든다. 별은 점점 작아지고, 더더욱 강력해진 중력으로 원소들이 더더욱 압축되면서 별의 중심부는 마침내 압축 붕괴(collapse)된다.

이렇게 원소들이 더 촘촘히 가운데로 모여들면 더 이상 밀집할 수 없는 수준까지 모여들게 된다. 그런데도 중력은 점점 더 강해져서 원소들을 더 세게 가운데로 잡아당긴다. 결국, 가운데로 잡아당기는 중력과 더 이상 촘촘히 밀집할 수 없는 원소들이 충돌하면서 거대한 폭발이 발생한다. 이 폭발이 '초신성'(슈퍼노바)이다. 이 폭발로 별의 바깥 부분은 우주로 튕겨 나가지만, 여전히 일부는 남아서 더 촘촘히 압축된다.

그런데 모든 별이 초신성이 되는 것은 아니다. 우리 태양은 초신성이 될 만큼 충분한 질량을 가지고 있지 못하다. 초신성이 되려면 우리 태양의 10배 정도는 무거워야 한다. 이렇게 무거운 별은 초신성이 된 후, 대부분의 잔해는 폭발로 날아가고 중심부만 남게 된다. 이 남은 중심부는 강력한 중력의 영향으로 원자들의 반발력을 무시하고 더 촘촘히 달라붙게 된다.

원자는 원자핵과 전자로 이루어져 있다. 원자의 무게는 대부분(99%) 원자핵인데 원자핵의 부피는 원자의 0.0000000000001%에 불과하다(야구장 안의 야구공 하나 정도). 결과적으로 강력한 중력으로 인해 원자들이 서로 촘촘히 겹치기 위해 원자는 원자핵들만 남아서 서로 달라붙는다.

이를 위해 원자 내의 전자들은 원자핵 내의 양성자들과 합체해서 중성자로 변한다. 이렇게 전자가 사라지고 중성자만 남은 원자핵들은 원자와는 비교도 안 될 정도로 촘촘히 달라붙게 된다. 질량은 원자 거의 그대로인데, 차지하는 공간은 비교도 안 되게 작아지기 때문에 이 중성자별은 겨우 한 순가락 크기에 무려 10억 톤이나 무게가 나간다. 초신성이 되어 중심핵만 남게 된 중성자별의 크기는 직경 수 km에 달하니 그 무게는 상상을 초월한다.

한편, 무게가 태양의 50배가 넘어가는 별은 중력이 너무나 강해서 초신성이 된 이후 중성자별이 아니라 블랙홀이 된다. 이 블랙홀은 중력이 너무 너무 강해서 심지어 우주에서 가장 빠른 빛조차도 빠져나오지 못한다. 우리는 어떤 물체에서 직접 나오거나 반사되어 오는 빛을 통해 그 물체를 관찰한다. 따라서 빛이 빠져나오거나 튕겨 나오지 못하는 블랙홀은 우리가 절대 볼 수 없다.

우리 은하에는 약 300개 정도의 블랙홀 후보가 존재하고 다른 모든 은하에도 중심부에 모두 블랙홀이 있을 것으로 추정되고 있다. 그러나 아무도 블랙홀을 본 적이 없기 때문에(최근의 관측 사진도 블랙홀 주변의 빛을 보는 것이지 블랙홀 자체는 보지 못하고 있다). 우리는 블랙홀이 어떤 상태로 존재하는지 알기 어렵다.

블랙홀은 중성자별처럼 압축된 물질 덩어리일까?

아니면, 원자핵을 넘어 더더욱 압축되면서 물질이 없어지는 '무'의 상태가 될까?

블랙홀의 생성 과정은 중력으로 설명이 된다. 비록 블랙홀이 무엇인지는 여전히 모르고 있지만 ….

19. 우주의 속성 3: 특이점

블랙홀은 일종의 종점이다. 별들의 생애가 끝나는 곳이다. 문제는 우주의 시작점도 이 블랙홀과 성질이 유사하다는 것이다. 우주가 팽창한다는 사실을 토대로 시간을 거꾸로 돌리면 우주의 시작 시기에 우주는 아주 작은 한 점에 다 모여 있었다는 결론이 나온다. 우주의 시작인 '특이점'(빅뱅이 발생하기 전에 모든 우주의 물질과 에너지가 담겨 있던 아주 작은 점)은 강력한 중력으로 모든 것이 모여 있었다는 점에서 블랙홀과 유사하다. 그리고 이런 압축은 오직 블랙홀에서만 관측되므로 특이점의 상태는 블랙홀과 같다고 볼 수밖에 없다. 즉, 블랙홀의 특징이 바로 특이점의 특징이 되는 것이다.

특이점의 특징은 다음과 같다.

① 물질은 사라지지 않는다. 소위 '무'라고 하는 것은 절대 무가 아니며, 우리가 관측할 수 없는 상태에 불과하다. 특이점의 중력은 그대로 남아 있기 때문에 중력을 발생시키는 물질이 특이점 안에 가득 있다는 것을 알 수 있다. 특이점의 물리적 영향(중력)은 명백하게 존재한다.
② 물리학자들은 특이점에서 물리 법칙들이 무너진다고 말하지만 완전히 그렇지는 않다. 원자핵의 구조와 전자기력은 붕괴될 수도 있지만 적어도 중력과 중력을 발생시키는 근원은 그대로 존재한다.
③ 특이점은 열역학적으로 막다른 길이다. 일반적인 상태의 물질은 온도와 압력의 변화에 따라 상태가 변할 수 있다. 그러나 일단 물질이 특이점에 다다르면 다시는 다른 상태로 돌아갈 수 없다. 중력이 너무 커서 빠져나올 방법이 없는 것이다(가장 빠른 빛조차 빠져나오지 못한다).
④ 특이점은 극도로 안정적인 상태다. 이론에 따르면 미니 블랙홀은 증발해 버릴 수도 있다고 하지만 미니 블랙홀 자체가 아직 발견된 적이 없다. 태양과 비슷하거나 더 무거운 질량의 특이점은 수십억 년의 규모에서도 매우 안정적이다.

이러한 관측을 토대로 했을 때, 우주의 모든 것이 모여 있던 빅뱅이 발생하기 이전에 존재했다는 특이점은 너무나 강력한 중력으로 인해 시작점보다는 종점인 것처럼 보인다.

우주의 시작은 정말 특이점이었을까?

중력으로는 우주의 시작을 설명할 수 없다.

20. 우주의 속성 4: 공간 기하학

우리가 사는 방은 네모이고, 아파트도 네모다. 그리고 우리가 발을 딛고 서 있는 땅은 평평하다. 하지만 지구는 둥글다. 이처럼, 우리의 우주도 보기에는 빛이 똑바로 직선으로 날아가는 것 같지만 실제로는 빛이 볼록하게 휘어지거나, 오목하게 휘어질 수도 있다. 무슨 소리인지 잘 모르겠지만 물리학자들이 그렇다고 한다. 실제로는 공간이 휘어져 있다는 뜻이다.

우주에 물질이 너무 많으면 중력이 강해지고, 이렇게 강력한 중력은 빛뿐만 아니라 공간도 잡아당긴다. 그 결과 우주는 끝내 한곳으로 모여서 대함몰(big crunch)이 발생한다. 중력이 공간을 잡아당기기 때문에 이런 우주에서는 평행선(평행하니까 영원히 만나지 않아야 함에도 불구하고)이 휘어져서 서로 만나게 된다.

반대로 우주에 물질이 너무 적으면 중력이 약해지고, 이렇게 약해진 중력은 공간이 벌어지게 만든다. 그 결과 우주는 끝없이 팽창하고 물질들이 흩어지면서 다 얼어붙어 버리는 대냉각(big chill)에 이른다. 이 경우 중력이 약해서 공간이 벌어지기 때문에 평행선이 휘어져서 서로 멀어져 버린다. 그리고 이 두 우주 사이에 아슬아슬하게 적절한 중력으로 공간이 휘어 있지 않은 우주가 있다. 여러 관측 결과에 따르면 우리 우주는 공간이 휘어져 있지 않다.

우리 우주의 공간은 왜 휘어져 있지 않을까?

중력은 그저 우리 우주가 크기에 비해 적당한 양의 물질들이 있어서 공간이 휘지 않고 있는 것만 알려 준다. 왜 우리 우주의 물질은 공간이 휘지 않도록 적당량이 있는 건지 알 수 없다.

21. 우주의 속성 5: 시공간 차원

우리는 3차원 공간에 익숙하지만, 아인슈타인은 상대성 이론을 통해 우주가 4차원 시공간이라는 것을 입증했다. 그리고 오늘날 물리학자들은 (끈 이론에 따르면) 우주를 힘과 에너지만으로 설명하려면 10차원, 힘으로만 설명하려면 26차원으로 설명이 가능하다고 한다. 반면, 저자가 본 어떤 책은 단지 5차원이면 충분하다고 말하고 있다.
과연 우리 우주는 몇 차원일까?

이론을 평가하는 방법 중 '오컴의 면도날'이란 것이 있다. 14세기 영국의 논리학자 오컴의 윌리엄이 자신의 저서에서 설명한 것이다.

① 많은 것을 필요 없이 가정해서는 안 된다.
② 보다 적은 수의 논리로 설명이 가능한 경우, 많은 수의 논리를 세우지 말라.

간단히 말해, 간단한 이론이 더 좋은 이론이란 뜻이다. 주의할 점은 더 좋아 보이는 이론이 꼭 정확한 이론은 아닐 수 있다는 것이다.
어쨌거나, 천체와 우주의 속성을 설명하기 위해서는 몇 차원의 우주가 필요할까?
과연 오늘날의 과학은 우주의 기본 힘과 자연 법칙만으로 별/행성, 우주의 속성을 제대로 설명하고 있을까?

참고 문헌

Hugh Ross. *The Creator and the Cosmos*. NavPress, 2001, 3rd edition.
- 제2부 제1장의 전반부는 이 책의 제14장 "A 'Just Right' Universe"를 참고해 작성했다. 원자의 구조에 영향을 주는 강력의 세기 변화량은 이 책에서 참고한 것이다. 이 세상이 인간이 살기에 딱 좋은 조건으로 설정되어 있다는 설명에서 가장 주의할 점은 생명체와 환경의 인과 관계는 알 수 없다는 점이다. 환경이 좋아서 생명체가 발생했다는 것은 유물론의 입장이고 생명체가 살도록 환경이 조절됐다는 것은 유신론의 입장이다. 우리가 알 수 있는 것은 이렇게 생명체가 살 수 있는 환경이 조성되는 것이 극도로 어렵다는 정도일 것이다.

Alex Williams, John Hartnett. *Dismantling the Big Bang*. Master Books, 2005.
- 제2부 제1장의 후반부는 이 책의 제3장 'Tools for Explaining the Universe'를 참고해 작성했다. 천체 및 우주의 속성 목록은 이 책을 따른 것이다. 특이점의 속성 네 가지도 이 책에서 인용한 것이다. 이 책은 빅뱅 이론에 대해 설명한 뒤 빅뱅 이론의 문제점들을 지적하는 책이다. 빅뱅 이론의 가장 큰 문제는 아직 설명할 방법을 전혀 찾지 못한 현상들을 마치 다 설명하고 있는 것처럼 말하는 것이다.

제2장

우주는 어떻게 시작되었을까?
빅뱅 이론

• 요약

1. 대폭발과 우주의 팽창

아인슈타인이 유명한 공식 $E=mc^2$를 제시한 이후, 과학자들은 아주 제한적이지만 에너지로부터 물질이 생성될 수 있다는 사실을 밝혀냈다(이 경우 물질은 생성되자마자 바로 사라지면서 도로 에너지가 된다). 덕분에 유물론자들은 우주의 기원에 대해 설명할 실마리를 얻게 되었다.

한편 과학자들은 별들이 지구로부터 멀어지는 '적색 편이'를 발견하면서 우주가 팽창하고 있다고 생각하게 됐다. 이것은 자연스레 처음에 우주가 팽창하게 된 대폭발이 있었다는 생각으로 연결됐다. 대폭발한 초기 우주는 엄청나게 뜨거운 상태였지만 우주가 팽창하면서 점차 식어 버렸고 현재 우주 전체에 걸쳐서 나타나는 미미한 잔열 '우주 배경 복사'는 대폭발과 팽창의 흔적으로 설명되고 있다.

2. 빅뱅 이론의 여섯 단계

대폭발과 팽창이라는 개념에서 도출된 빅뱅 이론은 우주의 현재 모습을 대략 여섯 단계(특이점의 대폭발, 아원자입자 생성, 원자 생성, 가스층 팽창, 별과 은하 생성, 태양계와 지구 생성)를 거쳐 형성된 것으로 설명한다.

이 중 첫 단계인 특이점의 대폭발은 과학으로도 알 수 없는 영역이기 때문에 종교처럼 믿음이 필요한 단계에 해당한다. 과학자들에 따르면 이 대폭발은 137억 년 전에 발생했다.

3. 빅뱅 이론의 가정들

빅뱅 이론은 우주의 시작을 설명하기 위해 '특이점', '대폭발', '급팽창' 같은 믿음을 강요한다. 빅뱅 이론에서 이것은 과학으로는 설명할 수 없는(혹은 입증하거나 반박할 수 없는) 기본적인 가정으로 믿음 또는 종교에 해당한다. 또한, 빅뱅 이론은 '적색 편이', '우주 배경 복사'를 설명하기 위해 '우주론적 원리'라는 매우 복잡한 이론을 주장한다. 그러나 우주론적 원리는 보이는 현상(지구가 우주 중심부에 있는 것 같다)을 그대로 받아들이기보다는 과학자들이 원하는 모습(지구가 우주 중심부에 있을 리 없다)으로 우주를 설명하기 위해 쓸데없이 복잡한 형태로 만들어 낸 이론으로 그 이론이 맞다는 근거가 부족하다.

4. 빅뱅 이론의 오류들

빅뱅 이론은 물질(아원자, 원자)의 생성, 별과 은하 생성, 태양계와 지구 생성 이론을 제시하고 있지만 이 이론이 제시하는 과정은 모두 물리학적 법칙에 위배된다. 즉 빅뱅 이론은 우주가 대폭발로부터 생성되기 위해서 반드시 발생해야 하는 과정을 제시하지만 오히려 그 과정이 절대로 과학적으로 성립되지 않기 때문에 우주가 대폭발로 생성된 것이 아니라는 것을 보여 주는 이론이라고 볼 수 있다.

빅뱅 이론은 우주의 시작과 우주에 존재하는 물질들의 형태를 제대로 설명해 주고 있지 않다. 우주가 존재하기 위해서는 이런 단계를 거쳐야만 하지 않겠냐는 추측만을 제시하고 있을 뿐이다. 즉 빅뱅 이론은 유물론자들의 근거 없는 믿음, 종교에 불과한 것이다.

1. 작은 것들의 세상

천체 물리학자들은 처음에 물질이 아닌 에너지, 혹은 법칙이 있었다는 의미의 말을 한다.

이들이 '아무것도 없었다'라고 말하는 대신 태초에 에너지나 법칙이 있었다고 말하는 배경은 무엇일까?

과학이 지속적으로 발전하면서 물질이 분자로 이뤄져 있고 분자는 원자들이 모여서 만들어지며 원자는 원자핵과 전자로 만들어져 있다는 것을 알게 됐다. 그런데 원자 내에서 전자의 위치는 다소 특이하다. 원자 내에는 전자가 많기 때문에 원자핵에 가까운 곳에서부터 먼 곳까지 약간씩 거리를 두고 차곡차곡 쌓여 위치하고 있다. 각각의 전자는 엄청난 속도로 이곳저곳을 돌아다니면서 자신만의 영역을 가지고 있다. 이 각 전자의 영역을 '전자 껍질'이라고 한다.

그리고 전자는 이 전자 껍질을 옮겨 다니는 형태로 에너지를 흡수하거나 방출한다. 외부에서 충격을 받으면 에너지를 흡수해서 바깥쪽 전자껍질로 튕겨 나가고, 반대로 안쪽 전자껍질로 들어가면서는 에너지를 밖으로 방출한다. 전자껍질 간의 거리가 일정하기 때문에 이렇게 아원자 세상에서 발생하는 에너지의 양은 일정한 양으로 유지된다. 이것을 양자 단위라고 한다.

우리는 세상을 관찰한다. 관찰은 눈으로 한다. 눈은 빛을 통해 사물을 파악한다. 빛은 우리가 알고자 하는 사물에 부딪힌 다음 우리 눈으로 들어와서 사물에 대해서 알려 준다. 문제는 이 빛 자체가 에너지를 가지고 있다는 것이다. 그래서 아원자 세상을 빛으로 살펴보면, 빛이 아원자 세상의 물질들과 부딪히면서 아원자의 속성(위치와 움직임)을 바꿔 버린다.

예를 들어 빛으로 책상을 비추면 책상은 꿈쩍도 하지 않지만 빛으로 전자를 비추면 전자가 튕겨 나가면서 전자가 원래 있었던 곳이 어딘지 알 수 없게 되는 것이다. 이렇게 관측자가 아원자에 대해 위치와 움직임을 동시에 정확히 측정할 수 없는 것을 하이젠베르크의 불확정성 원리라고 한다. 이렇게 작은 아원자들의 이상한 세상을 양자 물리학이라고 한다.

2. 유레카: 물질의 기원

20세기 초 아인슈타인은 상대성 이론에 이어 또 하나의 중요한 공식을 찾아냈는데, 그것은 바로 $E=mc^2$다. 이것은 에너지와 물질이 서로 변환될 수 있다는 뜻으로 원자보다 더 작은 물질들의 세상, 즉 아원자 세상에 대한 이해를 획기적으로 바꾼 것이다.

양자물리학의 발전과 $E=mc^2$이 만나면서 과학자들은 우주의 시작에 대한 힌트를 얻을 수 있게 됐다. 양자물리학의 발전으로 과학자들은 원자를 구성하는 여러 입자를 발견했다. 그리고, 이 입자들과 정확히 반대되는 성질을 가진 반입자라는 것도 발견했다. 특정 입자가 자기 자신의 반입자와 만나면 둘 다 완전히 사라져 버리는 것이다. 물질이 사라지면 질량도 사라진다. 그러나 에너지 보존 법칙은 그대로 유지되므로 저렇게 사라져 버린 질량이 엄청난 에너지로 변하게 된다. 핵폭탄이나 원자력발전에서 원자의 무게가 약간 감소하는 것만으로도 엄청난 에너지가 생성되는 것처럼 말이다.

그리고 놀랍게도 과학자들은 이렇게 입자와 반입자가 만나 사라지면서 엄청난 에너지가 발생하는 것뿐만 아니라 반대로 엄청난 에너지가 사라지면서 입자와 반입자가 짠 하고 나타나는 것도 발견하였다. 즉, 과학자들은 에너지로부터 물질을 만들어 내는 데 성공했다. 아인슈타인의 공식에 따르면 물질이 에너지로 변하기도 하지만 에너지가 물질로도 변할 수 있었던 것이다.

어쨌든 과학자들은 물질이 에너지로부터 생겨날 수 있다는 것을 알아냈다. 덕분에 이제 유물론적 세계관을 가진 우주론자들은 아원자 수준에서 우주의 기원, 혹은 물질의 기원을 설명할 방법을 갖게 된 것이다.

3. 빅뱅 이론의 등장

그렇다면 물질이 생길 당시의 우주는 어떤 형태였을까?

이 이야기에는 다시 아인슈타인의 상대성 이론이 등장한다.

아인슈타인의 상대성 이론에 따르면 아주 빠른 속도에서는 시간이 느려지고 강력한 중력 근처에서는 공간이 휘어진다. 하지만 이를 겪는 사람은 정작 이 변화를 체험할 수 없다. 오직, 빛의 속도만이 이러한 시공간 변화에도 절대 변하지 않는다. 상대성 이론으로 인해 시간과 공간은 시공간으로 합쳐지게 되었고 이 시공간에서 변하지 않는 것은 빛의 속도뿐이다.

프리드만은 아인슈타인이 제시한 상대성 이론을 다른 방식으로 풀어낸 방정식을 제시했다. 이 방정식에 따르면 우주는 팽창하거나 수축하고 있다는 결론을 얻을 수 있었다. 마침 허블은 별들의 빛이 약해져 적색 편이가 발생하는 것을 발견했다. 허블의 관측 결과는 우주가 엄청난 속도로 팽창하고 있다는 의미가 있다.

아인슈타인과 허블의 연구를 바탕으로 르메트르는 우주가 처음에 아주 작은 특이점이었으며, 엄청난 대폭발 이후 계속 팽창하고 있다는 '빅뱅 이론'을 주장했다. 또한, 훗날 대폭발의 흔적이라 불리는 '우주 배경 복사'가 발견되면서 우주가 대폭발 이후 팽창하고 있다는 주장은 널리 사실로 받아들여지게 됐다.

4. 팽창하는 우주: 적색 편이와 우주 배경 복사

우주 팽창의 첫 번째 증거로 꼽히는 것은 바로 허블이 발견한 별들의 적색 편이다.

구급차가 다가오는 소리는 소리들이 겹치면서 에너지가 큰(파장이 짧은) 높은 소리가 되고 구급차가 멀어지는 소리는 소리들이 옅어지면서 에너지가 작은(파장이 긴) 낮은 소리가 된다. 마찬가지로 우주가 엄청난 속도로 팽창하면 별들이 멀어지면서 빛이 옅어져 에너지가 작은 적색 빛(적색 편이)이 된다.

허블은 우주의 은하들을 관측하면서 이 은하들이 수십억 개의 별로 이뤄져 있다는 것을 알아냈다. 그리고 별들의 빛을 자세히 분석한 결과 대부분의 은하에서 오는 빛들이 적색 편이를 갖는다는 것도 알아냈다. 또한, 허블은 25개의 가장 먼 은하들을 분석하면서 더 멀리 있는 은하일수록 적색 편이가 더 크다는 논문을 발표했다. 만약에 적색 편이가 정말로 구급차처럼 도플러 효과에 의한 것이라면 우주는 빛의 속성이 변할 정도로 엄청난 속도로 팽창하고 있으며 가장 먼 우주에서 더 빨리 팽창하고 있는 것이다.

여기서 가장 중요한 점은 적색 편이는 관측된 사실이지만 우주가 팽창하는 것은 적색 편이를 해석하는 견해라는 점이다. 이 미묘한 차이를 정확히 인지할 필요가 있다.

우주 팽창의 두 번째 증거로 꼽히는 것은 '우주 배경 복사'다.

조지 가모프는 빅뱅은 엄청난 고온의 핵폭발로 막대한 에너지를 내뿜었을 것이므로 전 우주에 걸쳐 아직도 감지할 수 있는 에너지의 흔적(일종의 잔열)을 남겼을 것이라고 주장했다. 그러나 이 당시에는 이러한 에너지 흔적을 감지할 수 있는 기술이 없었다. 이후 1965년 아르노 펜지아스와 로버트 윌슨은 자신들이 전 우주에 걸쳐 아주 낮은 온도의 마이크로파를 발견했음을 발표했다. 지구의 안테나가 우주의 어느 방향을 향하든 간에 빅뱅의 흔적으로 보이는 에너지, 즉 마이크로파를 발견할 수 있었던 것이다.

이 둘은 노벨상을 받았으며 이들이 발견한 에너지는 오늘날 '우주 배경 복사'라고 일컬어진다. 여기서도 중요한 점은 '우주 배경 복사'는 관측된 사실이지만 이것이 대폭발의 흔적이라는 것은 '우주 배경 복사'를 해석하는 견해라는 점이다.

5. 빅뱅 이론 1단계-특이점과 대폭발

별들의 '적색 편이'와 '우주 배경 복사'는 우주가 팽창하는 증거로 손색이 없다. 또한, 이러한 팽창은 필연적으로 우주의 시작이 대폭발, 즉 '빅뱅'일 가능성을 높여 준다. 그리고 우리는 막대한 에너지로부터 물질이 생성될 수 있음도 알고 있다. 이러한 가능성들을 확인한 유물론자들은 '빅뱅 이론'을 체계적으로 만들기 위해 노력해 왔다. 즉 우주가 대폭발과 팽창을 통해 현재와 같은 모습으로 형성되는 과정을 구체적으로 설명하고자 여러 모형을 제시했다. '빅뱅 이론'은 우주가 형성되는 모습을 크게 여섯 단계로 설명하고 있다.

첫째 단계는 모든 것이 압축된 특이점이 대폭발하는 순간이다.

이 영역은 미지의 영역이다. 처음에 온 우주의 모든 물질, 에너지, 시간, 공간이 압축돼 있는 무한한 온도와 무한한 밀도의 아주 작은 점인 특이점이 있었다. 우리는 이 특이점이 어떻게 생겼는지 전혀 모른다. 어떻게 특이점이 나타났는지도 모른다. 그냥 처음에 이런 것이 있었던 것이다. 이 특이점의 존재는 유신론자가 주장하는 '신'과 본질적으로 같다. 왜, 어떻게 있었는지는 전혀 모르지만 그냥 있었던 것이다.

빅뱅이라는 대폭발은 이 특이점에서 발생했는데 역시 왜 폭발이 발생했는지, 어떻게 폭발이 발생했는지 전혀 모른다. 특이점 자체를 알지 못하므로 특이점에서 발생한 폭발 역시 알지 못하는 것이다. 이 영역은 우리가 관찰할 수 있는 우주 내에서는 유사한 상황이 없기 때문에 귀추적 추론으로도 알아낼 수 없다. 그런 면에서 이 부분은 종교, 신화와 그 어떤 차이점도 없다. 특이점과 대폭발의 존재 자체는 과학으로는 설명될 수 없는, 과학의 영역이 아닌 종교(믿음)의 영역이다.

6. 빅뱅 이론 2단계-원자보다 작은 아원자 입자의 생성

과학에는 '플랑크 시간'이라는 개념이 있다. 1/1000000 ⋯ 000000초(0이 43개)를 말하는데 이것은 빛의 속도와 원자보다 작은 아원자 입자의 크기를 고려했을 때 우주에서 어떤 사건이 일어나기 위해 필요한 최소한의 시간이다. 즉 이보다 짧은 시간 동안에는 어떤 사건도 일어나지 않는다. '찰나'의 시간이라고 할 수 있겠다.

대폭발 직후 '플랑크 시간'이 지난 후, 에너지로부터 아원자 입자들이 생겨난다. 아원자 입자들이 계속적으로 생성되는 와중에 시간이 흘러 1/1000000 ⋯ 000000초(0이 36개)가 되면 우주는 갑자기 한 번 더 폭발한다. 이때 우주의 팽창 속도는 처음 대폭발의 팽창 속도보다 1000000 ⋯ 000000배(0이 30개)나 빠르다. 잠시 후 두 번째 폭발에 따른 '급팽창'이 끝나고 우주는 급격히 넓어지면서 온도가 크게 하락한다.

대폭발과 두 번째 폭발(급팽창) 이전의 우주는 엄청난 에너지와 물질들이 좁은 곳에 모여 있어 지옥 불처럼 뜨거웠을 것이다. 그러나 우주의 팽창으로 온도가 내려가면서 에너지로부터 만들어진 아주 작은 아원자 입자들이 양성자, 중성자 같은 좀 더 큰 아원자 입자들로 합쳐진다.

7. 빅뱅 이론 3단계-원자의 생성

이제 특이점의 대폭발 이후 딱 1초가 지났다. 빅뱅 시작 후 1초가 지나면 양성자와 중성자가 모여 안정적인 원자핵이 만들어진다. 대부분은 양성자 하나로 구성된 수소의 원자핵이고, 양성자 2개와 중성자 1-2개로 이루어진 헬륨 원자핵이 약간 생성된다. 그리고 아주 드물게 양성자 3개와 중성자 4개로 이루어진 리튬 원자와 양성자 1개, 중성자 1개로 이뤄진 중수소(양성자 하나인 보통 수소보다 무거운 수소) 원자가 생성된다.

이렇게 아원자 입자들로부터 생성된 원자핵들이 모여 방사선을 내뿜는 가스층을 만들게 된다. 아직은 방사선의 힘이 너무 강력해서 전자들은 원자핵에 들러붙자마자 강력한 에너지를 맞고 바로 튕겨져 날아간다. 따라서 아직까지 우주에는 원자핵만 존재하고 온전한 원자는 전혀 생성되지 않는다.

그리고 무려 십만 년 동안 우주가 계속 팽창하면, 우주의 온도는 꾸준히 떨어지고 가스층의 강력한 방사선도 사라지며 마침내 원자핵에 붙은 전자는 다시 튕겨 나가지 않고 안정적인 원자를 생성한다. 빅뱅 시작 후 1초 만에 원자핵이 만들어지지만 전자가 원자핵에 안정적으로 달라붙어 원자가 형성되려면 빅뱅 시작 후 무려 10만 년이 흘러야 한다.

8. 빅뱅 이론 4단계-가스층의 팽창

빅뱅 시작 후 10만 년이 지나면 안정적인 원자들이 생성된다. 그리고 30만 년 정도가 더 흐르면 드디어 가스층에서 강력한 방사선 방출이 그치게 된다. 이제 대부분 수소 원자로 채워진 안정적인 가스층은 우주 팽창과 함께 넓게 퍼져 나간다. 우주는 너무나 넓어져서 초기 두 번에 걸친 대폭발의 파괴력은 거의 소멸된다. 지금까지 나타난 모든 물질은 대폭발과 급팽창의 강력한 에너지가 물질로 변환된 것이다.

우주는 팽창하던 관성을 가지고 계속 팽창한다. 그리고 초기의 강력한 방사선은 우주가 팽창하면서 빠르게 식어 '우주 배경 복사'라는 흔적으로 남게 된다. 4단계에 접어들면서 빅뱅 혹은 두 번의 대폭발은 자신의 임무를 다하고 흔적만 남게 됐다.

빅뱅 시작 후 40만 년이 지난 시점 이후부터 적절히 식은 우주 전체에 걸쳐 물질(원자)들이 가득하게 됐다. 이 물질들은 대폭발 이후 팽창하는 우주와 함께 서로 멀어져 간다.

9. 빅뱅 이론 5단계-별과 은하의 생성

　빅뱅이 시작되고 대략 십억 년 정도 지나면, 별들과 은하들이 생성되기 시작한다. 그런데 4단계가 끝나면, 우주에는 서로 멀어져가는 물질들(가스층)만 가득하다. 어떻게 이 물질들이 한 곳으로 모여 별들이 되는지는 여전히 미스테리다. 팽창하던 가스층이 팽창을 멈추고 서로 모여들기 위해서는 무언가 다른 일이 발생해야 한다. 그리고 이렇게 다시 모여들던 물질들이 블랙홀이나 특이점이 되지 않기 위해서는 적절한 수준에서 멈춰야 한다.

　어쨌든 이렇게 적절한 크기로 우주의 영역을 나눈 뒤 그 안에 있는 적절한 양의 물질들이 서로서로 모여서 일부는 작은 별, 일부는 큰 별, 일부는 엄청나게 큰 별이 됐다. 그리고 우주의 물질들이 어디서는 좀 더 많이 모여서 거대한 은하가 되고 어디서는 좀 덜 모여서 작은 은하가 됐다.

　5단계 초기에 생성된 1세대 별들은 불안정해 금방 폭발한다. 별들은 핵융합으로 무거운 금속 원소들을 만들어 냈는데 폭발로 인해 금속 원소가 섞인 가스층이 우주에 퍼지게 된다. 그리고 5단계 중기에 이 금속 원소가 섞인 가스층이 다시 2세대 별들을 만들어 낸다. 이 별들은 더 무거운 금속 원소를 만들고 또 폭발한다. 다시 이 가스층으로부터 3세대 별들이 만들어진다. 이러한 별의 순환 주기 와중에 무거운 금속들이 우주에 퍼지게 된다. 이렇게 빅뱅 시작 후 십억 년 후부터, 수십억 년 동안 별들이 생성-소멸되면서 우주에 가스뿐만 아니라 다양한 무거운 원소들이 퍼지게 된다.

10. 빅뱅 이론 6단계-태양계와 지구의 탄생

　대략 50억 년 전부터 태양의 주변에서 지구와 같은 행성들이 생성됐다. 빅뱅 시작 후 87억 년 정도가 지난 시점이다. 우리 지구는 가스가 아닌 암석과 금속으로 이뤄져 있다. 빅뱅은 가스와 별을 만들어 냈고, 별들은 몇 세대에 걸쳐 생성-폭발되면서 지구 같은 행성을 이루는 무거운 원소들을 만들어 낸다. 그리고 이런 무거운 원소들은 다시 별들이 생성된 것처럼 적절히 모여들어서 행성이 된다.

그러나 서로 멀찍이 떨어진 별들과 달리 행성들은 태양이라는 강력한 별 주변에서 서로 다른 거리의 궤도를 돌고 있다. 즉 행성의 생성은 별들의 생성보다 좀 더 복잡한 과정을 필요로 한다.

빅뱅 이론에 따르면 우주의 나이는 137억 년이다. 이는 허블이 계산한 팽창 속도를 기반으로 특이점까지 역산하여 나온 수치다. 우주론자들은 이 빅뱅 이론이 대부분의 관측된 증거(적색 편이, 우주 배경 복사 등)를 잘 설명한다고 주장한다.

정말로, 우주의 현상들은 빅뱅 이론으로 잘 설명되고 있을까?
정말로, 빅뱅 이론은 과학적 사실들로 잘 짜 맞춰진 정교한 이론일까?

11. 특이점과 대폭발: 원인을 알 수 없는 존재와 사건

빅뱅 이론은 '특이점'이라는 원인을 알 수 없는 존재로부터 시작한다. 이 특이점이 아무것도 없는 '무'는 아니다. 빅뱅 이론은 이 특이점이 '대폭발'로 흩어지는 사건으로부터 본격적으로 시작된다. 그리고 대폭발로 팽창하던 우주는 두 번째 대폭발로 인해 '급팽창'하면서 엄청난 크기로 커진다.

문제는 빅뱅 이론에서 '특이점', '대폭발', '급팽창'이 우리 우주를 설명하기 위해 반드시 필요하지만 왜 그런 존재와 사건이 발생했는지 빅뱅 이론이 전혀 설명해 주지 못한다는 점이다. 이 세 가지는 빅뱅 이론을 받아들이기 위한 유물론자들의 신앙 고백인 것이다.

12. 빅뱅 이론의 우주 팽창 시간 추정

우주는 팽창한다. 정확히는 팽창하는 것처럼 보인다. 더 정확히는 별들이 우리 지구로부터 멀어지는 것처럼 보인다. 가장 정확히 말하자면 별들이 지구로 보내는 빛들이 적색 편이를 가지고 있다.

빅뱅 이론은 이 우주의 팽창을 설명하기 위한 이론이다. 중력이 사과가 지구로 떨어지는 것을 설명하기 위한 이론인 것과 같다. 하지만 중력은 왜 물질들이 서로를 끌어당기는 지는 알려 주지 않는다. 그저 물질들이 서로를 끌어당긴다는 사실을 수학적으로 보여 줄 뿐이다. 마찬가지로 빅뱅 이론도 우주가 왜 팽창하는지는 설명하지 않는다. 빅뱅 이론은 그저 우주가 대폭발 후 특정 시간이 지났을 때, 우주의 상태(온도 같은)를 수학적으로 보여 주는 모형일 뿐이다.

프리드만은 아인슈타인의 상대성 이론을 다른 방식으로 풀어내면서 우주가 팽창하거나 수축한다는 결론을 얻었다. 그리고 빅뱅 이론은 이 프리드만 방정식을 기초로 한다. 프리드만 방정식을 말로 설명하면 '우주 껍질(가장자리)의 팽창 에너지'+'우주 껍질의 중력 위치 에너지'='일정'하다는 것이다. 일종의 에너지 보존의 법칙과 유사하다고 볼 수 있는데 우리는 이 방정식을 통해 빅뱅으로부터 일정 시간이 지난 후의 우주 상태를 추정할 수 있다.

문제는 우리는 시간을 거슬러 올라갈 수도 없고, 적색 편이를 보이는 별들이 실제 지구로부터 멀어지는 속도도 정확히 알 수 없다. 이 말은 빅뱅 이론이 여러 번의 실험을 거쳐 정확한 변화를 확인할 수 있는 과학적 이론이 아니란 뜻이다. 단지 현재 우리가 보는 것만으로 우리가 가보지 못한 먼 곳과 우리가 가 볼 수 없는 먼 과거의 상태를 추정할 뿐이다. 즉 귀추적 추론이 필요한 것이다. 어쨌든 프리드만 방정식으로부터 수치들이 제대로 추정된다면 이를 통해 가 볼 수 없는 빅뱅 직후 우주의 상태도 대략적으로 추정해 볼 수 있다.

13. 빅뱅 이론의 가정: 우주론적 원리

　그런데 빅뱅 이론은 적색 편이를 우주의 팽창으로 해석하는 데 있어서 '우주론적 원리'라는 것을 가정하고 있다. 우주론적 원리란 우주에는 중심도 방향도 없다는 것으로 우주는 어느 위치에서 어떤 방향을 봐도 다 똑같아 보인다는 것이다. 이 이론이 필요한 이유는 역설적으로, 지구에서 별들을 봤을 때 지구가 우주의 중심처럼 보인다는 사실이다. 만약 우주가 유한하고 지구가 우주의 가장자리에 있다면 지구에서 우주의 중심부를 볼 때와 가장자리 쪽을 볼 때 보이는 별의 숫자가 달라야 한다. 그런데 지금까지의 관측 결과에 따르면 지구에서 우주를 봤을 때 모든 방향으로 별의 분포가 거의 동등해 보인다는 것이다.
　또한, 지구로부터 멀리 떨어진 별일수록 적색 편이도 더 커지고 팽창 속도도 더 빠른 것으로 보인다. 그런데 지구가 만약 우주의 가장자리에 위치해 있다면 지구로부터 우주의 중심부를 건너서 정반대 편에서 멀어지는 별들은 엄청난 속도로 지구로부터 멀어지므로 지구 쪽 가장자리에 있는 별들보다 적색 편이가 더 크게 나타나야 한다. 그러나 실제로는 지구의 어느 방향의 별들을 봐도 적색 편이 분포가 비슷해 우주의 중심부 방향을 알 수 없다. 별들의 적색 편이 분포도 지구가 우주의 중심에 있는 것처럼 보인다는 것이다.
　별들의 숫자도, 별들이 지구로부터 멀어지는 속도도 모두 지구가 우주의 중심에 있는 것처럼 보이는 현상이라니!
　지구가 우주의 중심에 위치한다는 주장을 거부하기 위해 빅뱅 이론은 우주론적 원리를 받아들여 우주의 공간이 크게 휘어있는 4차원 초공간에 존재한다고 주장한다. 그러나 현재까지의 관측은 우주의 공간이 휘어있기보다는 평평한 것으로 나타나고 있다. 따라서 '우주론적 원리'는 어떤 근거도 없는 '특이점', '대폭발', '급팽창'과 같은 믿음의 영역에 불과하다. 4차원 초공간의 '공간의 휘어짐'도 우리가 관측할 수 없는 성질의 것이라면 역시 믿음의 영역이라고 할 수 있을 것이다.

적색 편이 관측 결과에 '오컴의 면도날'을 적용하면 지구는 우주의 중심부에 위치한다. 이게 가장 간단한 해석이다. 지구는 우주의 중심부에 있는 것처럼 보이는데 실제로는 우주의 중심부에 있는 것이 아니라는 주장을 하기 위해 별다른 근거도 없는 우주론적 원리를 가정하고 있는 것이 바로 빅뱅 이론이다.

14. 우주 배경 복사

우주에는 대폭발의 잔열이 남아 있다. '우주 배경 복사'라고 하는 절대 온도 2.7도(혹은 영하 270도)의 에너지가 우주 모든 방향에서 감지되는 것이다.
빅뱅 이론은 이 대폭발의 잔열을 잘 설명하고 있을까?
특이점이 대폭발한 후 우주가 급격히 팽창하면서 우주의 온도가 급격히 하락하게 됐다. 그리고 드디어 원자가 만들어지면서 이 고온(초기에 비해 엄청나게 식었지만 여전히 뜨거운)의 원자는 빛을 내뿜게 됐다. 그리고 이렇게 우주 곳곳에서 뿜어낸 고온의 빛이 지구까지 다가오면서 차가운 빛이 됐다. 우주의 팽창으로 빛의 에너지가 감소해서 적색 편이가 발생하는 것처럼 우주의 팽창으로 빛의 에너지가 감소하면서 빛의 온도도 떨어지게 되는 것이다.
우주론적 원리에 따라 저 먼 우주에서 지구로 달려온 빛은 모든 방향에서 동일한 수준으로 식은 채로 발견돼야 한다. 즉 우주 배경 복사는 우주 전 방향에서 균일해야 한다. 실제로 우주 배경 복사의 온도는 약 절대 온도 2.7도(영하 270도)로 우주 어느 방향을 봐도 같다.
우주 배경 복사야말로 대폭발의 증거가 틀림없어 보인다. 그러나 과학은 세계의 한쪽 측면만을 잘 설명할 뿐만 아니라 다른 부분과도 잘 맞물려 돌아가야 한다. 빅뱅 이론에 따르면 우주 배경 복사도 단순히 똑같은 온도를 가져서는 안 되는 이유가 있다.

15. 우주 배경 복사: 평평하되 평평하지 않은 우주?

빅뱅 이론에 따르면 우주 배경 복사는 거의 균일하지만, 완전히 균일해서는 안 된다. 우주가 균일하지 않아야지만 물질들이 좀 더 밀집한 어떤 곳에서 중력에 의해 별들과 은하들이 생겨날 수 있기 때문이다. 오늘날 우주의 대부분이 텅 빈 진공의 공간인 점을 생각해 보면 물질들이 우주 전체에 고루 퍼져 있다면 어떤 입자들도 서로를 중력으로 끌어당기지 못하고 아무런 거대 천체도 생성되지 않았을 것이다.

따라서 빅뱅 이론은 별들의 생성을 설명하기 위해 우주 배경 복사가 완전히 균일하지는 않다고 주장한다. 즉 어디서는 2.7244도, 다른 곳에서는 2.7246도처럼 우주 이곳저곳에서 약간씩 온도가 달라야 한다는 것이다.

빅뱅 이론에 따른 별의 생성 증거(우주 배경 복사의 변동성)를 찾기 위해 미 항공우주국 나사는 COBE라는 위성을 발사, 1989년부터 1993년까지 우주를 관측했다. 당시 나사는 우주 배경 복사의 변동성을 측정하기에 충분하도록 COBE를 설계했다고 생각했다. 하지만 우주 배경 복사의 변동성이 너무나 작아서 COBE는 우주 배경 복사의 온도 차이를 감지하는 데 실패했다. 그래서 다음번에는 COBE보다 30배 더 민감하게 온도를 측정할 수 있는 WMAP 위성을 발사해 우주를 관측, 드디어 우주 배경 복사의 변동성을 감지해 냈다.

관측 결과에 따르면 전 우주에 걸쳐 우주 배경 복사는 2.73도의 0.001% (0.000018도) 크거나 작은 차이를 보이고 있다. COBE 위성 발사 당시에는 0.01%의 변동성이면 온도가 높은 곳에서 별들의 생성이 충분할 정도로 물질들이 밀집했을 것이라고 생각했다.

일부 학자들은 0.01%의 변동성은 너무 작아서 별들의 생성에 아무런 영향을 못 준다는 의견을 갖고 있다. 어쨌든 0.01%보다 훨씬 작은 0.001%의 변동성이 관측된 후로, 빅뱅 이론은 이 정도의 미미한 변동성으로도 별들이 생성될 수 있다고 주장하게 됐다. 어쨌든 관측 값은 현실이니까, 이론이 현실에 순응해야 하는 것이다.

16. 우주 배경 복사: 또 다른 해석 방법들

미미한 변동성 외에 또 다른 문제는 우주 배경 복사에서도 지구가 우주의 중심인 것처럼 보인다는 점(전 방향에서 똑같은 온도)이다. 물론 이 부분도 우주론적 원리로 무시할 수 있다.

한편 우주 배경 복사를 설명하는 다른 여러 방법이 존재한다. 가장 간단한 설명 중 하나는 우주의 수많은 별이 아주 먼 우주까지 뜨거운 별빛들을 계속 내뿜었기 때문에 우주가 아주 약간(약 3도 정도) 데워졌다는 것이다. 이것은 1926년 아서 에딩턴이 주장한 우주 공간의 온도인데 실제 1964년에 관측된 우주의 온도는 절대 온도 2.7도로 3도와 매우 유사하다.

반면, 초기 빅뱅 이론이 주장한 우주의 온도는 절대 온도 5도였으며 1961년에 50도로 상향되었다가 64년의 관측으로 다시 2.7도로 수정됐다. 단순한 이론의 예측력 측면에서 빅뱅 이론은 신뢰성이 부족하다고 할 수 있다. 현재의 이론은 관측된 수치를 보고 이론을 수정하였으니 이론이 제대로 예측한 것이라고 말할 수는 없다. 빅뱅 이론은 우주 배경 복사를 대폭발의 흔적이라고 하지만, 그 근거는 생각보다 그다지 강력하지 않다.

빅뱅 이론은 우주의 시작을 설명하기 위해 '특이점', '대폭발', '급팽창' 같은 믿음에 의지한다. 또한, '적색 편이'와 '우주 배경 복사'라는 우주 현상을 설명하는 데 있어서도 '우주론적 원리'라는 믿음을 기초로 더 쉬운 해석을 놔두고 어려운 해석 방법을 사용한다. 빅뱅 이론의 근거 없는 가정들은 빅뱅 이론의 추정이 신뢰할 만하지 않음을 말해 준다.

17. 빅뱅 이론의 오류: 사라진 반쪽

우주의 시작과 기본적인 현상에 대한 부적절한 믿음과 해석을 넘어서 빅뱅 이론의 더 큰 문제는 정말로 복잡한 물질들의 세상을 설명하는 것이 거의 불가능하다는 점이다.

아인슈타인은 물질과 에너지가 서로 변환 가능하다는 것을 보여 줬다. 에너지는 아주 고온에서 물질을 생성한다. 빅뱅 이론은 바로 이러한 방식으로 엄청난 고온인 대폭발 당시에 우주에 물질이 가득 차게 됐다고 주장한다. 이 주장에서 가장 큰 문제점은 '양자쌍생성'이라는 것이다. 입자 가속기 같은 실험실에서는 에너지로부터 물질이 만들어질 때 반드시 생성된 물질과 정확히 같은 양, 하지만 성질은 정반대인 물질(반물질)이 만들어진다. 예를 들어 에너지로부터 음전하를 가진 전자가 만들어지면 양전하를 가진 반-전자도 동시에 만들어진다. 또한, 양성자가 만들어지면 반-양성자도 만들어진다. 즉 아주 작은(양자) 두 입자가 같이 생성(쌍생성)되는 것이다.

문제는 이렇게 생성된 입자와 반-입자가 서로 만나서 합쳐지면 다시 막대한 에너지가 발생하고 물질은 사라진다는 것이다. 이것이 왜 문제가 되냐면 우주에 존재하는 물질의 대부분은 반물질이 아니라 일반적인 물질이기 때문이다. 이를 설명하기 위해 빅뱅 이론은 반물질들만 따로 모여 반물질 은하를 만들었다거나 물질과 반물질이 대부분 소멸하고 아주 약간의 물질만 남은 것이 지금의 우주라는 식의 다양한 해석을 하고 있다. 어쨌든 빅뱅 이론은 현재 우주에 존재하는 물질 만큼의 반물질이 어디로 어떻게 갔는지 근거 있는 설명이 불가능하다.

즉 우주에는 반물질이 거의 없기 때문에 우주가 에너지로부터 생성된 물질로 이뤄졌다는 것은 우리가 아는 과학 지식으로는 사실이 될 수 없다.

18. 빅뱅 이론의 오류: 별과 은하의 생성

빅뱅 이론에 따르면 별은 가스구름에서 생성된다. 그런데 가스구름에서 원자들이 모여들어 별이 되도록 만드는 힘은 중력이다. 중력 이외에 그 어떤 힘도 원자들을 별이 되도록 한 곳으로 끌어당기지 못한다. 하지만 고온의 가스는 밖으로 퍼져 나가려는 힘이 너무 커서 중력만으로는 빛나는 별이 되도록 가스를 압축시키지 못한다.

이 문제를 해결하기 위해 빅뱅 이론은 '밀도 변동'이라는 것을 주장한다. 밀도 변동은 파도가 왔다 갔다 하는 것처럼 가스층이 가운데로 모였다가 밖으로 좀 퍼졌다가 하면서 왔다 갔다 한다는 것이다. 그러다가 어느 순간 가스층이 가운데 좀 더 촘촘하게 모였을 때 중력이 충분히 커지면서 가스의 압축이 시작되고 별이 생성된다는 것이다.

오늘날의 관측 결과에 따르면 우주에 아직도 존재하는 가스구름층의 온도는 매우 높아서 가스들이 한 곳으로 모이기보다는 서로 흩어질 가능성이 더 크다. 그 결과 별들이 중력으로 가스를 붙잡아 주지 않는다면 빅뱅 초기의 가스층만으로는 가스들이 모일 가능성이 거의 없다. 즉 별이 없는 대폭발 초기 시점에서 중력만으로는 대폭발로 멀리 흩어지는 가스층이 한 곳으로 모이는 것 자체가 불가능하다. 심지어 밀도 변동이고 뭐고 이런 일이 일어날 약간이라도 밀집된 가스층 자체가 생성되지도 않는다.

게다가 별들은 보통 아주 띄엄띄엄 하나씩 있는 것이 아니라 우리 은하처럼 수많은 별이 (우주의 빈 공간들에 비해 비교적) 촘촘히 모여 있다. 빅뱅 이론은 가스구름층이 모이고 '밀도 변동'으로 임계치를 넘어서 가스가 압축될 때 난기류 소용돌이가 여기저기 충격을 주면 충격이 발생한 곳에서 가스가 더 빠르게 압축된다고 주장한다. 즉 은하 단위의 거대한 가스층에서 난기류로 수십만 개의 충격이 곳곳에서 발생하고 그곳에서 압축된 가스들이 은하를 가득 채우는 별이 된다는 것이다. 하지만 중력 임계치를 넘은 가스층이라면 충격으로 인해 모조리 모여 단순히 하나의 거대한 블랙홀로 변하거나 아니면 난기류의 충격에 의해 갈갈이 찢겨져 흩어져 버릴 가능성이 높다. 빅뱅 이론은 왜, 어떻게 가스층이 고르게 흩어진 다음 각각의 별들이 되는지는 전혀 설명하지 못하고 있다.

19. 빅뱅 이론의 오류: 행성의 생성

우리 태양계는 8개의 행성(명왕성 포함시 9개)으로 이뤄져 있다. 이 중에 일부는 딱딱한 암석 행성이고 일부는 가스로 이뤄진 가스 행성이다.

빅뱅 이론에 따르면 암석 행성은 먼지 알갱이들이 축적되어 형성된 것으로 추정된다. 초신성 폭발로 우주로 퍼져 나가는 무거운 입자들은 무슨 이유인지는 모르지만 서로 모여들어 뭉쳐진다. 이 먼지 알갱이들이 모여 뭉치다가 점점 커져서 먼지 알갱이 수준을 벗어나 미행성체(행성에 미달한 천체) 수준으로 커진다. 미행성체에 먼지 알갱이나 다른 미행성체가 다시 더 달라붙으면서 미행성체는 좀 더 커지고 이제 중력으로 멀리 있는 입자들을 끌어당길 만큼 커진다. 일단 중력이 작동하기 시작하면 미행성체는 점점 더 많은 작은 미행성체와 입자들을 끌어당기고 점점 더 커진다.

중력이 더 세지면서 미행성체에 와서 부딪히는 작은 미행성체와 입자의 속도가 엄청나게 빨라지고 미행성체의 표면이 점점 뜨거워져서 녹기 시작한다. 태양계 내의 작은 미행성체가 모두 사라지면 이제 커다란 몇몇 행성만이 남게 된다. 그리고 더 이상 와서 충돌할 작은 미행성체와 입자가 없기 때문에 행성은 서서히 식어 간다. 지구의 껍질은 식어서 딱딱해지지만 내부 핵은 방사선 붕괴로 오늘날까지 녹은 상태로 유지된다.

이 이론의 문제는 먼지 알갱이나 미행성체가 절대 서로 달라붙지 않는다는 점이다. 운석 충돌 및 토성의 고리를 관측한 결과들에 따르면 미행성체들이 녹을 정도로 빠르게 부딪히면 미행성체 자체가 완전히 파괴된다. 반면, 이보다 느리게 부딪히면 미행성체들이 서로 튕겨 나간다. 당구공끼리는 부서지거나 튕겨 나가지 서로 달라붙지는 않는다. 지구에 운석이 부딪히면 지구 표면은 뜨거워지고 운석은 지구 밖으로 튕겨 나가지 못한다. 지구의 무게는 점점 무거워진다. 그러나 입자나 미행성체 수준의 물건들끼리 부딪혀서는 결코 지구만큼 커질 수 없다. 중력이 약해 부서진 입자들끼리 서로 멀어져 버리기 때문이다.

 더 큰 문제는 가스 행성에서 발생한다. 가스 입자는 서로 달라붙지 않는다. 그래서 가스 행성의 생성을 설명하기 위해 다시 '밀도 변동'이 소환된다. 그러나 밀도 변동이 나타나려면 가스구름이 엄청 크고 무거워야 하는데 태양 정도로 큰 별을 형성하는 가스구름 규모에서도 밀도 변동은 발생하지 않는다. 따라서 목성 같은 작은 행성은 절대로 '밀도 변동'으로 생성될 수 없다.

20. 빅뱅 이론의 오류: 위성과 소행성의 생성

 행성은 먼지로부터 생성될 수 없다. 따라서 행성보다 작은 그래서 중력이 약한 위성은 더욱 먼지로부터 생성될 수 없다. 아주 가벼운 가스 분자 하나를 중력으로 붙잡고 있으려면 달 크기로도 부족하다. 그래서 달에는 대기가 없다. 가스보다 무거운 먼지 알갱이를 중력으로 붙잡으려면 직경이 5km는 되어야 한다. 즉 5km보다 작은 먼지 알갱이나 미행성체는 먼지 알갱이를 붙잡을 수 없다. 5km짜리 먼지 알갱이라면 이미 먼지 알갱이가 아니다. 즉 작은 미행성체들이 모여서는 절대 위성이 될 수 없다.

 그렇다면 달과 같은 위성은 어떻게 생겨났을까?

 빅뱅 이론은 거대한 미행성체가 초기 지구에 부딪혀 일부가 쪼개져 나가 달이 생성됐다고 주장한다. 그런데 지구에 부딪힌 거대한 미행성체의 크기는 계산에 따르면 무려 화성 크기에 해당한다. 작은 알갱이들이 모여서 큰 암석 혹은 위성이 형성되는 것은 불가능하다. 충돌로 달과 같은 위성이 만들어지려면 처음부터 지구나 화성 같은 거대한 암석이 있어야 한다.

　달은 도대체 어떻게 생겨난 것일까?

　한편 위성보다 더 작은 운석과 소행성들은 너무 작아 중력이 약하기 때문에 충돌해도 녹아서 합쳐지지 않는다. 만약 운석과 소행성들이 정말로 먼지들이 뭉쳐서 이뤄진 것이라면 먼지들은 돌처럼 하나로 합쳐지기 위해 먼저 녹아야 한다. 먼지 알갱이들이 녹아 합쳐져서 운석과 소행성이 되었다면 중력의 영향으로 자연히 무거운 원소는 중심부로, 가벼운 원소는 외곽으로 나와서 계란이나 핵과 맨틀이 있는 지구 같은 형태가 돼야 한다.

　그러나 실제 운석과 소행성의 원소 분포 구조는 계란처럼 층이 형성되어 있지 않고 오히려 지구나 행성이 부서진 파편처럼 균질하게 구성되어 있다. 작은 미행성체는 먼지 알갱이들이 뭉쳐서 만들어진 것이 아니다.

　이처럼 빅뱅 이론은 물질도, 별과 은하도, 행성도, 위성과 소행성도 제대로 설명하지 못한다. 빅뱅 이론은 오직 우주가 팽창하고 있는 현상만을 설명해 주고 있을 뿐이다.

　우주의 시작과 우주에 존재하는 물질들의 형태는 빅뱅 이론이 설명해 주는 것이 아니다. 이에 대한 설명들은 빅뱅 이론을 믿는 사람들이 우주가 팽창하는 빅뱅 이론의 시간 내에서 우주와 물질들이 언제 어떻게 생겨났을 것이라고 상상하여 만들어 낸 신화에 불과하다.

　즉, 유물론자들의 근거 없는 믿음, 종교에 불과한 것이다.

　다시 한번 질문하고자 한다.

　당신의 종교는 무엇인가?

참고 문헌

Alex Williams, John Hartnett. *Dismantling the Big Bang*. Master Books, 2005.
- 제2부 제2장은 이 책의 제4장 "The Big-Bang Model"을 참고해 작성했다. 빅뱅 이론을 여섯 단계로 나눈 것은 이 책을 따른 것이다. 본문(우주 배경 복사, 물질의 생성, 별과 은하의 생성, 행성의 생성, 위성과 소행성의 생성)의 구체적인 수치와 기술들은 대부분 이 책을 참고한 것이다.

제3장

우주는 어떻게 시작되었을까?
우주 상대성 이론

• 요약

1. 빅뱅 이론의 신비로운 요소들

우주 관측 기술이 발전하면서, 과학자들은 먼 곳의 별빛이 별의 질량에 비해 매우 약하다는 사실을 알아냈다. 과학자들은 이 현상을 설명하기 위해 질량은 관측되지만, 빛으로는 관측되지 않는 암흑 물질이 있다고 생각하게 되었다.

과학자들은 1998년 빅뱅 이론을 크게 수정하였는데, 이 이론에 따라 우주가 현재 모습을 유지하기 위해서는 물질이 너무 부족하다는 사실을 알아냈다. 과학자들은 이 현상을 설명하기 위해 암흑 물질 대신 암흑 에너지도 필요하다고 생각하게 되었다. 이론에 따르면 현재 우주는 '보이는 물질: 암흑 물질: 암흑 에너지'가 '4 : 22 : 74'로 구성된 것으로 알려져 있다.

한편 과학자들은 지구가 우주의 중심에 있는 것처럼 보이는 현상을 부정하기 위해, 우주 중심에 있지 않아도 중심에 있는 것처럼 보이는 이론(우주론적 원리)도 주장하게 되었다.

즉 빅뱅 이론은 관측 결과를 설명하기 위해 새로운 요소들(암흑 물질, 암흑 에너지, 우주론적 원리)을 만들어 냈다.

2. 신비 요소가 필요없는 우주 상대성 이론

카멜리는 아인슈타인이 만든 '공간 3차원+시간 1차원'의 4차원 우주에 우주가 팽창하는 속도 1차원을 더한 5차원 이론, '우주 상대성 이론'을 개발해 냈다. 이 이론은 멀리 있는 별들이 질량에 비해 어둡게 보이는 현상을 암흑 물질 없이도 잘 설명해 준다. 또한, 우주 상대성 이론에 따르면 우주가 현재 모습을 유지하기 위해 암흑 에너지 같은 것이 전혀 필요하지 않다. 그리고 우주 상대성 이론은 우주에 중심이 있어도 되고 없어도 되는 이론이다. 따라서 지구가 우주 중심에 있어 보이는 현상을 그대로 받아들여도 되고, 맘에 들지 않으면 우주론적 원리를 적용해도 된다.

즉 우주 상대성 이론은 빅뱅 이론에 비해 암흑 물질, 암흑 에너지 같은 근거 없는 믿음이 필요 없고, 우주론적 원리에 구애되지 않는 좀 더 현실적인 이론이다.

3. 우주의 시간과 규모

우주 상대성 이론에 따르면 팽창하는 우주의 중심부는 시간이 정상적으로 흐르지만, 팽창하는 우주의 바깥 부분은 그 팽창 속도에 따라 시간이 엄청 빠르게 흐를 수 있다. 이것은 우주의 중심부에 있는 지구의 시간 수천 년이 우주 바깥 부분에 위치한 별들의 시간 수십-수백억 년에 해당할 수 있다는 뜻이다. 즉 우주가 수백억 년 크기로 아무리 크더라도 우주 팽창의 효과로 인해 그 별들로부터 지구까지 별빛이 도달하는 데는 지구 시간으로 겨우 하루면 충분한 것이다.

즉 우주 상대성 이론은 우주의 나이가 우주의 크기와 무관함을 보여 준다.

4. 젊은 지구

따라서 우주 상대성 이론을 기반으로 할 경우, 창조론자들이 주장하는 우주와 지구의 나이 6천 년은 충분한 과학적 근거가 있는 것이다. '빅뱅 이론'은 '암흑 물질', '암흑 에너지', '우주론적 원리'에 더해 초공간, 두 번의 대폭발 같은 여러 가정을 믿고 이론을 전개한다. '우주 상대성 이론'은 하루 동안의 우주 팽창, 우주의 중심부에 위치한 지구 등을 믿고 이론을 전개한다.

어느 믿음에 기반한 이론이 관측 결과를 과학적으로 더 잘 설명하는 '최선의 설명'일까?

1. 세상을 보는 새로운 방법

1) 한 때, (유럽의) 모든 사람이 태양이 지구 주위를 돈다고 '알던' 시절이 있었다.
2) 이것은 '관측된 사실'이었다.
3) 몇몇 사람이 행성의 움직임과 모형(천동설)이 맞지 않는 것을 발견하자, 사람들은 새로운 모형(지동설)을 만드는 대신, 기존 모형에 새로운 요소(주전원)를 집어넣었다.
4) 그러나 훗날 모든 행성의 운동은 결국 지동설이라는 새로운 모형으로 설명되었다.

(1) 한 때, 모든 행성은 뉴턴의 물리학으로 움직인다고 '알던' 시절이 있었다.
(2) 이것은 '관측된 사실'이었다.
(3) 몇몇 사람이 수성의 움직임과 모형이 맞지 않는 것을 발견하자, 사람들은 새로운 모형(상대성 이론)을 만드는 대신, 기존 모형에 새로운 요소(태양 뒤에 숨어 지구에서 안 보이는 행성)를 집어넣었다.
(4) 그러나 이상한 수성의 움직임은 결국 상대성 이론이라는 새로운 모형으로 설명되었다.

① 현재, 모든 우주의 현상은 아인슈타인의 상대성 이론에 따라 움직인 다고 '알고' 있다.
② 이것은 '관측된 사실'이다.
③ 그런데 몇몇 사람이 우주를 관측하면서 모형과 맞지 않는 현상들을 발견하고 있으며, 사람들은 새로운 모형을 만드는 대신, 기존 모형에 새로운 요소(우주론적 원리, 암흑 물질, 암흑 에너지)를 집어넣고 있다.
④ 상대성 이론과 맞지 않는 현상들을 설명하는 새로운 모형이 등장할 수 있을까?

빅뱅 이론에 따르면 우주의 나이는 137억 년이다. 우주의 기원에 대해 알려주는 것이 많지 않은 빅뱅 이론이지만, 우주의 팽창에 대해서는 나름 적절한 수식과 추정을 통해 합리적으로 계산하고 있다. 문제는 빅뱅이 가정하고 있는 '우주론적 원리'가 별다른 근거가 없는 믿음이라는 것이다. 또한, 빅뱅은 이해할 수 없는 두 현상을 설명하기 위해 '암흑 물질'과 '암흑 에너지'라는 믿음도 개발해 냈다. 아직까지 '암흑 물질'과 '암흑 에너지'는 발견되지 않고 있다.

이 둘은 언젠가 발견될까, 아니면 이론이 수정될까?

2. 별의 밝기와 암흑 물질

별들은 질량과 밝기를 가지고 있다. 질량은 중력을 이용해서 측정하고, 밝기는 빛의 파장을 분석해서 측정한다. 즉 이 둘은 완전히 독립적으로 측정된다. 그리고 오늘날의 과학은 어떤 별이 어느 정도의 질량을 가지고 있으면, 어느 정도의 밝기를 가져야 하는지도 알고 있다.

문제는 우리 태양계로부터 더 멀리 떨어진 별일수록, 질량으로 계산되는 밝기에 비해 실제로 관측되는 밝기가 매우 어둡다는 것이다(참고로 거리에 따라 별-정확히는 은하-의 밝기를 측정하는 방법이 달라진다). 즉 이 별들은 질량으로는 측정되지만, 밝기로는 측정되지 않는 눈에 보이지 않는 '어두운 물질', 즉 '암흑 물질'이 잔뜩 들어있는 별이라고 생각할 수밖에 없는 것이다. 이렇게 별의 질량과 밝기에 대해 알 수 없는 현상이 나타나자, 이 문제를 해결하기 위해 새로운 요소(암흑 물질)가 등장했다.

일단 '암흑 물질'이 있다는 것을 받아들이고 빅뱅 이론의 우주 팽창 방정식들을 풀어나가면, '암흑 물질'이 우주의 모든 질량의 85%를 차지하는 것으로 나타난다. 그러나 이것은 1920년대의 빅뱅 모델, 즉 대폭발이 한 번 있었고, 두 번째 대폭발과 급팽창이 없다는 초기의 낡은 모형에서 추정된 결과에 불과하다.

3. 두 번째 대폭발과 암흑 에너지

빅뱅 이론은 1998년도에 두 번째 대폭발과 급팽창이 있는 것으로 수정되었다. 그리고 이 새로운 모형에서 빅뱅 이론의 우주 팽창 방정식을 풀어나가면, '암흑 물질' 외에 '암흑 에너지'라는 새로운 요소가 다시 필요하게 된다. 오늘날 우주에 대한 관측 결과는 우주의 공간이 휘어져 있지 않다고 말하고 있다. 이것은 우주의 중력이 너무 크거나, 너무 작지 않고 우주에 적당한 양의 물질들이 있다는 뜻이다. 이 적당한 양의 물질들이 우주에 있는 상태, 즉 공간이 휘지 않는 현재 우주의 밀도를 1이라고 한다.

1998년 개정된 빅뱅 이론에 따라 계산을 해보면, 보이는 물질(원자, 전자 등)만 고려할 경우 우리 우주의 밀도는 겨우 0.04이다. 여기에 보이지 않는 물질인 '암흑 물질'을 추가로 고려하면 우주의 밀도는 0.26으로 늘어난다. 그런데 이 수치는 1에 비해 너무나 작다. 즉, 물질(보이는 물질+암흑 물질)만으로는 우주의 중력이 너무 부족해서 우주 공간이 휘어져 보여야 한다.

우주 관측 결과는 우주의 밀도가 1인데, 물질만으로 계산한 우주의 밀도는 듣도 보도 못한 '암흑 물질'을 포함해도 0.26에 불과하니, 이 두 간격을 메울 새로운 요소가 필요해 진다. 그것이 바로 '암흑 에너지'다. 에너지는 물질이 아니므로 질량에는 포착되지 않지만 밀도에는 영향을 미칠 수 있다.

이제 우주의 밀도를 1로 맞추기 위해 '암흑 에너지'가 차지하는 우주의 밀도를 0.74라고 하면, '보이는 물질+암흑 물질+암흑 에너지=0.04+0.22+0.74=1=현재 우주의 밀도'가 된다. 즉 빅뱅 이론은 관측 결과를 잘 설명하는 훌륭한 이론이 되는 것이다.

그러나 이것은 빅뱅 이론이 우주를 제대로 설명해 준다는 근거가 되기보다는 빅뱅 이론이 관측 결과에 부합하기 위해 뭔지도 모르는 요소를 모형에 추가한 엉터리 이론이라는 의미가 된다.

4. 우주론적 원리

빅뱅 이론은 우리가 우주의 중심부에 있는 것이 아니라는 '우주론적 원리'를 기본으로 한다. 이것은 역으로 우리가 우주의 중심부에 있는 것처럼 보이기 때문에 등장한 개념이다. 우주론적 원리는 '등방성'과 '균질성'으로 설명된다. 밤하늘의 별들을 보면 모든 방향으로 똑같은 숫자의 별들이 보인다. 이렇게 어느 방향을 봐도 다 똑같다는 것이 '등방성'이다. 그런데 우주의 특정 부분에 특별히 별들이 많이 모여 있다면, 어디서 보느냐에 따라 별들이 많이 모인 곳의 위치가 다르게 나타난다.

따라서 모든 지역에서 다 등방성이 있으려면, 우주에 별들이 매우 균등하게 분포되어 있어야 한다. 그래야 우주의 중심부이든 변방이든 어디서 봐도 별들이 고르게 퍼져 보일테니까. 이것이 '균질성'이다.

처음에 허블은 은하들이 지구로부터 멀리 떨어져 있을수록 더 빠른 속도로 멀어진다는 적색 편이 분석 결과를 보고 자연스럽게 우리가 우주의 중심에 위치한다고 생각했다. 하늘의 모든 방향에서 모든 별이 지구로부터의 거리에 따라 더 빨라지는데, 이런 모든 방향 대칭성은 보통 중심부에서나 가능한 것이기 때문이다.

그러나 허블은 우리가 우주의 중심이라는 생각에 큰 거부감을 갖고 끝내 우주론적 원리를 도입하였다. 별다른 근거 없이 개인의 사상이 우주론의 방향을 결정한 것이다. 우주론적 원리를 설명하기 위해 새로운 요소(공간이 휘어진다는 초공간 개념)가 등장했고, 이는 빅뱅 이론의 방정식을 풀어내는 기본 가정이 되었다.

그러나 관측 결과에 꺼맞추기 위해 도입된 암흑 물질, 암흑 에너지와 달리, 이 우주론적 원리는 특정 관측 결과들에 의해 반박되고 있다. 우리가 우주의 중심부에 있는 것처럼 보이는 현상이라던가, 우주에 '균질성'이 없다던가 하는 것이다(다만 이 부분은 여전히 논란의 소지가 있다).

이해할 수 없는 요소들을 설명하기 위해 알 수 없는 요소들 혹은 검증할 수 없는 믿음을 만들어 낸 것은 제대로 된 과학 모형이 아니다. 이제 알 수 없는 요소들(암흑 물질, 암흑 에너지)과 틀린 요소(우주론적 원리)를 넘어 관측된 결과들을 제대로 설명할 수 있는 새로운 모형이 필요한 때이다.

5. 5차원 우주 상대성 이론

아인슈타인은 상대성 이론을 통해 시간과 공간을 시공간으로 합치는 데 성공했다. 그래서 우리는 우리 우주가 가로, 세로, 깊이로 이뤄진 3차원 공간에 시간을 더한 4차원이라는 것을 상식으로 받아들이고 있다. 모셰 카멜리는 1990년대 초반에 이 상대성 이론의 연구 방법을 우주에 확대하여 적용했다. 일반적으로 천문학자들이 우주를 연구할 때 실제 그들이 파악하는 정보는 시간이 아니다. 천문학자들은 별빛의 밝기와 '적색 편이'를 통해 별들이 이동하는 속도와 별들과 지구 사이의 거리를 추정한다. 따라서 아인슈타인의 공간 3차원과 시간 1차원을 그대로 우주에 적용하는 것은 불가능했다. 그래서 카멜리는 4차원을 우주에 적용할 때 시간 대신 천문학자들이 계산해 내는 속도를 사용했다.

우주가 팽창한다면, 별들이 지구로부터 빠른 속도로 멀어지는 것은 별이 이동하는 것이 아니라 우주 공간이 이동하는 것이다. 따라서 카멜리가 적용하는 속도차원은 정확히는 별들의 이동 속도가 아니라 우주의 팽창 속도를 의미하는 것이다. 아인슈타인의 시-공간은 카멜리에 의해 (팽창) 속도-공간 이론으로 우주에 적용되었다.

이 이론의 결과는 매우 놀라운 것이었는데, 그는 1996년 논문에서 새로운 모형을 통해 우주의 팽창 속도가 빨라진다고 예측했다. 1998년 빅뱅의 표준 이론은 우주의 팽창 속도가 빨라진다고 결정했다. 그의 이론이 정확했던 것이다. 또한, 카멜리는 새로운 모형으로 초신성의 강력한 적색 편이 관측 결과를 설명하는 데 성공했다.

이후 카멜리는 자신의 4차원 이론을 5차원 이론으로 확장한다. 4차원 이론이 아인슈타인의 시간을 (우주의 팽창) 속도로 대체했던 것이라면, 5차원 이론은 (팽창) 속도 차원에 다시 아인슈타인의 시간 차원을 하나 더한 것이다. 즉 '공간 3차원+시간 1차원+(우주 팽창) 속도 1차원'의 5차원 모형을 생각한 것이다. 카멜리의 모형이 5차원으로 확장되면서, 우주 상대성 이론은 시공간 4차원의 아인슈타인 이론을 완전히 포함하게 되었다.

카멜리의 이론이 아인슈타인의 이론을 포함하는 형태로 확장되면서 우리 태양계 내에서는 아인슈타인의 상대성 이론이 유효하고, 먼 우주에서는 좀 더 다른 형태로 별들을 설명할 수 있게 되었다. 마치 상대성 이론이 뉴턴의 모형을 완전히 포함하고 있어서 지구의 일반적인 속도와 중력에서는 뉴턴의 모형이 유효하지만, 빛의 속도에 가깝거나, 엄청나게 큰 중력에서는 좀 더 다른 형태로 천체들을 설명할 수 있는 것과 같다.

그렇다면 이 5차원 우주 상대성 이론은 우리의 우주를 얼마나 잘 설명해줄까?

6. 더 이상 필요 없는 암흑 물질

뉴턴 물리학에 따르면 궤도를 도는 천체는 중심부에 가까우면 빨라지고, 중심부에서 멀면 느려진다. 수성은 태양을 엄청 빠르게 돌지만(초당 47.9km), 천왕성, 해왕성은 엄청 느리게 도는 것이다(각각 초당 6.8km, 5.4km). 멋진 은하 사진을 보면 나선팔을 볼 수 있다. 그리고 이 나선팔에 있는 별들은 은하의 중심부를 원형으로 돌게 된다. 문제는 우리 태양계와 달리, 경우에 따라 이 나선팔의 별들은 은하 중심부에 가까울수록 더 느리게 돈다는 것이다.

가장 밝게 빛나는 은하는 중심부에서 멀어질수록 별의 공전 속도가 느려진다. 중간정도 빛나는 은하는 중심부에서의 거리와 상관없이 별들의 공전 속도가 거의 동일하다. 가장 덜 빛나는(어두운) 은하에서는 중심부에서 멀어질수록 별의 공전 속도가 빨라진다.

무엇이 뉴턴의 물리학이 작동하지 않게 만드는 것일까?

물리학자들은 일단 '암흑 물질'이란 것이 어두운 은하를 둘러싸고 있어서 이런 현상이 발생한다고 설명하게 되었다. 그러나 누구도 구체적으로 이 현상을 설명해 내지 못하였다.

이 현상을 설명하기 위해 카멜리는 자신의 우주 상대성 이론을 4차원에서 5차원으로 확장했다. 이 확장을 통해 그는 은하의 밝기는 은하의 회전 속도(은하의 회전 속도는 은하 내 별들의 회전 속도들을 모두 감안한 것이다)의 네 제곱에 비례한다는 툴리-피셔 관계를 도출해 내었다. 즉 은하 내에서 별들의 속도가 뉴턴의 물리학과 달라지는 현상이 우주의 팽창을 하나의 차원으로 가정함으로써 '암흑 물질'이 없이도 완벽히 설명되었다는 뜻이다.

7. 별의 밝기를 설명하는 우주 상대성 이론

아주 먼 우주에서는 은하가 매우 무거움에도 불구하고 은하의 밝기가 그에 미치지 못하는 것을 설명하기 위해 '암흑 물질'이란 새로운 요소가 도입되었다.

그렇다면 카멜리의 이론은 별의 밝기도 '암흑 물질' 없이 성공적으로 설명할 수 있었을까?

이를 궁금히 여긴 존 하트넷은 카멜리의 이론을 은하들에 적용했다. 다행히 카멜리의 새로운 우주 모형은 은하의 질량과 밝기에 특정한 관계가 있음을 보여 주고 있다. 보통 지구에 가장 가까운 은하들의 밝기는 은하 나선팔의 회전 속도를 이용하여 추정한다. 하트넷이 은하의 회전 속도를 찾아내는 카멜리의 이론을 가까운 은하에 적용해 본 결과, 은하의 질량에 비해 은하의 밝기가 낮게 나오는 현상이 제대로 설명되었다.

다음에 하트넷은 다시 더 먼 은하들(각각의 질량과 밝기는 서로 다른 방식으로 추정된다)에 대해서도 카멜리의 이론을 적용해 보았다. 하트넷의 대략적인 계산에 따르면(아직 완전히 계산이 마무리되지는 않았다고 한다), 먼 은하들에 대해서도 질량에 비해 밝기가 훨씬 낮게 나오는 현상이 제대로 설명된다고 한다.

즉 아주 먼 은하들이 질량은 매우 크지만, 밝기는 매우 어두운 이유는 그 은하들의 질량이 대부분 '암흑 물질'로 이루어져서가 아니라, 우주가 팽창하는 5차원 우주이기 때문에 질량에 비해서 밝기가 어둡게 보여지게 된다는 것이다. 카멜리의 5차원 우주는 '암흑 물질'이 우리 우주를 설명하는 데 전혀 필요 없음을 보여 준다.

8. 우주의 밀도와 암흑 에너지

아인슈타인의 물리학에서는 우주에 밀도가 있다. 우주에 물질이 너무 많거나 적으면 중력의 영향으로 공간이 휘어지게 된다. 그런데 우리 우주는 공간이 휘어져 보이지 않는다. 이 적당한 강도, 즉 공간이 휘지 않는 정도의 우주 밀도가 1이다. 그러나 이것은 오직 아인슈타인의 4차원 '시공간' 모형 (정확히는 프리드만-르메트르 모형)에서만 사실이다.

카멜리의 물리학에서도 우주에 밀도가 있다. 그런데 5차원 '속도-시공간' 모형에서는 이 우주 밀도가 1이어야 할 필요가 없다. 우주 밀도가 1보다 작아도, 1보다 커도 공간이 휘어지지 않고 평평하게 나타나기 때문에 우주 밀도를 1로 맞추기 위해 '암흑 에너지'라는 새로운 요소를 만들어 낼 필요가 전혀 없는 것이다.

우주의 밀도는 우주 팽창 속도의 변화를 결정한다. 우주 밀도가 1보다 크면 물질이 많기 때문에 중력이 강하고 그래서 우주 팽창 속도가 점점 느려진다. 반대로 우주 밀도가 1보다 작으면 물질이 적기 때문에 중력이 약하고 그래서 우주 팽창 속도가 점점 빨라진다. 빅뱅 이론에서는 암흑 에너지를 제외한 물질의 밀도는 1보다 작다. 그래서 우주의 팽창 속도는 점점 빨라진다. 카멜리 이론에서는 '암흑 물질'과 '암흑 에너지'가 필요 없다. 보이는 일반적인 물질의 밀도는 0.04이므로 카멜리 이론에서도 우주의 팽창 속도는 점점 빨라진다. 카멜리의 5차원 우주는 '암흑 에너지'가 우리 우주를 설명하는 데 전혀 필요 없음을 보여 준다.

9. 우주의 모양과 초공간 연결

빅뱅 이론은 '우주론적 원리'를 가정한다. 우주에는 중심이 없고, 어디서 봐도 똑같이 보인다는 것이다. 그리고 이런 우주가 되려면 우주의 가장자리는 끝이 없고 '초공간'으로 서로 연결되어서 한쪽 끝을 보면 다른 쪽 끝으로 연결된 것처럼 보여야 한다. 그런데 카멜리의 '우주 상대성 이론'은 '우주론적 원리'를 그대로 받아들이지 않았다.

카멜리는 5차원 우주 모형을 개발하면서 우주의 가장자리에 끝은 없지만, 우주에 중심부는 있다고 생각했다(그래야 우주의 팽창을 하나의 차원으로 넣을 수 있었던 것일까?). 카멜리도 '초공간' 같은 것으로 우주의 가장자리가 연결되어 있다고는 생각했던 것이다.

그런데 하트넷은 카멜리의 우주 상대성 이론을 우주 가장자리에 끝이 있는 경우에 적용해 보았다. 결과는 놀랍게도 카멜리의 5차원 우주는 가장자리에 끝이 있을 수도 있다는 것이다. 즉 카멜리의 5차원 우주는 '우주에 중심부가 있다'는 가정이 필요하지만, '우주의 가장자리가 초공간으로 연결되어 있다'는 가정은 필요하지 않다는 것이다.

결과적으로 빅뱅 이론과 카멜리 이론의 가장 큰 차이는 우주에 중심부가 있느냐 하는 것이다. 이 차이점을 제외하면 카멜리 이론은 우주의 가장자리가 어떻게 생겨도 상관이 없기 때문에 이 부분에서는 빅뱅 이론보다 더 유연한 모습을 보여 준다. 만약 우주의 가장자리가 서로 초공간으로 연결되어 있다면 빅뱅 이론-카멜리 이론 모두 사실일 수 있다. 그러나 우주의 가장자리가 초공간으로 연결되어 있지 않다면 빅뱅 이론만 틀린 이론이 되는 것이다.

과연 초공간이란 것이 우리 우주에 존재하는 것일까?

모셰 카멜리의 '우주 상대성 이론'이 제시하는 5차원 속도-시공간 우주 모형은 '암흑 물질'과 '암흑 에너지' 그리고 '초공간 연결' 없이도 우리 우주에서 보이는 아주 먼 은하들의 현상을 잘 설명해 준다.

10. 광속과 시간 지연

그렇다면 '우주 상대성 이론'은 우리 우주에 대해 어떤 점을 알려주고 있을까?

아인슈타인의 상대성 이론에 따르면 블랙홀처럼 중력이 매우 크거나, 빛처럼 속도가 아주 빠르면 시간이 느려진다. 중요한 점은 이 시간이 느려지는 현상은 상대적인 것으로 정작 그 안에 있는 사람은 시간이 느려지는 것을 전혀 느끼지 못한다는 것이다. 이 현상은 종종 공상과학소설 혹은 영화에서 사용되는데, 우주에 갔다 지구로 돌아온 사람들은 여전히 젊은데, 그를 아는 사람들은 엄청나게 늙어있다던가, 이미 다 죽었다던가 하는 것이다.

이 시간 지연에서 중요한 것은 시간을 다르게 느끼기 위해서는 반드시 속도나 중력이 다른 두 지역이 필요하다는 것이다. 광속으로 우주를 다녀온 친구와 지구에서 평범하게 산 친구는 서로 다른 시간을 살게 된다. 또는 블랙홀에 다녀온 친구와 지구에서 사는 친구는 서로 다른 시간을 살게 된다.

모든 장소에서 똑같이 시간이 느려진다면, 아무도 시간이 느려진다는 사실을 알 수 없다. 시간이 느려지는 것은 바로 그 장소에서는 알 수 없는 것이기 때문이다. 따라서 시간의 변화에 대해서 논의할 때 '누구의 시간이 느려지는가?' 하는 것이 가장 중요한 질문이 된다. 즉 한 곳과 다른 곳의 시간이 완전히 다르게 흐를 수 있다는 것이다. 그리고 우리는 우주가 엄청난 속도로 팽창하고 있음을 알고 있다. 만약 이 곳과 다른 곳의 속도가 다르다면 이곳과 다른 곳의 시간도 다르게 흐를 것이다. 이것은 필연적으로 다음과 같은 질문을 확인하게 만든다.

'우주에 중심이 있는가?
우주의 중심부는 움직이는가, 정지해 있는가?'

만약 우주에 중심이 있다면, 이 중심은 전혀 움직이지 않을 것이다. 그리고 폭발로 팽창하는 우주의 바깥 부분들은 엄청난 속도로 이동하기 때문에 중심부와 전혀 다른 시간 흐름을 갖게 된다.

아인슈타인의 상대성 이론에 따르면 빠른 속도로 이동하는 우주의 바깥 부분은 시간이 천천히 흐르고, 전혀 움직이지 않는 우주의 중심 부분은 시간이 빠르게 흐를 것이다. 그러나 하트넷의 계산에 따르면 카멜리의 '우주 상대성 이론'은 이 현상을 정반대로 만들어 버린다. 속도 차원의 도입으로 인해 빠르게 팽창하는 바깥 우주에서는 시간이 빠르게 흐르고, 거의 팽창하지 않는 중심부 우주에서는 시간이 느리게 흐르는 것이다.

11. 우주의 나이

빅뱅 이론에 따르면 우주의 나이는 137억 년으로 알려져 있다. 만약 우주가 팽창하지 않는다면, 우리가 볼 수 있는 우주는 빛이 137억 년 동안 달려온 거리, 즉 반경 137억 광년일 것이다. 이것이 (우리가 관측할 수 있는) 우주의 크기다. 그러나 실제로는 우주가 팽창하고 있기 때문에 우리가 볼 수 있는 우주의 크기는 좀 더 크다. 일반적으로는 우주의 크기를 직경약 930억 광년 정도로 추정하고 있다.

그렇다면 카멜리의 '우주 상대성 이론'을 적용하면 우주의 나이는 어떻게 추정될까?

우주 상대성 이론에서 우주의 나이는 과거 우주의 팽창 속도에 의해 결정된다. 그런데 과거 우주의 팽창 속도는 우리가 알 수 없다. 따라서 몇 가지 가정이 필요하게 된다.

예를 들어 빅뱅 이론에서는 우주의 팽창 속도가 크게 세 번 변하는데, 첫 번째 대폭발로 우주가 빠른 속도로 커지다가, 두 번째 대폭발로 우주가 엄청나게 빠른 속도로 거의 현재 크기로 커지고, 마지막으로 우주가 충분히 커지면서 팽창 속도가 현재 수준으로 낮아지게 된다고 가정한다. 중요한 것은 이렇게 우주의 팽창 속도가 변한다는 근거는 딱히 없다는 것이다.

빅뱅 이론이 두 번의 대폭발이라는 믿음을 가지고 있듯이, 창조론자인 하트넷은 성경의 구절을 참고하여 우주의 팽창 양상을 가정한다. 그것은 바로 창세기 기록에서 천지 창조의 셋째날에 별들을 만드셨다는 것과 시편의 기록에서 하나님이 하늘을 펴셨다는 것 그리고 성경의 연대를 계산해 보면, 천지 창조의 셋째 날은 지금으로부터 약 6천 년 전이라는 것이다.

이를 토대로 하트넷은 지구는 우주의 중심부에 위치하며(근거는 지구가 우주의 중심부에 위치한 것처럼 보인다는 것이다), 우주 팽창은 약 6천 년 전에 단 하루 동안 거의 현재 크기로 이뤄졌다고 가정하고 우주 상대성 이론을 적용하였다(이렇게 우주가 하루 만에 팽창한다는 모형을 처음으로 고안한 사람은 러셀 험프리다).

하트넷의 계산에 따르면 이처럼 거대한 우주(직경 930억 광년)가 단 하루 만에 팽창할 경우, 우주의 팽창 속도는 빛의 속도는 우스울 정도로 커진다. 이때, 우주의 바깥 부분에서 시간 가속은 엄청나게 거대해서 시간이 느리게 흐르는 중심부 시간으로 단 하루 만에 우주 바깥의 별들이 내뿜는 빛이 수십억-수백억 년 이상의 시간 동안 지구로 달려올 수 있다는 것이다. 이것은 우주 외곽의 별들이 아무리 멀리 있어도, 그 별빛이 지구로 오는 시간은 우주가 팽창한 시간에 불과하다는 것을 뜻한다.

우주가 중심부 시간으로 단 하루 만에 팽창했다면 우주의 크기가 137억 년이든, 930억 년이든 그 별빛이 우주 중심부에 도착하기 위한 시간은 우주 중심부 기준으로 단 하루면 충분하다. 즉 '우주 상대성 이론'은 우주의 나이가 우주의 크기와 아무 상관이 없다는 것을 보여 주고 있다. 오직 우주가 현재 크기로 팽창하는데 걸린 시간과 그 이후 흘러간 시간의 합이 우주의 나이다. 즉 창조론자들이 주장하는 우주의 나이(정확히는 지구의 시간)가 젊다는 것은 이론적으로 충분히 근거가 있다.

12. 오래된 우주, 젊은 지구

우주가 현재 크기로 팽창하는 데 걸린 시간은 빅뱅 이론에서는 초 단위에 불과하고, 창조론자들은 최대 반나절-하루 정도로 생각하고 있다. 따라서 두 이론에서 우주의 나이가 크게 차이나는 지점은 바로 우주가 팽창한 이후 흘러간 시간이다. 빅뱅 이론에서는 급팽창으로 우주가 거의 현재 크기로 커진 후 별이 만들어지고, 1백억 년 이상 멀리 떨어진 별들로부터 지구로 빛이 오기 때문에, 우주가 팽창한 이후 흘러간 시간이 1백억 년 이상 필요하다.

반면, 하트넷의 우주 상대성 이론에서는 별이 이미 만들어진 상태에서 하루 만에 우주가 현재 크기로 팽창했기 때문에 이 빛들이 지구까지 오는 데 단 하루면 충분하다. 즉, 1백억 년 떨어진 별에서 지구까지 빛이 오는 데 시간이 거의 필요하지 않다는 뜻이다. 이러한 이론을 바탕으로 창조론자들은 지구와 우주가 만들어지고 흘러간 시간, 즉 성경에서 창조 후 현재까지 흘러간 시간인 6천 년을 우주의 나이라고 생각하고 있다.

유물론자들은 빅뱅 이론을 토대로 우주의 나이를 137억 년으로 생각한다. 창조론자들은 우주 상대성 이론과 (성경의) 역사 기록을 토대로 (비교적 우주 중심부에 위치한) 지구의 나이를 6천 년으로 생각한다. 우주 상대성 이론은 지구 나이 6천 년과 우주 바깥 부분 별들의 나이 137억 년이 실제로는 같은 기간임을 보여 준다. 다만 상대성 이론에 따른 시간 가속/지연으로 인해 서로의 시간이 다르게 흘렀을 뿐이다.

한 가지 확실한 것은 우주 상대성 이론에 따르면 우주의 나이는 우주가 거의 현재 크기로 팽창한 시간과 큰 차이(수십-수백 만 년 이상)가 나지 않는다는 것이다. 그리고 이 차이는 아마도 지구의 나이 정도에 불과할 것이다. 따라서 우리는 지구의 나이를 좀 더 면밀히 확인해 볼 필요가 있다.

어쨌든 우주 상대성 이론은 '우주론적 원리'를 무시하고 실제 관측 결과가 보여 주는 대로 우리가 우주의 중심부에 있다고 인정할 경우, 우주의 나이가 우주의 크기와 무관함을 보여 준다.

13. 천지창조의 넷째 날

 이제 유물론자들의 빅뱅 이론처럼, 창조론자들에게도 젊은 우주 이론을 만들 이론적 근거들이 다 갖추어졌다. 카멜리의 '우주 상대성 이론'을 '젊은 우주'에 적용한 하트넷이 설명하는 별들의 생성과 우주의 팽창은 다음과 같다.

 태양계는 오늘날과 같은 크기를 갖고 만들어진다. 만약 태양과 지구의 거리가 오늘날과 다르다면 지구는 생명체가 살 수 없게 된다. 태양과 달은 지구에서 사람이 사는 데 도움이 되도록 특별하게 만들어졌기 때문에 처음 만들어진 태양계의 모습은 오늘날의 태양계 거의 그대로 유지된다.

 성경에 따르면 하나님이 천지창조의 넷째 날에 해와 달과 별들을 만드셨다. 즉 단 하루 만에 우주 저 멀리 있는 별들로부터 지구까지 빛이 도착해야 한다. 우주 상대성 이론은 이것이 이론적으로 가능함을 보여 준다. 태양계 밖의 별들은 지금처럼 수백억 광년에 걸쳐 넓게 퍼져 있지 않고, 태양으로부터 최대 400만 광년 이내의 범위 내에서 만들어진다.

 가장 가까운 별은 대략 태양으로부터 0.5광일(빛이 12시간 동안 이동할 수 있는 거리) 정도 떨어져 있었을 것이다. 태양계의 반경이 대략 1/4광일이므로, 별들은 태양계에서 좀 떨어진 곳부터 바깥쪽에 만들어진 것이다. 태양으로부터 0.5광일-수백만 광년 사이의 넓은 공간에 많은 별과 은하가 순식간에 만들어진다.

 태양계 밖의 별들은 만들어지자마자 순식간에 지구로부터 멀어진다. 즉 태양으로부터 약 0.5광일 밖에서부터는 엄청난 속도로 우주가 팽창하고 그 결과 시간 가속이 발생한다. 따라서 태양으로부터 400만 광년 떨어진 우주의 최외곽에 있던 별에서 만들어진 빛도 태양으로부터 0.5광일 떨어진 팽창하는 우주의 가장 안쪽까지 만 하루가 되기 전에 도착한다. 팽창하는 우주의 가장 안쪽에서부터는 시간 가속 없이 0.5일 만에 지구까지 빛이 도달한다. 따라서 우주의 모든 별빛은 거의 단 하루 만에 지구에 도착한다. 이렇게 지구의 천지창조 넷째 날 수백억 광년 떨어진 저 먼 우주의 별빛들도 무사히 지구에 도착하게 되었다.

14. 퀘이사: 우주 상대성 이론의 증거

급격한 우주 공간의 팽창은 '우주 상대성 이론'에 따르면 에너지 보존 법칙을 유지하기 위해 우주의 에너지를 물질로 변환시킨다. 따라서 태양계 바깥에서 팽창하는 우주 공간에서는 다량의 물질이 생성된다. 이 물질들이 모여서 형성된 것이 바로 퀘이사다. 대다수의 퀘이사는 은하들에 비해 더 강력한 '적색 편이'를 보여 준다. 빅뱅 이론에서 적색 편이가 강력한 것은 속도가 빠른 것으로 해석되는데, 그 결과 오늘날 우주 지도는 태양계 주위를 일반 은하들과 다수의 퀘이사가 둘러싸고, 우주의 가장 바깥은 오직 퀘이사들로만 채워진 형태가 되었다.

그런데 할톤 아프는 이 퀘이사들이 인접한 다른 은하들과 물리적으로 연결되어 있다는 관측 결과를 제시했다. 이 퀘이사들은 인접한 은하들에 비해 훨씬 더 강력한 '적색 편이'를 보여 준다. 적색 편이가 다르면 이동 속도와 거리가 다른데, 서로 붙어있는 은하와 퀘이사에서 적색 편이가 같다는 것은 심각한 문제가 된다.

결국 아프는 서로 붙어있는 은하와 퀘이사의 '적색 편이'가 다른 상황에 대해서 은하의 중심부에서부터 분출된 물질들이 퀘이사 및 새로운 은하들을 만들어 낸다고 주장했다. 그리고 우주 상대성 이론은 우주의 팽창이 새로운 물질들을 만들어내는 과정을 제시해 준다. 이론에 따르면 처음에 만들어진 은하들로부터 우주의 팽창 과정 동안 퀘이사와 새로운 은하들이 만들어지는 것이다.

15. 적색 편이: 우주 팽창의 흔적

　물리적으로 연결된 매우 가까운 퀘이사와 은하가 서로 엄청나게 다른 적색 편이를 보인다는 사실에서 적색 편이는 더 이상 허블이 제시한 것처럼 별들의 거리와 후퇴 속도를 나타내는 지표가 아니게 된다. 적어도 일반적인 은하 수준의 적색 편이 및 이 정도의 적색 편이를 보이는 퀘이사의 거리는 허블의 법칙을 따를 수 있다. 하지만 대다수 퀘이사가 보여 주는 일반 은하보다 훨씬 큰 적색 편이는 허블의 법칙과는 다른 이유로 발생하는 것으로 볼 필요가 있다. 이 경우 우주의 바깥 부분에 위치한 퀘이사의 거리가 줄어들면서 우리 우주의 크기는 대폭 줄어들게 된다.

　그렇다면 적색 편이를 어떻게 해석해야 할까?

　온 우주의 별빛은 천지창조의 넷째 날, 단 하루 만에 지구에 도달한다. 그러나 우주의 팽창도 단 하루 만에 끝이 난다. 이 하루 동안, 팽창하는 우주에서는 지구에 비해 수조배의 시간 가속이 발생한다. 창조의 넷째 날이 끝나면서 우주의 급팽창은 (거의) 멈추고, 시간 가속도 끝난다. 우주의 별들은 창조 후 길게는 백억 년 이상의 시간을 보냈지만, 지구 시간으로는 단 하루만 살았던 것이다. 이렇게 하루 만에 우주의 팽창이 끝나고 온 우주의 별들은 대략 수천 년의 시간을 지구와 같은 시간 흐름 속에 살았다.

　별들이 시간 가속을 겪은 것은 지구 시간으로 단 하루다. 그리고 이 시간 가속을 거친 별빛만이 '적색 편이'를 보여 준다. 따라서 지구로부터 6천 광년 이내의 별들은 시간 가속을 거친 별빛을 이미 다 지구로 보내고 현재는 시간 가속을 겪지 않은 별빛을 보여 주고 있어 '적색 편이'가 발생하지 않는다. 반면, 이보다 더 먼 별들은 여전히 6천 년 전 지구 시간으로 단 하루 동안 발생한 시간 가속을 겪은 빛을 지구로 보내주고 있다.

　따라서 적색 편이는 현재 우주가 팽창한다는 증거라기보다는 과거 우주가 급속한 팽창을 했었다는 증거로 해석될 수 있다. 물론 현재의 우주도 별들이 만들어진 그 하루보다는 상당히 느리게 팽창하고 있을 수도 있다.

참고로 하트넷은 우주 배경 복사를 창조의 첫째 날 만들어진 고온의 빛이 우주의 팽창으로 급속히 식게 되면서 나타나는 현상으로 해석하고 있다. 대폭발이 우주의 팽창으로 식는 것과 유사한 방식이라고 볼 수 있다.

16. 우주 상대성 이론 vs. 빅뱅 이론

하트넷-카멜리의 '우주 상대성 이론'은 우주를 설명하는 데 있어 '암흑 물질'과 '암흑 에너지'가 필요없으며, 보이는 그대로 지구가 우주의 중심부에 위치하고 있다고 가정함으로써 '우주론적 원리' 및 '초공간 연결' 같은 근거 없는 가정을 필요로 하지 않는다.

우주 상대성 이론에 따르면 '적색 편이'는 현재 우주가 팽창한다는 증거라기보다는 과거 급격한 우주 팽창과 그로 인한 시간 가속의 흔적이며, 이 급격한 우주 팽창으로 인해 '우주 배경 복사'가 발생한 것도 설명할 수 있다.

물론 하트넷-카멜리의 '우주 상대성 이론'이 절대적인 것은 아니다. 일부 가정들은 언제든지 수정될 수 있고, 해석도 변경될 수 있다. 당연히 미흡하거나 틀린 부분이 나타날 수 있다. 그러나 이론의 검증 가능성과 그에 따른 발전 가능성이 바로 과학의 힘이다.

'우주 상대성 이론'과 '빅뱅 이론' 모두 한계가 있다. 그것은 이 이론들이 우주가 어떻게 팽창하고 있는지는 설명하지만, 왜 그런 속도로 팽창했는지는 전적으로 가정, 믿음, 종교에 기반해야 한다는 것이다. 각 이론들은 자신들의 이러한 믿음 및 가정들이 과학적 사실들과 연계될 때, 현재의 우주를 잘 설명하고 있다고 주장한다.

'빅뱅 이론'은 '암흑 물질', '암흑 에너지', '우주론적 원리'에 더해 '초공간 연결', 두 번의 대폭발 같은 여러 가정을 기반하여 이론을 전개한다. 이 가정들은 우주의 현상을 유물론적으로 설명하기 위해 반드시 믿어야만

하는 것이다. 그러나 이러한 가정들이 실제라고 하더라도 우주의 현상은 빅뱅 이론으로 제대로 설명되지 않는 경우가 많다.

'우주 상대성 이론'은 하루 동안의 우주 팽창, 우주의 중심부에 위치한 지구 등을 기반하여 이론을 전개한다. 이 가정들이 실제 일어난 것이라고 믿는다면, 이론이 우주의 현상을 완벽하게 설명해 준다. 특히 우주에 대한 관측결과는 후자가 단순한 가정이 아니라 상당한 근거가 있음을 보여 준다.

과연 어떤 이론이 현재의 우주를 더 잘 설명하고 있으며, 따라서 '귀추적 추론'의 관점에서 더 좋은 '최선의 설명'이라고 생각하는가?

참고 문헌

John Hartnett. *Starlight, Time And The New Physic*. Creation Book Publishers, 2010, 개정판.
- 제2부 제3장은 이 책을 참고하여 작성했다. 구체적이고 기술적인 부분들은 이 책에서 인용한 것이다. 세상을 보는 새로운 방법의 예시(천동설-지동설 등)는 이 책의 사례다. 카멜리의 '우주 상대성 이론'에 대한 해석은 하트넷의 견해를 따른 것이다. 하트넷의 '우주 상대성 이론' 적용 결과는 모두 하트넷의 주장을 옮긴 것이다. 자세한 계산 과정은 해당 책의 참고(appendix)에 수록되어 있다.

제3부

생명의 기원

제1장 생명의 속성은 무엇일까?

제2장 생명체의 구조는 얼마나 복잡할까?

제3장 생명체의 정보는 얼마나 복잡할까?

제1장

생명의 속성은 무엇일까?

• 요약

1. 자연 발생설 vs. 생명 속생설

과학적으로 자연 발생설(생명은 저절로 생겨난다)은 부정됐고, 생명 속생설(생명은 생명으로부터 나온다)은 사실로 입증되었다. 그러나 유물론자들은 생명이 저절로 생겨난다는 믿음을 가진 사람들이다. 이들은 생명이 저절로 생겨나는 과정을 매우 단순하게 말한 뒤, 그중 아주 일부 과정만을 매우 제한적인 조건의 실험으로 구현한 채로 생명이 저절로 생겨날 수 있다고 주장하기 시작했다. 이들의 영향으로 오늘날 원시 생명(최초의 생명)에 대한 자연 발생설은 별다른 근거 없이 과학적 사실처럼 받아들여지고 있다.

2. 진화 vs. 유전 법칙

다윈은 『종의 기원』에서 생명체가 진화하면서 조상과 다른 특징을 가진 유전 형질을 획득하여 차이가 발생한다고 하였으나, 유전 형질의 획득은 아직 전혀 입증된 바가 없다. 반면, 멘델은 유전 법칙을 통해 후손이 조상의 유전 형질을 그대로 물려받는다는 사실을 처음 제시하였고, 이는 유전자의 발견으로 확고히 입증되었다. 멘델의 법칙은 유전 형질의 획득이 아니라 조상이 물려주는 유전 형질의 상실이라는 방식으로 '종' 내 개체의 차이와 유사한 '종' 간의 차이를 설명할 수 있다. 이것은 진화론과 달리 과학적으로 실제 발생 가능한 현상이다.

3. 생명체의 설계도인 유전 정보

생명체는 정보의 보고며, 이 정보는 이중 나선의 형태를 가진 세포 속 DNA에 저장되어 있다. 그리고 이를 통해 부모의 유전 형질이 자녀에게 전해지게 된다. 각 생명체의 변화는 생명체 내의 유전 정보가 변경될 때에만 후손에게 전해진다. 이제 생물학자들은 복잡한 구조가 형성되는 과정 외에도 이 복잡한 구조를 생성해 낼 수 있는 설계도, 즉 정보의 본질에 대해서도 연구를 해야 하는 것이다.

4. 생명체의 복잡한 구조

정보 체계가 제대로 작동하기 위해서는 서로 밀접하게 연결된 매우 복잡한 구조물들이 수없이 많이 필요하다. 게다가 생명체는 이 정보 체계가 실제 물리·화학 세계에도 연결되어 정보가 지시하는 대로 물질들을 만들고 처리해야 한다. 즉 생명체는 컴퓨터(정보)와 공장(물리/화학 세계)이 완벽하게 연결돼서 자기에게 필요한 물건들(심지어 컴퓨터와 공장마저도)을 모두 만들어 낼 수 있는 막대하게 복잡한 체계인 것이다.

생명체는 자연을 거슬러 생존하기 위해 필요한 것이 너무 많기 때문에(복잡한 체계), 오직 생존의 노하우(유전 정보)를 전해 주는 부모를 통해서만 생명체로 탄생할 수 있다.

1. 과거의 자연 발생설

생명을 가진 생물은 생명이 없는 무생물과 다르다.

그렇다면 이들의 차이를 만들어 내는 생명이란 과연 무엇일까?

생명을 정의하기 위해서는 먼저 생물과 무생물의 특성과 그 차이를 알아야 한다. 생물이 무생물과 다르도록 만드는 그것이 바로 생명의 본질을 정의하는 것이기 때문이다. 생명의 기원을 찾는 것은 생명의 본질을 이해하는 것에서 시작된다. 먼저 생명의 본질에 관해 과학적으로 확립된 사실들을 살펴보도록 하겠다.

먼 옛날로부터 오늘날까지도 비록 의미는 약간 다르지만, 사람들은 여러 조건만 갖춰지면 생명이 저절로 생겨난다고 생각해 왔다(이것을 자연 발생설이라고 한다).

그리스 철학자들은 다양한 형태의 자연 발생설을 주장했다. 탈레스는 생명이 물로부터 나왔다고 주장했고, 엠페도클레스는 생물의 종은 네 원소의 순환 과정 중 땅에서 우연히 점차적으로 발생한 것이라고 말했다. 아리스토텔레스는 생명이 물질의 특수한 배치라고 말했다.

놀랍게도 그리스 철학자들은 자연 발생설로부터 자연스럽게 진화의 개념도 발전시켰다. 탈레스의 제자 아낙시만드로스는 태양이 진흙을 뭉치게 하여 동물을 만들고 동물로부터 사람이 발생한다고 주장했다. 크세노파세스는 화석이 지질학적 변화와 생명 계승의 증거라고 주장했다. 앞에서 언급한 엠페도클레스는 심지어 모든 생물의 형태는 동물의 부분들이 시행착오적으로 재조합된 것이며 자연 선택이 모든 진화의 일차적 기구고 잘 적응한 종만이 후손에게 생존에 유리한 형질을 전해 준다고 말했다.

르네상스 이후, 서양의 철학자들은 다시 한번 자연 발생설에 대해 본격적으로 연구하게 된다. 영국의 하베이는 혈액 순환의 원리를 발견했는데, 이를 통해 생명체를 일종의 기계라고 생각했다. 프랑스의 데카르트는 동물을 기관 장치에 따라 움직이는 기계라고 생각했으며 프랑스의 라메트리는 인간도 기계에 불과하다고 주장했다.

또한, 프랑스의 라마르크도 생명은 무기물에서 발생하며 그저 물질의 배치에 불과하다고 주장했다. 이러한 개념에 따르면 생명체는 물질에 불과하므로 자연으로부터 저절로 생겨날 것이다. 그렇게 프랑스의 뷰퐁, 뿌셰, 영국의 베스쳔 등 많은 사람이 자연 발생설을 지지했다.

2. 생명 속생설의 승리

과학의 발달로 실험 과학에 대한 체계가 잡혀가면서, 자연 발생설을 검증하기 위한 실험들이 점차 등장하게 된다.

1648년 벨기에의 헬몬트는 음식물을 더럽게 만들어 항아리에 넣고 창고에 두면 쥐가 자연 발생한다는 실험을 했다.

1668년 이탈리아의 프란체스코 레디는 생선을 두 개의 병에 넣고 한쪽은 천으로 덮고, 다른 한쪽은 그대로 놔뒀다. 천으로 덮지 않은 쪽에서는 날벌레가 생기고 덮은 쪽에서는 날벌레가 생기지 않은 것을 통해 날벌레가 병 안으로 들어오지 못하면 자연 발생하지 못한다는 것을 보여줬다. 그러나 생선 안쪽에 있던 기생충 알을 제거하지 못해 기생충은 자연 발생한다는 결론을 내리게 된다.

1729년 이탈리아의 미첼리는 멜론 조각 위에 곰팡이 포자를 얹으면 포자와 같은 종류의 곰팡이가 자라는 것을 통해 곰팡이가 자연 발생(부모와 상관없는 형태로 성장)하는 것이 아님을 보여줬다.

1745년 영국의 니담은 수프를 끓인 후 밀봉했지만, 시간이 지나면 수프가 부풀어 오르는 것을 통해 생명체가 자연 발생한다는 것을 보여줬다.

1768년 이탈리아의 스팔란짜니는 니담이 수프를 끓이고 밀봉하는 사이에 오염됐다고 생각하고, 이를 방지하는 실험을 통해 생명체가 자연 발생하지 않는 것을 보여줬다. 그러나 용기의 폭발을 막기 위해 공기를 빼낸 것이 논란이 됐다. 생명체가 자연 발생하기 위해서는 공기가 필요하다는 주장이 있었기 때문이다.

1800년 전후로 점점 생명체가 생각보다 매우 복잡하다는 점을 알게 되면서 생명체가 자연 발생한다는 개념에 대한 회의가 커지게 된다.

1859년 프랑스의 파스퇴르는 드디어 유명한 백조목 플라스크 실험을 통해 공기가 있는 상황에서도 자연 발생이 나타나지 않는다는 것을 실험으로 입증한다. S자가 누워진 형태의 가늘게 휘어진 빨대로 공기는 수프까지 통하지만 미생물은 빨대 중간 휘어진 부분에 걸려 수프에 도달하지 못하게 만든 것이다.

파스퇴르의 실험 이후로 생명은 생명으로부터 나온다는 생명 속생설이 자연 발생설을 누르고 과학적 사실이 됐다.

3. 자연 발생설의 부활

파스퇴르의 실험으로 자연 발생설이 부정됐다. 그러나 유물론자들은 필연적으로 자연 발생설을 지지할 수밖에 없다. 결국, 자연 발생설의 전략은 크게 변화하게 된다. 처음 단 한 번, 아주 간단한 형태의 자연 발생이 나타나고 이후로는 자연 발생한 간단한 생명체가 진화를 통해 복잡한 형태의 생명체가 됐다는 것이다. 결과적으로 최초의 원시 생명이 어떻게 나타나게 되었는가에 대한 오늘날의 이론은 자연 발생설의 한 갈래라고 볼 수 있다.

20세기 들어 과학의 발전으로 생물에 대한 이해가 급속도로 높아지면서 생명이 자연 발생하기 위한 조건들이 제시되었고 이 조건들을 충족하기 위한 자연 발생 시나리오가 다수 제시됐다. 이 시나리오 중 가장 유명하고 유력한 것이 바로 오파린의 '화학 진화설'이다. 매우 길고 복잡한 이 가설을 아주 간단히 줄이자면, 먼 옛날 지구는 오늘날과 환경이 달랐으며, 덕분에 우연히 유기물(탄소 여러 개가 연결된 분자다)이 합성됐고 지구 환경이 점차 바뀌면서 유기물이 우연히 모여 고분자 물질로 합쳐진 후, 이것들이 태양 빛을 받아 우연히 외부와 내부를 구분짓는 '코아세르베이트'로 뭉쳤으며 이 코아세르베이트 안으로 우연히 생체고분자 물질이 흡수되면서 원시 세포로 발전했다는 것이다.

핵 주먹으로 유명한 권투선수 타이슨의 명언이 떠오른다.

"누구나 그럴듯한 계획은 있다. 한 대 맞기 전까지는."

오파린의 가설은 수많은 가정과 완벽하게 운 좋은 순차적 진행을 통해 일방적으로 진행돼야 하는 아슬아슬한, 하지만 누군가(유물론자)에게는 그럴듯한 계획이다. 문제는 현실적인 이유로 지적되는 모순점들이 순조로운 이야기 진행을 불가능하게 만든다는 것이다.

4. 하나를 보면 전체를 알 수 있다?

어쨌든 자연 발생설 지지자들은 이 화학 진화설을 입증하기 위해 실험을 시작했다. 시카고대학교의 대학원생 밀러는 스승 유레이와 함께 무기물로부터 유기물을 합성하는 실험을 성공적으로 수행했다. 이들의 성공에 힘입어 수많은 유기물 합성 실험이 진행됐다. 이 실험은 오파린의 대서사시 중 도입부에 불과함에도 불구하고 오파린의 가설 전체가 어느새 명확한 사실처럼 받아들여지게 되었다. 밀러와 유레이의 실험이 알려 주는 것은 단 한 가지에 불과한데도 말이다.

"무기물로부터 유기물이 합성될 수 있다."

화학 진화설에는 크게 두 가지 문제가 있다.

첫째, 유기물이 고분자물질로 저절로 합성되는 과정부터는 전혀 입증된 바가 없다(다만, 특정 조건에서 코아세르베이트는 만들어진다).

둘째, 심지어 무기물이 유기물이 되는 것도 '우연히'라고 하기에는 밀러와 유레이가 실험 조건을 상당히 많이 인위적으로 조정했다. 이 경우 우리는 '밀러와 유레이가 무기물로부터 유기물을 만들어 냈다'라고 말해야 하지, '무기물로부터 우연히 유기물이 만들어졌다'라고 말해서는 안 된다.

어쨌든, 결론은 확실하다. 자연 발생설은 확실히 부인됐고 생명 속생설은 과학적으로 확립된 사실이다. 그리고 적어도 최초의 원시 생명이 자연 발생했다는 화학 진화설은 아직까지 전혀 근거가 없음에도 불구하고 마치 확립된 사실인 양 가르쳐지고 배워진다.

5. 유전: 부모를 닮는 후손

과학적으로 확립된 생명의 속성은 또 무엇이 있을까?

속담 중에 '콩 심은 데 콩 나고, 팥 심은 데 팥 난다'라는 말이 있다. 또 다른 속담으로는 '호부 밑에 견자 없다'라는 말도 있는데 이것들은 자녀가 부모를 닮는 현상을 활용한 속담이다. 사람들은 왜 그런지는 잘 몰라도 자녀가 부모를 닮는다는 것을 오래전부터 알고 있었다. 자녀가 부모를 닮는다는 것은 두 가지 측면을 가지는데, 하나는 전체적으로는 같다는 뜻을 포함하고 다른 하나는 그렇지만 세부적으로는 다르다는 뜻을 포함한다. 예를 들어 내 아들은 골격은 사람이지만(직립을 하고 손가락, 발가락이 다섯 개고, 얼굴 전면에 눈, 코, 입이 붙어 있다.), 얼굴 생김새는 나와 다르다. 하지만 다른 사람들에 비해서는 얼굴 생김새가 나와 비슷하다.

이렇게 전체적으로 같은 생명체들을 모아서 부르는 것을 생물의 '종'이라고 하고, 생물 종들 간의 관계와 차이 등을 연구하는 학문이 분류학이다. 그리고 같은 생물 종 내에서 개체들이 서로 다르게 생긴 것은 19세기에 들어서 과학적으로 연구되기 시작하는데, 유전학이 여기서 비롯됐다.

자녀가 부모를 닮는다는 것은 자녀의 '종'이 부모의 '종'과 같으며, 자녀의 생김새가 같은 종 내의 다른 것들에 비해 부모와 좀 더 유사하다는 두 가지 의미를 내포한다.

자녀가 부모를 닮는 현상을 처음으로 체계적으로 분석한 사람은 오스트리아의 멘델이다. 그는 수도원의 정원에서 완두콩을 연구했는데 초록색 완두콩과 노란색 완두콩을 교배하면 언제나 노란색 완두콩이 나온다는 사실을 알아냈다. 그런데 교배로 만들어진 노란색 완두콩들끼리 교배를 했더니 다음 세대에서는 노란색 완두콩이 75%, 초록색 완두콩이 25%가 나타났다. 이를 통해 멘델은 부모의 속성이 자녀에게 당장 보이지 않더라도 몸속 어딘가에 숨어 있다가 훗날 다음 세대에 나타날 수 있다는 것을 알아냈다.

멘델은 색깔 외에도 다양한 속성을 가진 완두콩들을 교배하고 후손의 수를 세어 가며 계량적으로 실험 분석했다. 그리고 그의 연구 결과 덕분에 동일 '종' 내에서 각 개체의 형질(형태적 특징)이 후손에게 전해지는 행태에 대해 대략적으로 알 수 있게 됐다(그의 연구 저술은 사람들의 관심을 받지 못하고 묻혔으나 훗날 그와 같은 연구를 했던 칼, 에리히, 코렌스가 멘델의 연구를 재발견했다고 발표하면서 멘델은 유전학의 시조가 됐다). 오늘날 우리는 이렇게 후손이 부모의 속성을 닮는 현상을 유전이라고 한다.

그런데 후손이 조상과 달라지는 현상에 주목한 사람이 있었다.

6. 진화: 후손이 조상과 달라진다

영국의 찰스 다윈은 비글호를 타고 세계를 돌아다니면서 다양한 생물을 조사했다. 특히 남미 대륙의 서쪽, 멕시코의 남쪽에 위치한 갈라파고스 제도의 여러 섬에서 면밀히 생물들을 조사했다. 이러한 조사들을 통해 그는 큰 의문을 갖게 된다. 보통 멀리 떨어진 곳에는 약간 비슷하게 생긴 서로 다른 '종'들이 존재하고 거리가 가까워지면 좀 더 비슷하게 생긴 서로 다른 '종'들이 존재하며 섬 간의 거리가 매우 가까운 갈라파고스 제도의 섬들은 같은 '종'이 서로 약간씩 다르게 생겼던 것이다.

과연 이 차이의 원인은 무엇이었을까?

같은 종 내에서도 개체 간에 서로서로 다르게 생기는 차이가 있다. 한편 서로 다른 종과 종 사이에도 미미한 차이가 있지만 생김새가 비슷한 경우가 있다. 그리고 서로 다른 종과 종 간에 좀 큰 차이가 있지만 그래도 그럭저럭 생김새가 비슷한 경우가 있다.

보통 첫 번째 경우는 비교적 짧은 거리에서 두 번째 경우는 좀 먼 거리에서 세 번째 경우는 아주 먼 거리에서 발견된다.

그렇다면 종 내의 차이가 누적되다가 후손이 멀리 이주하면서 부모와 멀어지면 이렇게 벌어진 차이가 다시는 좁혀지지 못하고 언젠가는 후손의 종과 부모의 종이 서로 달라질 수 있는 것일까?

다윈은 이러한 직관적인 설명을 받아들이고, '진화'를 통해 '종'이 분화된다는 이론을 『종의 기원』이란 책에서 주장한다. 그러나 다윈은 중요한 과학적 사실을 알지 못하고 있었다.

멘델의 논문 「식물의 잡종에 관한 연구」는 1866년에 써졌고, 후배들에 의해 1900년이 되어서야 다시 조명받았다. 반면, 다윈의 『종의 기원』은 1859년에 쓰였다. 즉 다윈은 멘델이 발견한 유전 형질의 특징을 알지 못했던 것이다. 바로 유전 형질은 겉으로 보이지 않아도 생명체 안에 숨어있다는 사실 말이다.

7. 유전 형질: 획득 혹은 상실

다윈은 유추를 통해 종들이 환경에 적응하기 위해 새로운 형질을 획득하면 부모와 달라진다고 생각했다. 즉 멘델의 용어를 쓰자면 자녀가 부모와 다른 유전 형질을 획득할 수 있다고 생각했던 것이다. 이렇게 진화를 통해 새로운 유전 형질을 획득하다 보면 어느 순간 부모와는 약간 다른 새로운 '종'이 될 것이다. 이런 진화가 거듭되면 조상과 상당히 다른 새로운 '종'이 되고, 결국에는 완전히 다른 '종'들도 나타나게 될 것이다. 이 모든 설명은 진화를 통해 생명체가 새로운 유전 형질을 획득할 수 있는 경우에 사실로 입증될 수 있다.

멘델은 유전 법칙을 통해 자녀의 유전 형질은 부모로부터 물려받는다는 것을 입증했다. 다윈이 관측한 현상을 멘델의 용어로 해석하면 갈라파고스 제도의 동물들은 각 섬의 환경에 맞춰 부모로부터 유리한 유전 형질을 물려받은 생물들만 살아남게 된 것이다. 그리고 그러한 채로 상당히 여러 세대가 흐르게 되면 각 섬의 새들은 특정 유전 형질을 완전히 잃어버리게 된다(초록색 완두콩만 기르고 노란색 완두콩을 버리면 완두콩의 노란색 유전 형질은 점점 사라지게 될 것이다).

따라서 가까운 지역에서 생물들 간의 형태에 차이가 생기는 것은 그 지역의 '종'이 환경으로 인해 특정 유전 형질을 상실했기 때문이다. 만약 이러한 특정 유전 형질 상실이 좀 더 크게 발생한다면 부모와 후손이 매우 유사한 다른 '종'으로 분리될 수도 있을 것이다. 어쩌면 이 분리는 약간 비슷한 다른 '종'까지도 확대될 수 있을지도 모른다.

8. 순종의 비극: 유전 형질의 상실

사람들은 교배를 통해 매우 순혈인, 즉 특정 유전 형질로 특화된 또는 원하지 않는 유전 형질을 제거한 특수한 강아지나 고양이를 만들어 낸다. 그러나 이 순혈 강아지나 고양이가 다른 일반 강아지나 고양이와 교배하면 바로 원하지 않는 유전 형질이 들어간 잡종 후손이 태어난다. 그런 점에서 갈라파고스 제도 동물들의 차이는 유전 형질의 획득보다는 특정 유전 형질의 상실이라고 보는 것이 자연스럽다. 특정 유전 형질의 유지를 위해 지속적으로 순종 간에 교배되는 이 동물들은 중요한 유전 형질들을 잃어버리면서 다양한 병과 고통에 시달리기도 한다.

한편 몇몇 동물의 경우 '과' 내의 서로 다른 '종'들이 교배될 수 있는 것이 확인됐다. 생물 분류법에 따르면 비슷한 종류의 '종'들을 묶어 '속'으로 분류하고, 비슷한 종류의 '속'들을 묶어 '과'로 분류한다. 즉, 약간 다른 '종'들은 같은 '속'에 속한 것들, 좀 다르지만 그래도 유사한 '종'들은 같은 '과'에 속한 것으로 볼 수 있다.

그런데 같은 '과' 내의 좀 다른 '종'들이 교배가 된다는 것은 어떤 의미일까?

이들은 원래 같은 '종'이었지만 서로서로 상당한 분량의 유전 형질을 잃어버려 서로 간에 차이가 발생했다는 해석에 큰 무리가 있는 것으로 보이지는 않는다.

즉, 유전 형질의 측면에서 다윈의 이론은 자녀가 부모와 완전히 다른 유전 형질을 획득해야 한다는 과제를 던져 준다. 하지만 새로운 유전 형질의 획득 과정은 아직 전혀 입증되지 않았다. 반면, 멘델은 자녀가 부모의 유전 형질을 그대로 물려받는다는 것을 입증했다. 그리고 환경에 따른 유전 형질 상실은 다윈이 의문을 품었던 '종'들 간에 차이가 나타나는 현상을 상당히 쉽고 자연스럽게 설명해 낸다.

유전 형질 덕분에 자녀는 부모를 닮는다. 자녀는 부모와 같은 '종'이고, 같은 '종' 내의 다른 개체에 비해 부모와 비슷하게 생기게 된다. 그리고 환경으로 인해 그 지역의 '종'이 특정 유전 형질을 잃어버리게 되면 다른 지역의 원래 '종'과 유사한 다른 '종'이 될 수도 있는 것이다.

9. 염색체: 유전 형질의 저장소

멘델의 발견으로 인해 유전 형질이 부모로부터 자녀에게 전해진다는 것을 알게 됐다.

그렇다면 이 유전 형질은 대체 어디에 저장되어 부모로부터 자녀에게 전해지는 것일까?

아주 먼 옛날에는 수컷의 생식기에 아주 작은 사람이 들어있다고 생각하기도 했다. 남자는 씨를 뿌리고 여자는 씨를 키우는 밭이라고 했던 표현은 이러한 개념을 반영하고 있다.

19세기에 들어 현미경의 발전으로 생물을 구성하는 가장 작은 단위인 세포가 발견되면서 유전 형질은 세포 내 무엇인가에 저장되어 있을 것으로 추정됐다. 그러나 당시에는 아직 현미경이 세포 속을 자세히 들여다볼 정도로 발달되지는 못했다.

이후 과학자들은 세포핵을 녹여서 염색체(기다란 띠)를 발견했다. 그리고 지속적인 관찰로 수컷의 정자와 암컷의 난자가 하나의 핵으로 합쳐질 때 양쪽에서 각각 같은 수의 염색체가 모여 결합한다는 것을 알게 됐다. 바로 염색체가 유전 형질의 저장소였던 것이다.

하나의 염색체는 두 개가 하나의 쌍으로 존재하므로 아빠에게서 하나, 엄마에게서 다른 하나를 받으면 자녀는 다시 두 개로 이뤄진 한 쌍의 염색체를 갖게 된다. 이것은 한 개체가 서로 다른 유전 형질 두 개를 갖는 것이 가능해지도록 한다. 한쪽의 형질이 더 강하면 그 형질만 드러나고 약한 형질은 숨어 있다가 숨어 있던 형질이 후손에게 전해지면서 다시 나타날 수도 있는 것이다. 쌍으로 존재하는 염색체는 멘델의 유전 법칙을 잘 설명해주는 것이다.

그런데 이 염색체는 대체 어떻게 생긴 것일까?

10. DNA: 이중 나선의 비밀

20세기 초반에 과학자들은 세포핵 내에 DNA라는 것이 있다는 것은 알았지만 그 정확한 형태나 기능은 몰랐다. 초기에는 DNA는 항상 일정한 배열을 갖는다고 생각했었다. 그래서 당시 DNA는 유전 형질의 저장 물질 후보에서 탈락됐다. 생명의 다양한 유전 형질을 설명하기 위해서는 수없이 많은 변화가 가능한 물질이 필요하다. 항상 똑같은 형태라면 다양한 모습을 설명할 수 없으니까. 과학자들은 다양한 모습을 갖는 단백질이 유전 형질을 저장하기에 적합한 물질일 것이라고 생각했다.

1940년대에 이르러 과학자들은 다양한 실험을 통해 드디어 DNA가 유전 형질을 저장하는 물질이라고 생각하게 됐다. 그러나 여전히 DNA가 어떻게 유전 형질을 저장할 수 있는지는 알지 못했다. 과학자들 사이에 이 DNA의 구조를 알기 위한 경쟁이 이뤄졌고, 그 최종 승리자는 바로 왓슨과 크릭이었다. 왓슨과 크릭은 1953년에 「네이쳐」에 DNA의 이중나선 구조를 밝힌 논문을 게재하면서 생물학에 새로운 시대를 열었다.

오늘날 컴퓨터는 모든 정보를 0과 1로 저장한다. 이와 비슷하게, 세포는 A, T, G, C라고 불리는 네 개의 염기(각각 약 10여 개의 원자로 구성된다)로 정보를 저장한다. 컴퓨터가 0과 1만으로 수많은 정보를 저장하고 보여 줄 수 있는 것처럼 세포도 A, T, G, C라는 네 개의 글자만으로 수많은 정보를 저장하고 이를 구현할 수 있었던 것이다.

컴퓨터는 0과 1을 전기적 신호로 하드디스크나 메모리에 저장한다. 하지만 세포는 A, T, G, C라는 물리적인 분자 글자들을 그대로 저장해야 한다. 금속활자 인쇄판처럼 글자 한 조각, 한 조각을 쭉 이어서 저장해야 하는 것이다. 금속활자 인쇄판은 글자 하나하나가 조그마한 정사각형 안에 새겨지고 이것들을 모아 커다란 네모 판에 붙인 것이다. 그런데 네 염기는 서로 모양과 크기가 다르다.

그렇다면 세포는 어떻게 저 A, T, G, C라는 염기를 예쁘게 가지런히 모아서 정리할 수 있을까?

화학적으로 A와 T, G와 C가 연결될 경우, A-T와 G-C는 동일한 길이를 갖게 된다!(왓슨과 크릭은 이 사실을 발견하고 나서 자신들이 생명의 비밀을 풀었다고 확신하게 됐다.)

금속 활자가 동일한 크기의 네모에 글자를 넣는 것처럼 생체 글자도 동일한 크기로 차곡차곡 쌓을 수 있다는 것이다!

게다가 A-T와 G-C 결합은 모두 양 끝이 똑같이 생겼다. 즉 하나의 연결 고리를 마련하면 A-T든 G-C든 아무거나 아무 방향으로도(T-A, C-G처럼) 붙일 수 있다는 뜻이다. 따라서 이제는 이 동일한 길이의 막대 끝을 고정해 줄 기다란 줄만 두 개 있으면 된다.

무슨 모양인지 상상이 되는가?

바로 사다리다. 양 끝에 기다란 두 줄이 있고 두 줄 사이에 일정한 간격으로 A-T 막대와 G-C 막대가 어느 막대든 상관없이, 어느 방향이든 상관없이 쭉 줄이어 꽂혀 있는 것이다.

DNA라는 사다리의 양 끝 지지대를 구성하는 원자들은 그 구조가 약간씩 한쪽으로 틀어지게 되어 있다. 사다리가 길어지면서 이렇게 조금씩 방향을 트는 양 끝 지지대는 꽈배기처럼 지속적으로 꼬아지게 된다.

꽈배기처럼 꼬아진 사다리!

이것이 바로 세포가 물리적인 분자 글자를 세포 내에 저장하는 방식이었던 것이다. 바로 이중 나선의 비밀인 것이다.

11. 생명의 본질: 정보

DNA가 컴퓨터 하드디스크처럼 정보 저장 매체라는 것이 확인되면서 이제 생명의 본질이 하나 추가됐다. 그것은 바로 생명체가 정보를 저장하고 이를 후손에 전해 준다는 것이다. 자녀가 부모를 닮는 것은 부모의 유전 형질을 담은 정보가 자녀에게 전해지기 때문이다. 따라서 이제 생물학적 변화는 모두 유전 정보를 토대로 설명이 돼야 한다. 즉 유전 정보가 변하지 않는 개체의 변화는 절대 후손에게 전해지지 않는 것이다.

　야구 선수 중 투수가 공을 많이 던져서 한쪽 팔이 길어져도 자녀의 팔 길이는 양쪽이 같다. 공을 던지는 것으로는 한쪽 팔이 늘어나더라도 유전 정보 자체는 변하지 않기 때문이다. 마찬가지로 기린이 높은 곳의 나뭇잎을 먹기 위해 목을 높이 뻗다 보니까 목이 길어지고 자녀들도 목이 길어지게 됐다는 설명도 과거 잘못된 이론의 사례로만 사용되게 됐다.

　덕분에 오늘날 유일한 진화의 실현 가능 수단은 유전자 돌연변이만 남게 됐다.

　정보에 대해서 정확히 아는 것은 생명에 대해서 이해할 수 있는 기반을 제공한다. 정보는 어떻게 생성되는가, 정보는 어떻게 저장되는가, 정보는 어떻게 전달되는가, 정보는 어떻게 해석되는가, 정보는 어떻게 활용되는가 …. 이에 대한 이해는 돌연변이가 새로운 유전 정보를 생성해 낼 수 있는가를 우리에게 알려줄 것이다. 그리고 컴퓨터가 발달하면서 학자들은 '정보 이론'에 대해 많은 이해를 하게 됐다. 이제 생물학은 생화학, 유전학을 넘어 정보학까지도 필요한 학문이 된 것이다.

12. 정보 활용을 위한 복잡한 체계

　그런데 생명체는 단순히 정보만으로 구성되는 것은 아니다. 이 정보를 구현하기 위해서는 매우 복잡한 체계가 필요한 것이다.

　통신 이론을 배우면 통신에 여러 요소가 필요하다는 것을 배우게 된다. 말하는 사람, 전달하는 내용, 전달하는 매체, 듣는 사람 등이다. 정보의 취급에 있어서도 역시 다양한 요소가 필요하다. 정보 이론은 보통 정보 자체의 특성에 대해 얘기하지만 지금 우리가 다룰 필요가 있는 것은 바로 정보를 취급하는 과정에서 필요한 것들이다.

책의 예를 들어 보자. 우리는 정보를 얻기 위해 책을 본다. 그렇다면 책이라는 수단을 활용하는 데 있어 필요한 요소들은 무엇일까? 생각나는 대로 적어보면 다음과 같다.

① 종이 ② 잉크 ③ 기록할 언어 ④ 종이를 묶는 본드
⑤ 책을 쓸 사람 ⑥ 책 운송 차량 ⑦ 책을 살 사람, 기타 등등

문제는 이 각각의 요소가 다시 수많은 준비 과정을 거쳐야 한다는 것이다. 종이는 나무를 종이로 만드는 수많은 과정을 필요로 하고 잉크나 본드도 마찬가지다. 게다가 기록할 언어는 세상 수많은 언어 중 하나로 책을 쓰는 사람은 그 언어에 대해 충분히 숙지하고 있어야 한다.

책의 운송을 위해서는 단순히 차량 하나가 필요한 것이 아니라 인쇄소, 창고, 서점의 연결망과 창고 관리 등등 복잡한 과정이 개입한다. 그리고 결정적으로 그 책의 주제에 관심 있는 누군가에게 그런 책이 있다는 사실을 알게 해야 한다. 그래서 베스트셀러는 책의 내용보다 책의 홍보가 결정을 짓는 경우가 종종 발생한다.

13. 복잡한 생체의 생산 체계

과학자들은 DNA가 단백질을 만드는 데 필요한 정보라는 것을 알아냈다. 그러나 DNA만으로는 아무런 단백질도 만들 수 없다. 즉 세포 안에 단백질을 만드는 공장이 필요하고 그 공장은 이 DNA의 정보를 어떤 식으로든 활용해야 하는 것이다.

누군가는 단백질을 만드는 공장에 세포핵에 있는 DNA 정보를 복사해서 전해 줘야 하고 또 누군가는 공장에 단백질을 만드는 데 필요한 재료(원자, 분자)도 공급해 줘야 한다. 즉 유전 정보는 생명체의 더 커다란 전체

작업 체계 내에서 극히 일부에 불과한 것이다. 정보가 없으면 아무 일도 일어나지 않는다. 그러나 정보만 있다고 어떤 일이 일어나는 것도 절대 아니다. 정보가 제대로 활용되기 위해서는 정보 이상으로 엄청나게 복잡한 제대로 작동하는 생산 체계가 갖춰져 있어야 한다.

아주 간단히 DNA의 정보가 활용(단백질 생성)되는 과정을 설명하면 다음과 같다.

첫째, DNA의 한쪽 면만 복사한 RNA가 만들어진다.
둘째, 복사본이 세포핵을 빠져나와 리보솜(단백질 제조 공장)으로 옮겨진다.
셋째, 공장에서 RNA에 순서대로 번역기를 부착한다.
넷째, 번역기의 반대편에는 단백질 재료가 붙는다.
다섯째, 단백질 재료들이 순서대로 연결되면 단백질이 완성된다.

매우 간단한 설명이지만 실제 각각의 단계는 매우 복잡하고 정교하다. 그리고 이렇게 복잡하고 정교한 과정을 실행하는 세포 내의 여러 공장과 기계(즉, 단백질들)도 다시 DNA와 같은 정보를 통해 만들어진다.

또한, 이렇게 복잡하고 정교한 과정을 실행하는 세포들은 자신의 DNA를 복사해서 새로 만들어지는 세포에 전달해 준다. 새로운 세포는 단백질을 만들기 위한 DNA(정보)가 필요하며 DNA가 없다면 아무 단백질도 만들지 못하는 죽은 세포에 불과하다. OS(정보)가 설치되지 않은 핸드폰(물질)은 벽돌에 불과한 것과 마찬가지다. 단백질(생체 기계)의 생산에는 DNA(정보)가 필요하고 DNA(정보)의 생산에는 단백질이 필요하다.

과연 닭이 먼저일까, 달걀이 먼저일까?

그런데 이것보다 더 중요한 문제가 있다.

14. 인체의 신비: 복잡한 체계들의 체계

앞에서 생명체는 유전 정보를 처리하기 위한 복잡한 체계가 완벽하게 작동해야 함을 봤다. 문제는 생명체가 유전 정보의 처리만으로는 생존할 수 없다는 것이다.

사람의 예를 들어 보자. 사람은 에너지를 얻거나, 몸의 낡은 부분을 새로 만들기 위해 음식을 먹어야 한다. 즉 소화 체계가 완벽하게 작동해야 한다. 손이 입까지 먹을 것을 옮겨주는 것은 빼더라도, 이가 음식을 잘게 쪼개도록 턱이 작동해야 하고 침샘은 침을 만들고 혀는 으깨진 음식을 식도로 넘겨줘야 한다. 식도는 위까지 음식을 밀어주고, 위는 위산과 음식을 섞어서 음식물을 녹이고, 소장은 녹은 음식에서 영양분을 흡수하며, 대장은 수분을 흡수한다. 그리고 남은 찌꺼기를 제때 몸 밖으로 버려야 한다.

또한, 사람은 에너지를 얻기 위해 숨을 쉬어야 한다. 몸에 저장된 에너지는 산소를 만나야 에너지로 사용될 수 있기 때문이다. 즉 호흡 체계도 완벽하게 작동해야 한다. 횡경막이 움직여서 폐로 새로운 공기가 들어오고, 몸에서 사용된 공기는 내보낸다. 더러운 공기를 걸러내도록 코털도 필요하고, 코 점막도 있어야 한다. 폐는 얇은 핏줄이 다량으로 근접해서 피 속에 있는 이산화탄소가 잘 빠져나오고, 공기 중의 산소가 피로 잘 들어가도록 구성되어야 한다. 피 속에는 산소와 이산화탄소를 옮길 수 있는 운반 차량(헤모글로빈)이 필요하다. 헤모글로빈은 폐에서는 이산화탄소를 버리고 산소를 차에 실은 다음, 세포에 가서는 산소를 내려주고 이산화탄소를 챙겨 와야 한다.

이렇게 획득한 영양소와 산소를 옮기기 위해서는 순환 체계도 제대로 작동해야 한다. 온 몸을 관통하는 고속도로와 지방 도로(핏줄)가 몸 여기저기에 적절한 두께(8차선-1차선)로 퍼져있어야 한다. 때로 도로(핏줄)가 고장나면(상처로 피가 흐르면) 재빨리 도로를 복구해야 한다(피의 응고 및 새 피부 재생). 영양소와 산소가 언제 어디든 이동할 수 있도록 도로에는 준비

된 차량들이 계속 움직여야 한다. 즉 피가 온몸을 돌게 만드는 심장은 적절한 속도와 강도로 절대 쉬지 않고 뛰어야 한다. 피 속의 낡은 차량은 폐차되고 이를 보충하기 위해 새로운 차량이 계속 만들어져야 한다.

먹고 숨 쉰다고 전부가 아니다. 침대에 누운 채로 몇 년간 먹고 숨쉬기만 한다면 살아도 살았다고 말하기 어려운 상태다. 감각계를 통해 시각, 청각, 후각, 미각, 촉각 등을 느껴야 한다. 신경계를 통해 이런저런 정보들이 정확히 어디서 수집됐는지 파악해야 한다. 그리고 이를 토대로 이런저런 생각과 판단도 해야 한다. 운동계를 통해 우리의 근육을 움직여서 생각과 판단대로 행동할 수도 있어야 한다.

사람은 단순히 세포 내의 정보 체계뿐만 아니라 이런 모든 체계를 완벽하게 갖춰야만 제대로 생존할 수 있다. 그럴 때만 세포 내의 정보 체계가 활동할 수 있게 되는 것이다. 그리고 이런 모든 체계는 또다시 정보 체계에 의해서 형성되고 작동한다. 정보 체계는 단순히 자기 자신의 정보 체계뿐만 아니라 정말 막대한 체계들에 대한 정보를 다 포함하고 있어야만 하는 것이다(이런 막대한 정보가 DNA에만 전부 다 저장되는 것은 아니다).

15. 생명은 생명으로부터 나온다

유전 정보는 부모로부터 후손에게 전해진다. 그리고 이 유전 정보는 단순히 얼굴이 좀 다르고 피부색이 좀 다른 것을 보여 주는 것이 아니라, 대부분은 생존을 위한 막대한 체계들의 정보를 포함한다. 즉 유전 정보가 있다는 것은 생존법을 알고 있다는 것을 의미한다. 그리고 이것은 왜 생명이 생명으로부터만 나오는지에 대한 단서를 제공한다. 생존을 위한 다수의 체계를 구성할 수 있는 노하우 전수 없이는 그 어떤 것도 이 자연에서 생존할 수 없기 때문이다.

생명체들의 생존이란, 자기 자신(의 모습)을 끝없이(세대를 이어가면서라도) 유지하는 것이다. 죽은 생명체는 바로 분해되어 자기 모습을 잃어 간다. 오직 살아있는 생명체만이 자연을 거스르면서 자신의 모습을 유지한다. 달걀-병아리-닭, 알-애벌레-고치-성충같은 겉모습의 변화는 있을 수 있지만 완전히 성장한 닭의 모습과 메뚜기의 모습은 세대를 이어가며 지속된다(때로 유전 형질을 잃어버리면서 모습이 약간씩 달라질 수 있지만, 그러나 우리는 그것이 여전히 닭이고 메뚜기임을 알아볼 수 있다).

심지어 세포 하나도 그 자체가 하나의 중소 도시 이상으로 복잡한데 이렇게 복잡한 생존을 위한 체계(노하우) 없이는 단 한 순간도 생존할 수 없다. 세포 하나짜리 생물도 분열을 통해 개체를 늘릴 때는 언제나 유전 정보를 복사해서 나눠 갖는다. 그래야 새로운 세포가 세포 내의 여러 기관을 생성, 유지, 보수할 수 있기 때문이다. 생존을 위해서 말이다.

생명체는 자연을 거슬러 생존을 위해 필요한 것이 너무 많기 때문에(복잡한 체계), 오직 생존의 노하우(유전 정보)를 전해 주는 부모를 통해서만 생명체로 탄생할 수 있다. 사람은 자신의 경험을 정리하여 노하우를 만들고 이를 후대에 전해 주지만 이는 사회적인 삶의 방법일 뿐 육체적 생존과는 또 다른 얘기다. 지구상의 그 어떤 생명체도 이 생존의 노하우(유전 정보)를 새로 만들어 내는 방법은 전혀 없다. 생명체는 생존의 노하우를 받은 그대로 후대에 전해줄 뿐이다. 다만 이 전달 과정에서 노하우 손실(유전 정보 상실)이 발생하거나, (진화론자들의 주장에 따르면) 노하우 획득(유전 정보 생성)이 발생할 가능성이 있을 뿐이다.

우리는 생명의 속성이 유전 정보와 복잡한 체계들이라는 두 요소라는 것을 살펴봤다. 따라서 생명의 기원을 알기 위해서는 크게 두 가지 요소를 정확히 살펴봐야 한다. 하나는 '체계가 얼마나, 어떻게 복잡한가?'(그래서 저절로 생성될 수 있는가 아닌가), 다른 하나는 '정보가 얼마나, 어떻게 복잡한가?'(그래서 저절로 생성될 수 있는가 아닌가)이다.

참고 문헌

임번삼. "자연 발생설", 한국창조과학회, http://www.creation.or.kr/library/itemview.asp?no=641.
- 제3부 제1장 중 그리스 철학자들의 자연 발생설은 한국창조과학회의 해당 글을 참고해 작성됐다.

"Spontaneous generaton", 위키피디아, https://en.wikipedia.org/wiki/Spontaneous_generation.
- 제3부 제1장 중 자연 발생설 검증 실험은 위키피디아의 해당 글과 앞에서 언급한 한국창조과학회의 '자연 발생설'을 참고하여 작성됐다.

스티븐 C. 마이어. 『세포 속의 시그니처』(Signature in the cell), 이재신 외 역. 서울: 겨울나무, 2009/2014.
- 왓슨과 크릭이 DNA 구조의 퍼즐을 풀어 낸 흥미진진한 과정은 이 책의 제3장 '이중 나선'을 참고하시기 바란다. DNA와 관련된 내용은 이 책의 다른 부분들을 참고해 작성됐다.

찰스 다윈. 『종의 기원』(The Origin of Species), 송철용 역. 서울: 동서문화사, 1859/2016.
- 인류의 사상계를 바꾸어 놓은 찰스 다윈의 역작이다. 다윈이 이 책을 저술할 당시에는 멘델의 유전 법칙도, DNA의 구조도 전혀 알려져 있지 않았다. 당대의 지식 수준을 고려한다면 그의 적극적인 추리는 상당히 흥미진진한 것이다.
다윈의 이론은 실험이 아닌 관찰과 추론을 통한 이론으로 귀추적 추론에 있어서 근거나 논리가 상당히 부족했지만 신을 배제하려는 당대 지성계의 적극적인 지지를 받으면서 오늘날까지 주류 이론으로 자리잡게 됐다.
아리스토텔레스는 당대에 위대한 철학자이자 과학자였지만 그의 과학적 업적은 과학 혁명 이후 재평가를 받을 수밖에 없었다. 다윈은 과학혁명 이후에 태어났음에도 불구하고 생명과학계의 과학 혁명인 유전학과 분자 생물학이 그의 사후에 나왔다는 시대적 한계가 있다. 그러나 아직 그의 학문적 성취는 재평가를 받지 않고 있는데 이는 갈릴레오나 코페르니쿠스 이후에도 천동설이 사라지기까지 상당한 시간이 흐른 것과 유사한 상황이라 볼 수 있다.

제2장

생명체의 구조는 얼마나 복잡할까?

• 요약

1. 환원 불가능한 복잡성

생명의 중요한 속성은 복잡한 체계와 유전 정보다.

복잡한 체계를 설명하기 위해, 마이클 베히는 서로 아귀가 잘 맞는 모든 부품이 빠짐없이 동시에 모여서 연결돼야만 기능이 제대로 작동한다는 '환원 불가능한 복잡성'이란 개념을 제시했다. 생명의 환원 불가능한 복잡성이 저절로 생겨날 수 있음을 입증하기 위해서 진화론자는 '이렇게 만들어진 이런 부품과 저렇게 만들어진 저런 부품이, 이러저러한 이유로 한 자리에 잘 모인 다음, 이런 방식으로 제대로 결합하면 이러한 특정 기능을 가진 체계가 만들어진다'를 실험을 통해 입증할 의무가 있다.

그러나 오늘날 진화론은 그저 단순히 'A, B, C 부품이 모여서 D라는 기능이 생겨났을 것이다'라고 상상하는 수준에 불과해 제대로 된 이론이라고 말할 수 없다.

반면, 우리는 지적인 존재(즉, 사람)가 원하는 대로 부품들을 설계하고 그대로 준비한 뒤 잘 조립해서 특정 기능을 수행하는 기계를 만드는 경우를 매우 많이 알고 있다. 즉 환원 불가능한 복잡성의 기원이 '지적 존재'의 '지적 설계'라는 것은 매우 현실적인 설명이다.

2. 우연으로 생성 불가능한 복잡한 사례들

생명체는 생존을 위해 매우 다양한 기능을 가지고 있다. 이 각각의 기능은 대부분 '환원 불가능한 복잡성'을 가진 체계에 의존한다. 이 복잡한 체계는 생명체의 생존을 위해 생명의 시작부터 온전히 존재해야 한다. 생명체를 유지시키는 생체 에너지를 만드는 과정, 세포 내에서 각종 물건을 운반하는 과정, 세포 및 생명체가 운동하는 과정 그리고 생명체의 생명을 유지시켜 주는 혈액 순환 과정 등 생명체는 그 존재 자체가 '환원 불가능한 복잡성'으로 이뤄진다.

3. 진화 혹은 설계

이러한 생명체의 환원 불가능한 복잡성을 설명하기 위해 진화론은 두 가지, 지적 설계론은 한 가지 이론을 제시한다. 다윈은 유전 법칙이나 유전자/생체 기계등 세포의 복잡함을 모르는 상태에서 이러한 변화가 '점진적인 단계'를 거쳐 발생한다는 진화론을 주장했다. 그러나 환원 불가능한 복잡성은 모든 것이 동시에 제 위치에 발생해야 하기 때문에 '점진적인 진화' 이론은 실현 불가능하다. 이러한 문제를 해결하기 위해 굴드는 '급격한 진화'가 발생하면서 생명체에 새로운 기능이 생겨난다고 주장했다. 하지만 급격한 진화가 내세우는 유일한 진화 방식인 돌연변이로는 환원 불가능한 복잡성을 가진 기능이 생겨날 가능성이 실질적으로 0이다.

반면, '환원 불가능한 복잡성'은 지적인 존재가 오늘날까지 수없이 많이 만들어 냈으며 오직 지적인 존재만이 만들어 낼 수 있다. 진화론자들은 누구도 '환원 불가능한 복잡성'이 만들어지는 다른 과정을 찾아내거나 증명하지 못했다. 현재까지 '환원 불가능한 복잡성'을 가진 생명체의 기원에 대한 최선의 설명은 지적인 존재가 설계했다는 '지적 설계'다.

1. 분자 생물학의 발달

생명의 중요한 속성은 복잡한 체계와 유전 정보다.

이 중 복잡한 체계에 대해 분석 가능한 형태의 개념을 처음으로 제시한 사람은 미국의 분자 생물학자 마이클 베히다.

그는 1996년 『다윈의 블랙박스』(*Darwin's black box*)라는 책을 썼는데 이 책에서는 진화론이 한참 맹위를 떨치던 20세기 초중반까지는 생화학이란 분야가 없었지만 이후 과학이 발전하면서 생화학/분자 생물학의 등장으로 드디어 생명의 활동을 거의 대부분 이해하는 데 성공했다고 말하고 있다.

그는 생화학/분자 생물학의 발전이 생명체가 대략 자연 발생할 수 있을 거라는 순진한 진화론자들의 믿음보다 상상 이상으로 엄청나게 복잡한 체계를 가지고 활동하고 있다는 사례들을 보여줬으며, 이러한 복잡성에 대해서 이해할 필요가 있다고 말한다. 진화론자들은 자신들이 입증해야 하는 과학적 과정들을 속을 알 수 없는 상자(블랙박스)에 몰아넣고 어떻게든 우연이 모든 것을 해결했을 것이라고 말하고 있다는 것이다.

> 사람들을 설득하는 열쇠는 세포를 "간단하다"라고 묘사하는 것이다 ... 그래서 헤켈이 보기에 ... 그런 간단한 생명은 무생물 물질로부터 쉽게 생겨날 수 있을 것 같았다. 물론 우리는 지금 더 정확하게 알고 있다(마이클 베히, 『다윈의 블랙박스』, 46쪽).

2. 환원 불가능한 복잡성

마이클 베히는 복잡한 체계를 이해하기 위해 그의 책에서 '환원 불가능한 복잡성'이란 개념을 제시하면서 생명체의 복잡성이 갖는 특징들을 제시했다.

'환원 불가능하다'로 번역된 영어 단어 'irreducible'의 의미는 줄일 수 없다는 것이다. 환원은 원래대로 돌아간다는 뜻이므로, 환원 불가능을 해석하자면 부품을 줄이면 원래대로 기능하지 못한다는 뜻이다. 예를 들면 일반적인 데스크톱 컴퓨터를 작동시키기 위해서는 입력 장치인 키보드와 마우스가 필요하다. 그런데 이 둘 중 하나를 빼 버리면 컴퓨터가 제대로 작동하지 못하게 된다(물론 키보드와 마우스의 기능 중에 서로를 대체하는 기능도 있기는 하다).

따라서 컴퓨터를 사면서 키보드나 마우스는 뺄 수가 없다. 키보드나 마우스는 컴퓨터에서 제거 불가능한, 혹은 '환원 불가능한 요소'인 것이다. 키보드는 문자 입력, 마우스는 동작 입력 기능을 갖고 있으며 컴퓨터에 이를 대체하는 다른 부품은 없기 때문이다.

마이클 베히에 따르면 환원 불가능한 복잡성의 의미는 다음과 같다.

> 어떤 단일 체계가 기본 기능에 관여하는 서로 잘 들어맞고 상호 작용하는 몇 부분으로 이루어져 있어서, 그 중 한 부분을 제거하면 사실상 그 체계가 정지할 때, 이 체계는 환원 불가능한 복잡성을 갖는다.

이 환원 불가능한 복잡성을 가진 체계의 특징은 모든 부분이 동시에 존재해야만 의미가 있다는 것이다. 단 하나의 부분이라도 누락되면 나머지 전체가 작동하지 않기 때문이다. 작동하지 않는 기계는 고장난 기계이고 그저 쓰레기에 불과할 뿐이다. 따라서 이러한 체계나 구조가 생명체 내에 있다는 것은 이런 구조의 모든 부분이 단 한 번에 생명체 내에 동시에 다 생겨야 한다는 뜻이다. 이 체계의 일부분만 먼저 생겨서는 아무런 의미도 가치도 없는 쓰레기만 생명체 내에 존재하게 되는 것이다.

3. 환원 불가능한 복잡성의 확인 1단계

환원 불가능한 복잡성의 개념은 대략적으로 이해가 되지만 실제 어떤 체계가 환원 불가능한 복잡성을 가졌는지는 쉽게 정의하거나 파악할 수 없다. 그래서 마이클 베히는 환원 불가능한 복잡성이 가지는 특징들을 제시했다. 이러한 특징들이 있는지 없는지에 따라서 환원 불가능한 복잡성이 있는지를 판단할 수 있을 것이다. 환원 불가능한 복잡성을 설명하기 위해서 마이클 베히가 제시한 쥐덫 사례를 옮겨와 보자. 이를 확인하는 단계는 뎀스키와 웰스의 설명을 참고했다.

환원 불가능한 복잡성을 확인하기 위한 첫 번째 단계는 이 체계의 기능과 모든 구성 요소를 규정하는 것이다.

쥐덫의 기능은 '쥐를 꼼짝 못하게 붙잡는 것'이다.

이 기능을 수행하기 위해 최소 다섯 가지의 부품(구성 요소)이 필요하다.

① 모든 부품을 고정해 주는 나무 받침대
② 쥐를 때려잡는 ㄷ자 모양 금속 망치(치즈를 둘러싼 ㄷ자 모양의 쇠 막대)
③ ㄷ자 모양 금속 망치가 튕겨 나갈 수 있도록 당겨 주는 스프링
④ 쥐가 건드리면 바로 풀려 버리는 걸쇠
⑤ ㄷ자 모양 금속 망치를 당긴 상태로 유지해 주는 걸쇠에 거는 금속 막대

4. 환원 불가능한 복잡성의 확인 2단계

환원 불가능한 복잡성을 확인하기 위한 두 번째 단계는 기능을 수행하는 데 구성 요소가 정말로 모두 필요한지 확인하는 것이다.

첫째, 만약 나무 받침대가 없다면, 모든 부품은 따로 놀아서 제대로 작동하지 않을 것이다.
둘째, ㄷ자 모양 금속 망치가 없다면 쥐를 잡아 둘 수 없다.
셋째, 스프링이 없으면 ㄷ자 모양 금속 망치가 쥐를 꽉 잡아 주지 못해서 쥐가 바로 도망칠 수 있다.
넷째, 걸쇠가 없으면 쥐덫은 쥐가 아니라 설치하는 사람의 손을 때릴 것이다.
다섯째, 금속 막대가 없으면 사람이 쥐가 올 때까지 ㄷ자 모양 금속 망치를 당기고 있어야 한다.

(실제로는 이런 부품들을 나무 받침대에 고정하기 위한 부품도 필요하다.) 즉 쥐를 잡기 위해서는 위의 다섯 요소가 정말로 모두 필요하다.

5. 환원 불가능한 복잡성의 확인 3단계

환원 불가능한 복잡성을 확인하기 위한 세 번째 단계는 좀 더 단순한 부품으로 좀 더 단순한 기능을 만들 수 있는지 확인하는 것이다(이것은 마이클 베히의 설명을 학자들이 좀 더 발전시키면서 제시한 단계다).
스프링 대신 고무줄로 ㄷ자 모양 금속 망치를 당겨 보자.

첫째, 고무줄은 길게 늘렸다가 놓으면 원래 길이로 돌아오는 특성이 있다. 고무줄이 금속 망치를 받침대와 강력한 힘으로 맞닿도록 하려면 금속 망치가 뒤로 당겨지기 전 상태에서도 이미 고무줄이 상당히 팽팽하게 늘어나 있어야 한다. 이 상태에서 치즈를 놓고 금속 망치를 뒤로 당기려면 더 팽팽해진 고무줄이 끊어질 가능성이 매우 높아 보인다. 게다가 고무줄이 금속 망치를 당기기 전부터 팽팽하다는 것은 이를 길게 잡아당기기 위해 나무판의 구조가 좀 더 복잡해져야 한다는 것을 의미한다.

둘째, 고무줄로 금속 망치를 당기기 위해서는 금속 망치의 중심부에 고무줄이 연결돼야 한다. 이 경우 쥐를 잡는데 고무줄이 방해를 하게 된다. 아니면 금속 망치의 양 끝 쪽에 두 개의 고무줄이 똑같이 연결되어도 될 것이다. 그러나 이 경우에는 같은 고무줄 두 개가 서로 정반대의 위치에 똑같이 연결돼야 하므로 스프링보다 더 복잡한 형태를 갖는다고 할 수 있을 것이다.

즉 고무줄 자체는 스프링보다 단순하지만 고무줄로는 스프링보다 단순한 구조로 금속 망치가 움직이게 만들 수 없다.

이처럼 어떤 기능을 수행하기 위한 부품들이 있는데 기능이 제대로 수행되기 위해서는 이 부품들이 하나도 빠짐없이 필요하고 어떤 부품도 더 간단한 부품으로 대체될 수 없다면 그것은 환원 불가능한 복잡성을 지닌 체계라고 볼 수 있다. 쉽게 말해 '이거 외엔 방법이 없다' 라는 것이다.

6. 환원 불가능한 복잡성의 의미

환원 불가능한 복잡성의 핵심 의미 중 하나는 모든 필요한 부품을 함께 모으는 것이다.

특정 기능을 수행하는 방법 자체는 여러 가지가 있을 수 있다. 그러나 그중 어떤 방법을 쓰기로 했다면 그 방법을 위해 필요한 해당 부품들을 다 준비하는 것 외에는 답이 없다.

환원 불가능한 복잡성의 또 다른 핵심 의미는 이 모든 부품이 서로 아귀가 맞아야 한다는 것이다.

쥐덫을 만들 때 처음에 제시한 다섯 부품이 있다는 것만으로 쥐덫이 제대로 작동하는 것은 아니다. 이 다섯 부품은 서로 맞물릴 수 있도록 크기가 조정돼야 한다. 나무 받침대는 스프링으로 강력하게 금속 망치가 내려칠 때 부서지지 않을 정도로 튼튼해야 하고 스프링은 쥐를 잡을 정도로 강력하되 사람이 뒤로 당길 수 있을 정도로는 약해야 한다. 즉 모든 부품은 서로 조화를 이뤄야만 최소한의 기능을 발휘할 수 있다.

모든 부품이 아귀가 잘 맞아서 이 체계가 최소한의 기능을 발휘할 수 있음을 입증해야만 그것이 환원 불가능한 복잡성을 가진 체계에 필요한 부품들이 맞다고 말할 수 있다. 이것은 우리가 공사장에서 "볼트 하나가 필요해"라고 말하는 대신 "지름 5mm, 길이 15mm 짜리 볼트가 필요해"라는 식으로 말해야 한다는 것이다.

환원 불가능한 복잡성의 마지막 핵심 의미는 모든 부품이 아귀가 맞게 위치하려면 순서대로 차례차례 조립돼야 한다는 것이다.

복잡한 레고나 프라모델을 조립할 때에 순서도에 따라 잘 조립해야 하듯이 여러 부품이 딱 맞물려 돌아가는 체계는 부품들이 순서대로 조립될 필요가 있다. 만약 아무렇게나 대충 끼워서 연결하면 부품이 부서지거나 중요한 부분이 맞물리지 않아 기능이 제대로 작동하지 않게 되는 것이다.

결론적으로, 환원 불가능한 복잡성을 가진 체계는 다음과 같다.

첫째, 모든 필요한 부품이 모여있다.
둘째, 그 부품들이 서로 잘 연결될 수 있다.
셋째, 실제 순서대로 잘 맞물려 조립된다.

마지막으로 그 체계는 특정한 최소한의 기능을 성공적으로 수행해 내야 한다.

7. 환원 불가능한 복잡성의 기원 탐색

　환원 불가능한 복잡성을 가진 체계가 자연 발생할 수 있는지를 보이기 위해서는 특정 기능을 수행하기 위한 부품들의 목록들을 제시하고 그 부품들이 자연 발생적으로 생성될 수 있으며 그렇게 자연 발생한 부품들이 순서대로 서로 잘 맞물려서 원하는 특정 기능이 수행된다는 것을 입증해야 한다. 단순히 'A, B, C 부품이 모여서 D라는 기능이 생겨났을 것이다'라고 말하는 것은 전혀 과학적이지 않다는 뜻이다.
　생명의 기원을 설명하는 사람은 '이렇게 만들어진 이런 부품과 저렇게 만들어진 저런 부품이 이러저러한 이유로 한 자리에 잘 모인 다음, 이런 방식으로 제대로 결합하면 이러한 특정 기능을 가진 체계가 만들어진다'를 입증할 의무가 있다. 그리고 현재까지 이러한 시도에 성공한 유물론자, 진화론자는 없다.
　반면, 우리는 원하는 의도에 맞춰 부품들이 설계되고, 그대로 준비되어서 잘 짜 맞춰져 특정 기능을 수행하는 체계가 만들어지는 경우를 매우 많이 알고 있다. 바로 인간이 만드는 수많은 물건이다. 사람들이 만드는 물건의 특징은 바로 그것을 기능대로 설계하는 '지적 존재'인 인간이 배후에 있다는 것이다.
　'이런 부품과 저런 부품이 이런 방식으로 제대로 결합하여 이런 기능을 갖도록 누군가가 의도적으로 만들었다'라고 생각하면 환원 불가능한 복잡성의 기원이 '지적 설계'가 되는 것이고, '우연히 만들어진 이런 부품과 우연히 만들어진 저런 부품이 우연히 이렇게 결합해 우연히 이런 기능을 갖게 되었다'라고 생각하면 환원 불가능한 복잡성의 기원이 '자연 발생 및 진화'가 되는 것이다.

8. 다윈의 블랙박스

그렇다면 과연 생명체 내에는 '환원 불가능한 복잡성'이 존재할까? 그것들은 얼마나 복잡할까?

우리는 생명체의 기원을 확인하기 위해 실제 생명체 내에 존재하는 환원 불가능한 복잡성을 가진 체계가 대체 얼마나 많은 구성 요소로 얼마나 치밀하고 정교하며 복잡하게 맞물려 있는지 파악할 필요가 있다.

다윈처럼 정밀한 현미경도 없고 유전에 대해서도 모르며 오늘날처럼 극도로 발달한 분자 생물학을 상상도 할 수 없던 시절의 사람들이 '블랙박스'라고 제쳐 놓고 쉽게 생각했던 기능(유전 형질)의 획득이 실제로는 얼마나 어려운지 체감하기 위해서 말이다. 마이클 베히가 말했듯이, 간단해 보일수록 저절로 생겼다고 생각하기 쉬운 법이다.

철학자/과학자들은 생명체를 일종의 기계로 생각하고 있었다. 이것은 유물론의 토대가 되었다. 그런데 실제로, 현대 생화학은 세포가 분자 기계에 의해 작동한다는 것을 알게 됐다. 이 세포 기계들은 대부분 단백질로 만들어진다. 따라서 생명체 내의 구조를 살펴본다는 것은 이러한 분자 기계들의 구조와 활동 방식에 대해 살펴본다는 의미가 된다. 또한, 분자 생물학은 생명체의 구조에서 부품을 하나하나 제거하고 넣는 방식으로 어떤 부품이 어떤 기능 전체에서 언제쯤 작동하는지를 파악하는 데 성공했다. 이제부터 분자 생물학자 마이클 베히가 파악한 생체 기계들의 복잡성을 확인해 보자.

9. 생체 현상의 기본 재료 생성

세포 내에서 작동하는 거대한 분자는 단백질 또는 핵산인데 이 둘은 모두 구성 요소가 일렬로 줄지어 연결된 것이다. 핵산 중 하나인 DNA는 A, C, G, T 같은 기본 요소로 구성된다. 이 중 A가 핵산에 연결되지 않고 따로 존재하면 여러 형태로 존재하게 되는데 그 형태 중 하나를 AMP라고 한다. 이 AMP는 DNA, RNA의 재료로도 쓰이고 생명체의 에너지인 ATP로 변형되는 등 매우 유용하게 쓰이는 필수 재료다. AMP는 33개의 원자로 구성되는데, 탄소, 수소, 산소, 질소, 인의 다섯 원소가 사용된다.

AMP가 생명체 내에서 합성될 때는 모두 13단계가 소요되고 이 과정에 특정 효소 하나만 두 번 쓰이면서 모두 12가지 다른 효소가 관여한다. 이 엄청나게 복잡한 13단계는 오직 하나의 분자, AMP를 만들기 위해 작동한다. 원재료부터 13단계를 거치면서 각 단계가 끝날 때마다, A(0) – B(1) – C(2) – D(3) – ⋯ – K(10) – L(11) – M(12) – AMP(13)의 서로 다른 분자가 나타난다. 중요한 점은 A와 AMP 말고 B부터 M까지는 생명체 내에서 전혀 쓰이지 않는 분자라는 것이다. 세포 내에 B-M 분자는 전혀 존재하지 않는다. 왜냐하면, 생성되자마자 다음 단계로 변하면서 사라지고 이 과정 외에 다른 방법으로는 생성되지 않기 때문이다.

AMP 생성에 다른 방법이 쓰일 수도 있겠지만, 우리가 아는 생명체 내에서 AMP를 생성하는 유일한 방법은 바로 이 13단계뿐이다. 그리고 이 13단계는 중간에 한 단계라도 건너뛰어서는 다음 단계로 진행할 수 없다. 즉 A-M 그리고 12가지 효소는 모두 AMP 생성을 위한 '환원 불가능한 요소'며 AMP 생성 과정은 '환원 불가능한 복잡성'을 가진 체계다.

지구상의 모든 생명체(의 세포)는 생존을 위해 AMP가 반드시 필요하다. 그런데 AMP를 만들기 위해서는 반드시 13단계의 생성 과정이 제대로 작동해야 한다. 이 AMP 생성 단계의 중간 요소는 생명체 내에 존재하지 않기 때문에 AMP를 만드는 13단계는 생명체가 시작되는 순간부터 생명체 내에 존재해야 한다. 그렇지 않다면 생명체 자체가 존재할 수 없기 때문이다.

10. 세포의 생존을 위한 세포 내 운송

도시에서 매일 엄청난 양의 쓰레기가 나오듯이 세포 내에서도 많은 양의 쓰레기가 쏟아져 나온다. 도시처럼 세포는 우선 이 쓰레기들을 한곳에 모으고 쓰레기 처리 기계가 쓰레기 처리장에 와서 쓰레기를 정리한다. 이 과정은 다음과 같다.

우선 세포핵은 쓰레기 처리 단백질의 설계도를 복사한다. 이 설계도는 단백질 생산 공장으로 옮겨지기 위해 세포핵에서 빠져 나와야 한다. 세포핵을 둘러싼 벽에는 '관문'이 있는데, 복사된 설계도에 붙은 '수송 신호'를 '인식'해 관문을 열어 준다.

세포핵 밖으로 나온 설계도는 곧 단백질 생산 기계인 '리보솜'을 만나게 된다. 단백질은 수많은 원자가 모여 만들어지는 거대 분자기 때문에 고작 생산 기계 하나가 이 모든 부품 재고를 들고 다닐 수는 없다. 그래서 생산 기계는 아주 약간의 부품만을 들고 다니다가 세포핵에서 설계도가 나오면 바로 달라붙어서 단백질의 첫 부분을 만들고 '이름표'를 붙인다.

그러면 세포 내의 '운송 단백질'이 이 이름표를 보고 생산 기계와 단백질의 첫 부분을 함께 단백질 생산 공장인 '소포체'로 옮겨 준다. 공장에 도착한 단백질 생산 기계는 필요한 부품을 계속 공급 받으면서 단백질의 나머지 부분을 차례차례 연결해 쓰레기 처리 단백질을 완성시킨다.

완성된 쓰레기 처리 단백질은 공장 안에 위치하고, 이제 공장에서는 이 쓰레기 처리 단백질을 '화물차'에 실어서 쓰레기 집하장인 '리소좀'으로 배달한다. 물건을 제대로 보내고 받기 위해서는 '이름표 혹은 수송 신호', '이름을 인식하는 스캐너', '원하는 물건일 경우 열리는 관문'이 필요하다. 물건을 정확히 전달하기 위해서는 화물차가 위의 요소를 파악한 뒤 물건을 실어야 하고 받는 곳에서는 자신에게 온 것으로 확인된 화물차만 받아들여야 한다. 두 배로 복잡해지는 것이다.

운송 과정에 필요한 요소들이 없이는 제대로 제조된 화물이 제대로 된 목적지에 도착할 수 없다. 따라서 세포 내 운송 과정은 '환원 불가능한 복잡성'을 가진 체계다.

모든 세포는 도시처럼 각 부분 간에 수많은 물질을 주고받는다. 이 과정에서 복잡한 운송 과정이 필요하다. 만약 운송 체계가 엉망이 된다면, 세포의 각 부분은 필요한 물건을 받지 못해 기능이 멈추고 세포는 죽게 될 것이다. 따라서 이 운송 체계는 생명이 시작될 때 처음부터 제대로 존재해야 한다.

11. 생명의 유지를 위한 운동계

어떤 세포는 섬모를 이용해서 이동하고, 박테리아는 편모를 이용해서 이동한다. 이런 세포 단위의 생명체들은 기어다니기보다는 액체 위를 떠다니므로, 섬모와 편모는 수영을 하는 도구라고 볼 수 있다. 마이클 베히는 수영이라는 기능을 위한 최소한의 구성 요소(환원 불가능한 요소)로 앞으로 가도록 젓는 '노'와 이 노를 작동하기 위한 '동력원'(모터), 이 둘을 연결해 주는 '연결부'를 꼽았다.

섬모는 대략 200종류가 넘는 단백질을 포함한다. 그리고 이 단백질들은 엄청나게 복잡한 형태로 연결되어 다음처럼 움직인다.

① 생명체의 에너지원 ATP가 공급된다.
② 디네인이라는 '모터'가 섬모의 이쪽 벽과 저쪽 벽이 서로 반대 방향으로 움직이도록 만들어진다.
③ 넥신이라는 '연결부'가 섬모의 양쪽 벽들을 꽉 붙들어서 양쪽 벽이 흩어지는 대신 섬모 전체가 이리저리 휘어지게 된다.
④ 이를 통해 섬모라는 '노'는 이쪽저쪽으로 휘면서 움직여 세포가 수영을 할 수 있게 해 준다.

편모는 대략 40종류의 단백질로 구성된다. 그리고 이 편모는 '환원 불가능한 복잡성'을 보여 주는 '분자 기계'의 대표로 많이 사용되는 예시가 됐다.

① 편모의 '노'는 하나의 단백질로 헬리콥터의 프로펠러 중 한쪽만 있는 형태다.
② 이것은 '연결 고리'를 통해 모터와 연결되어 빙글빙글 돌게 된다.
③ 그리고 편모의 '모터'는 말 그대로 빙글빙글 도는 회전 운동을 한다.

동물은 끊임없이 이동한다. 이동의 목적은 위험한 환경을 피하는 것이거나, 먹이가 풍부한 환경을 찾는 것이거나, 짝을 찾는 것일 수도 있다. 이동은 동물의 생존과 번식을 위해 필수적인 기능이다. 그런데 생명체 중 가장 작은 세포 수준의 생명체도 원하는 곳으로 이동하기 위해서는 수많은 단백질 부품이 복잡하게 맞물려 작동하는 정교한 분자 기계가 필요하다.

12. 복잡한 생명체의 생존을 위한 순환계

동물들은 피를 가지고 있다. 이 피는 영양분과 공기(산소)를 생명체 온몸의 곳곳으로 운반해 준다. 큰 상처로 인해 피가 몸에서 많이 빠져나가면 영양분과 공기가 세포들에 공급되지 못하고 결국 생명체는 죽게 된다. 이런 상황을 방지하기 위해 피는 상처가 났을 경우 전부 다 쏟아지고 마는 다른 액체와 달리 스스로 혈관에 난 구멍을 메워 버리는 기능을 보유하고 있다. 혈관에 구멍이 생기면 과다 출혈로 죽지 않기 위해 혈액이 재빠르게 굳어져야 한다.

그런데 혈액이 구멍이 아닌 다른 곳에서 굳어버리면 혈액 순환이 막혀 심장마비로 죽게 된다. 즉 혈액은 정확히 상처 부위에서만 굳어야 하며, 구멍을 다 메울 정도로 충분히 크게 굳어야 하지만, 상처 부위가 아닌 곳에서는 굳으면 안 된다. 이 모든 혈액 응고(피[혈액]가 뭉쳐서 응집 되어 굳어져 고체가 되는 현상) 과정은 누가 지시하거나 조종하는 것이 아니다. 단지 상황의 변화에 맞춰 모든 것이 자동으로 조절된다.

혈액 응고에는 대략 20개 정도의 단백질이 관여하는데 상처로 인해 혈관의 환경이 바뀌면 특정 단백질이 약간 변형되고 이 변형은 순차적으로 다른 단백질들을 변형시키면서 최종적으로 딱지가 형성된다. 그런데 이 변형 단계는 단지 한 방향으로만 쭉 진행되는 것이 아니라 조건에 따라 여러 갈래로 나뉘고 순환하는 형태로 구성돼서 피가 정확히 제때 제 장소에서만 굳어지도록 진행된다.

만약 이 복잡한 진행 과정에서 단 하나만 잘 못 되어도 피가 굳지 않는 혈우병에 걸리거나(작은 상처에도 목숨이 위험해진다), 아예 피가 굳어 버려서 생명체가 생존할 수 없게 된다.

동물의 생존은 피가 공급해 주는 영양분과 산소로 가능하다. 이 피는 혈관을 통해 이동하며, 상처로 인해 혈관에 구멍이 날 경우, 피가 쏟아지지 않도록 굳어 버리는 '환원 불가능한 복잡성' 자동 조절 체계를 갖추고 있다. 피가 알아서 필요한 곳에서만 굳는 기능은 언제든 상처를 입고 피를 흘릴 수 있는 동물의 생존에 필수적이다.

13. 환원 불가능한 복잡성의 기원

생명체는 생존을 위해 매우 다양한 기능을 가지고 있다. 그리고 이 모든 기능은 생존을 위해 생명의 시작부터 존재해야 한다. 그리고 이 각각의 기능들은 대개 '환원 불가능한 복잡성'을 가지고 있어서 생명의 시작 단계에 약간 더 쉬운 형태로 존재할 수 없다. 이러한 기능들이 작동하기 위한 현재의 체계는 너무나 복잡해서 한두 마디 말로 '이러저러하게 생겼을 것이다'라는 식으로 넘어갈 수 없다.

즉 생명의 기원을 설명한다는 것은 이러한 복잡한 체계의 기원이 어떻게 생겨날 수 있는가를 정확히 설명할 수 있다는 것이다.

유물론과 유신론 혹은 자연 발생과 지적 설계는 이런 복잡한 체계의 기원을 잘 설명할 수 있을까?

14. 단계적인 진화라는 사기

다윈은 유전 법칙이나 유전자에 대해 전혀 모르는 상태에서 개체의 사소한 변화가 누적되면, 종이 변할 것이라고 생각했다. 그는 생명체들이 새로운 기능을 서서히 획득하고, '자연 선택'으로 인해 가장 좋은 기능을 획득한 개체가 살아남아 후손들이 변한다고 생각했다. 그러나 이 이야기에는 심각한 약점이 존재한다. 다윈은 자기 이론의 문제점을 파악하고 다음과 같이 말했다.

> 만약에 많은 횟수의 연속적이고 사소한 변화에 의해 형성될 수 없는 어떤 복잡한 기관의 존재가 증명된다면, 나의 이론은 완전히 무너지고 말 것이다.

다윈의 시절에도 생명체의 구조 중에 매우 복잡한 구조들이 알려져 있었다. 따라서 다윈은 이 복잡한 구조들이 연속적이고 사소한 변화에 의해 생성될 수 있다는 것을 보여야 했다. 마이클 베히에 따르면 다윈은 매우 영리하게 이 문제를 우회했다. 그는 직접적으로 복잡한 구조가 진화된 경로를 찾은 것이 아니라, 같은 기능을 가진 여러 생명체의 유사한 부분들을 더 간단한 것부터 더 복잡한 것의 순서대로 나열했다. 그리고는 가장 복잡한 구조는 가장 단순한 구조로부터 이런 순서에 따라 진화했을 것이라고 제안했다.

예를 들면 스케이트보드, 자전거, 오토바이, 자동차, 프로펠러 비행기, 제트 비행기, 우주 왕복선 등이다. 이것들은 모두 이동 수단이며 단순한 (정확히는 단순해 보이는) 구조에서 복잡한(정확히는 복잡해 보이는) 구조의 순서로 나열되어 있다. 다윈에 따르면 우주 왕복선은 스케이트보드에서 시작해서 단계를 거쳐 발전한 것이다. 문제는 이런 식의 나열에서 각 단계는 다윈이 제시한 점진적 변화로는 다음 단계로는 절대 나아갈 수 없다는 것이다.

자전거의 부품을 아무리 이리 바꾸고 저리 바꿔 변화를 줘도 오토바이가 될 수 없다. 오토바이는 바퀴를 모터로 움직이는 것이고 자전거는 바퀴를 발로 움직이는 것이다. 이 두 구조의 체계는 완전히 다르고, 따라서 환원 불가능한 복잡성을 가진 오토바이의 바퀴 구동 체계(모터를 포함하여)는 자전거의 체계에서 약간의 변화로는 절대 나타날 수 없다.

오늘날 일반적인 진화 이론들은 진화의 단계를 이런 식으로 제시한다. 더 간단한 구조에서 더 복잡한 구조로 그리고 사람들은 쉽게 설득된다. 왜냐하면, 각 단계의 차이가 실제로는 얼마나 큰지 전혀 모르기 때문이다. 그러나 각 단계의 구조는 실제로는 전혀 별개의 구조로, 각각이 완전히 다른 '환원 불가능한 복잡성'을 가진다.

따라서 한 단계에서 다음 단계로 넘어가는 것은 점진적인 진화로는 완전히 불가능하다. 심지어는 더 복잡한 위 단계에서 더 단순한 아래 단계로 점진적인 진화(혹은 퇴화)로 내려오는 것도 불가능하다. '환원 불가능한 복잡성'을 가진 구조 자체가 단계마다 완전히 다르기 때문이다.

15. 급격한 진화

유전자와 생명체의 복잡함이 점점 더 연구되어 알려지면서 다윈의 점진적인 진화 이론은 큰 문제에 봉착했다. 학자들은 새로운 진화 이론을 만들어 내야 했다. 그 결과는 바로 급격한 진화 이론인 '단속 평형설'이다.

단속 평형설을 간단히 설명해 보자. 오랜 기간이 지나면서 특정 종의 개체들은 다양한 돌연변이를 몸에 축적하게 된다. 그런데 특정 지역에서 갑자기 급격한 환경 변화가 일어난다. 급변하는 환경에서 생명체에게 도움이 되는 변화는 자연 선택을 통해 빠르게 후손들에게 퍼지게 되고, 어느 순간 그 지역의 종 전체에 퍼지게 된다. 이런 돌연변이 변화는 한두 개가 아니라 상당히 여러 개가 동시에 발생할 수 있다. 다른 곳에서는 이 돌연변이들이 있어도 그만, 없어도 그만이지만 환경이 급변한 여기서는 이 돌연변이가 없으면 생존이 불가능하다.

따라서 이 지역의 종은 다른 지역과는 달리 모두 이 돌연변이를 갖게 된다. 그 결과 환경이 급변한 이 지역의 종은 유전자 측면에서 다른 지역의 원래 종과는 완전히 다른 종으로 변하게 된다. 즉 아주 가끔씩(단속적으로) 환경 급변 시에만 종이 급격히 변하게 되고 보통의 시기에는 종이 변하지 않고 안정적인 모습(평형)을 유지하기 때문에 이 이론을 단속 평형설이라고 한다.

16. 새로운 진화 이론의 실패

단속 평형설의 문제는 앞에서 계속 지적된 대로, 그저 그럴듯한 말뿐이라는 것이다. 그 누구도 돌연변이가 '환원 불가능한 복잡성'을 가진 특정 기능이나 구조를 생성하는 구체적인 과정을 단 하나도 찾아내지 못했다.

진화론자들에 의해 많이 언급되는 돌연변이를 통해 항생제에 내성을 가진 박테리아가 만들어진 사례를 살펴보자. 이것은 돌연변이가 박테리아에게 유리한 기능을 제공한 것처럼 보인다. 그러나 실상은 이 돌연변이가 '항생제 내성'이라는 완벽하게 기능하는 체계를 만들어서 박테리아가 항생제에 저항하는 것이 아니라 '단백질 생성'이라는 완벽하게 기능하는 체계를 돌연변이가 고장 내면서 부수적으로 항생제가 박테리아를 공격하는 데 실패하게 됐다는 것이다. 그 결과 박테리아는 항생제로부터는 살아남았지만 단백질 생성이 중요한 다른 상황에서는 오히려 더 생존에 위협을 받게 됐다.

일반적인 돌연변이의 사례들은 '환원 불가능한 복잡성'을 가진 완벽한 체계와 그 기능을 만들어 내는 것이 아니라 앞의 예시처럼 다른 완벽한 체계와 기능에 손상을 입히면서 전혀 예상치 못했던 부수적인 기능을 제공하는 데 불과하다. 때로 돌연변이가 야기한 부수적 기능이 생명체에 도움이 되기도 하지만 이것이 원래의 기능이 필요한 순간에는 오히려 독으로 작용한다는 점도 기억할 필요가 있다.

단속 평형설이 주장하는 대로 수많은 돌연변이가 동시에 일어난다고 하더라도 이것들이 모두 한 가지 기능에 서로 협력해 작용하면서 단 하나의 '환원 불가능한 복잡성'을 가진 온전한 체계를 만들어 낼 가능성은 거의 없다. 급격한 진화로도 생명체의 구조를 설명하는 것은 거의 불가능하다.

17. 의도적인 설계의 요소: 임의성, 이해 가능성, 비우연성

제2장 "과거를 어떻게 알 수 있을까?"에서 신이라는 합리적 지성이 우주를 설계했다는 가정은 임의성과 이해 가능성의 두 속성을 가진다고 얘기했다. 신은 쥐덫을 만들기 위해 접착제 쥐덫도, 스프링 쥐덫도 만들 수 있다. 그리고 이 각각의 쥐덫이 작동하는 방식은 우리가 쥐덫을 살펴보면서 쉽게 이해할 수 있다.

문제는 자연 법칙이나 우연에 의해서 자연이 이런 쥐덫을 만들어 낼 가능성을 완전히 배제할 수는 없다는 것이다. 따라서 지성에 의한 의도적인 설계는 임의성, 이해 가능성에 더해 자연 발생이 불가능(비우연성)하다는 것도 보여줘야 한다. 여기서 '환원 불가능한 복잡성'이 역할을 하게 된다.

비록 '환원 불가능한 복잡성'이 자연 발생을 완전히 제거하는 것은 아니지만 자연 발생을 무시해도 좋을 정도로 가능성 없는 제안으로 만들어 줄 수는 있는 것이다.

의도적인 설계에 대한 논증과 그에 대한 반박 논증에서 가장 많이 사용되는 사례는 '시계'다. 영국의 팔레이는 『자연신학』(*Natural Theology*)에서 시계는 돌과 달리 설계자가 있을 수밖에 없다고 주장했다. 그는 시계 논증에서 여러 개의 구성 요소 중 하나가 없어진다면 그 작동이 멈출 것이라는 환원 불가능한 복잡성의 한 조건을 제시함으로써 설계에 대한 논증에서 큰 진전을 이뤘다.

반면, 영국의 유명한 진화론자 도킨스는 『눈먼 시계공』(*The Blind Watchmaker*)이라는 유명한 책에서 자연에서 시계처럼 설계된 것으로 보이는 복잡한 것은 사실은 자연이라는 '눈먼 시계공'에 의해 설계자 없이 만들어졌다고 말한다. 문제는 그가 시계가 설계 없이 만들어질 수 있다는 것을 전혀 증명하지 못했다는 것이다. 마찬가지로 그는 시계처럼 복잡한 것들이 설계자 없이 자연적으로 만들어질 수 있다는 것도 전혀 증명하지 못했다(다윈처럼 그저 간단한 구조에서 복잡한 구조로 사물을 나열한 엉터리 논증은 사실을 입증한 것이 아니다).

즉 '환원 불가능한 복잡성'은 우리 일상에서 설계자(사람)의 흔적을 보여 주는 매우 흔한 조건이고 반면, 자연적으로 발생한 사례를 (아직까지는) 전혀 찾아볼 수 없는 매우 드문 조건에 해당한다. '시계'란 이 환원 불가능한 복잡성을 명백히 보여 주는 간단한 사례에 해당하며 비록 팔레이의 설계 논증 자체는 다른 미흡한 부분에서 문제가 지적됐지만 시계 사례 자체는 아직까지도 유효한 설계 논증이다.

'환원 불가능한 복잡성'은 단계적인 진화나 급진적인 진화 방식으로는 자연 발생할 수 없다. 그리고 우리는 우리 주변의 '환원 불가능한 복잡성'을 가진 물건들을 통해 오직 설계자가 있는 물건만이 이러한 '환원 불가능한 복잡성'을 가진다는 것을 확인할 수 있다. 생명체 내에 존재하는 수많은 '환원 불가능한 복잡성'을 가진 체계는 생명의 기원에 '지적 설계자'가 있음을 보여 주고 있다.

참고 문헌

윌리엄 뎀스키/조나단 웰스. "생명의 설계", 이나연 역. 서울: 한국창조과학회. 창조 vol.190.
- 환원 불가능한 복잡성을 확인하기 위한 세 단계는 이 글을 참고하여 작성되었다. 쥐덫 사례는 저자가 마이클 베히의 예시를 이 글의 세 단계에 적용한 것이다.

마이클 베히. 『다윈의 블랙박스』(Darwin's black box), 김창환 외 역. 서울: 풀빛, 1996/2001.
- 마이클 베히의 『다윈의 블랙박스』에서 제시한 '환원 불가능한 복잡성'의 사례는 운동계, 순환계, 세포 내 운송, 면역계, 생체 현상의 기본 재료 생성의 순서로 제시돼 있다. 여기서는 기초 재료-세포 내부-세포 활동-동물 순서로 배치했다. 면역계는 제외했다.
다윈, 팔레이, 도킨스의 주장은 이 책에서 참고한 것이다.
마이클 베히에 따르면 분자 생물학자들이 밝힌 수많은 생체 내의 기능들은 대부분 이렇게 복잡하다. 책에서 제시한 사례들이 결코 특별한 경우가 아니라는 것이다. 책이라는 공간의 제약은 제시되는 사례의 수를 제한할 수밖에 없다.

스티븐 C. 마이어. 『다윈의 의문』(Darwin's Doubt), 이재신 외 역. 서울: 겨울나무, 2013/2015.
- 단계적 진화와 급격한 진화(단속 평형설)는 이 책에서 참고하여 작성했다. 동일 저자의 『세포 속의 시그니처』가 DNA와 정보에 대해 집중적으로 다뤘다면 이 책은 DNA에 대한 연구를 바탕으로 화석들이 보여 주는 현상들을 해석해 준다. 이 책에서는 다윈의 진화론과 굴드의 단속 평형설 등이 집중적으로 논의된다.

제3장

생명체의 정보는 얼마나 복잡할까?

• 요약

1. 생명체의 막대한 정보량

우주 전체의 모든 입자가 우주 탄생 이후로 현재까지 최대로 발생시킬 수 있는 사건의 수는 10^{139}(1 다음에 0이 139개)건이다. 그런데 아주 간단한 단백질이 저절로 생성될 가능성은 10^{164}건 중 하나다. 가장 간단한 세포는 482개의 단백질을 가지고 있는데 이 단백질이 가장 간단한 것들이라고 해도 세포가 저절로 만들어질 가능성은 $10^{79,048}$건 중 하나다. 즉 생명체의 기본 요소인 단백질과 세포는 단 하나만으로도 이 우주 전체의 역사를 압도할 정도로 복잡한 정보를 가지고 있다.

2. 정보의 생성 가능성

생명체의 복잡한 구조와 이를 구성하는 단백질은 이들과 독립적인 DNA 안에 정보의 형태로 들어 있다. 우리의 관심사는 '환원 불가능한 복잡성'처럼 우연히 일어날 법하지 않은 매우 복잡한 사건들이다. DNA의 암호 정보는 단순히 원자들이 모여있는 것만으로는 발생할 것처럼 보이지 않는 매우 복잡한 정보다. 즉 이 복잡한 유전 정보는 '사건 발생 확률과 비교해 충분한 시간과 시도 횟수가 제공돼야 우연히 일어날 수 있다'라고 정리할 수 있다.

3. 정보의 생성 방법

우주 전체에서 발생한 모든 사건의 수가 단백질이나 세포가 생성되는 확률보다 극히 낮기 때문에 우연히 절대 생명이 발생할 수 없다.

법칙에 따른 필연은 법칙의 속성상 그 구조가 너무나 단순하고 질서정연하기 때문에 일정한 규칙을 벗어나야만 생성되는 정보를 절대 만들어 낼 수 없다. 즉, 우주의 필연(법칙)으로도 생명은 발생할 수 없다.

우연과 필연의 조합도 결국은 근본적인 문제-생명체 정보의 극히 희박한 확률과 규칙을 벗어나야 생성되는 정보-를 해결하지 못한다.

4. 정보의 원천

정보화 시대에 진화론자들은 컴퓨터 시뮬레이션으로 정보가 어떻게 생성되는지를 연구했다. 역설적으로 이 연구들은 목표를 달성하기 위해서는 사람이 프로그램을 정확히 짜야 한다는 것을 보여줬다. 정보 이론의 결론은 다음과 같다.

첫째, 어떤 체계의 최종 정보는 초기 정보와 같거나 더 적다.
둘째, 오직 지적 존재의 개입만이 체계의 정보를 증가시킬 수 있다.
셋째, 때로 우연한 확률 사건으로 정보가 증가할 수 있다.

그러나 세 번째 결론을 실제 적용해 봐도 우주가 137억 년 전에 만들어졌다고 할 경우 우주가 우연히 만들 수 있는 정보는 고작 한글 32글자에 불과하다. '환원 불가능한 복잡성'처럼 '정보' 역시 현재까지 알려진 원인은 지성을 가진 인간이 유일하다.

생명체의 중요한 속성인 복잡한 체계(환원 불가능한 복잡성)와 유전 정보(정보) 모두에 대해 유일한 최선의 설명은 '지성'이며, 이것은 생명체가 '지적 존재'에 의해서 '설계'됐다는 가장 강력한 논리적 결과를 제시한다. 즉 '지적 설계'가 생명의 기원이다.

1. 매우 복잡하고 특별한 단백질

생명체의 중요한 속성은 복잡한 체계와 유전 정보다.

생명체는 정보의 보고이며, 이 정보는 이중 나선의 형태를 가진 DNA에 저장돼 있다. 그리고 이를 통해 부모의 유전 형질이 자녀에게 전해지게 된다.

그렇다면 생명체가 가진 정보는 얼마나 복잡한 것일까?

DNA의 정보는 단백질을 만드는 데 사용된다. 따라서 단백질이 얼마나 복잡한지를 아는 것은 DNA가 얼마나 복잡한지를 아는 것과 같다. 단백질은 세포의 기관과 구조를 형성하고 세포 내 물질을 소지하고 운반하며 세포가 생존하기 위한 화학 반응을 촉진하고 유전 정보를 처리한다.

이런 중요한 작업들을 수행하기 위해서 보통 하나의 세포는 수천 가지 종류의 서로 다른 단백질을 사용한다. 단백질 하나는 보통 수백 개의 아미노산으로 만들어진다(밀러와 유레이가 실험실에서 만들어 낸 것이 바로 이 아미노산이다). 가장 간단한 단백질은 약 150개 정도의 아미노산이 필요하고 가장 복잡한 단백질은 3천 개 정도의 아미노산이 필요하다. 단백질은 이 수백 개의 아미노산이 구슬 목걸이처럼 차례대로 연결되면서 만들어진다.

아미노산의 종류는 20개이므로 단백질을 만드는 것은 20종류의 보석 150개 이상을 정확히 원하는 순서대로 연결한 목걸이를 만드는 것과 비슷하다고 보면 된다.

생각보다 간단해 보이는가?

2. 구슬 께기: 생각보다 어려운 확률 문제

각각의 단백질은 특별한 기능을 수행하기 위해서 마치 공구처럼 정확한 3차원 모양을 가져야 한다. 특정 모양을 가진 단백질만 마치 열쇠와 자물쇠처럼 특정 효소에 딱 맞물려 들어가서 딱 해당 기능만 수행하게 된다.

3차원 모양의 단백질 형성이 가능한 이유는 아미노산과 아미노산이 연결되면 원자의 특성으로 인해 연결 부분이 특정한 각도를 가지게 되기 때문이다. 따라서 일련의 순서대로 아미노산들을 줄지어 연결하면 단백질은 매우 특별한 형태의 입체 구조물로 만들어진다. 바로 이 이유로, 아미노산을 아무렇게나 마구 줄지어 연결하다 보면 각도가 엉켜서 더 이상 아미노산을 연결하지 못하는 경우가 발생하게 된다.

2004년 더글라스 액스의 연구에 따르면 150개의 아미노산으로 만들 수 있는 단백질 중에서 실제 단백질의 형태가 제대로 형성되는 비율은 $1/10^{74}$ (1 다음에 0이 74개 붙은 숫자다)였다. 즉 아미노산을 아무렇게나 연결하다 보면 대부분의 경우 모양이 꼬이고 엉켜 단백질이 생성되지 않는다. 로또 확률보다도 낮은 경우의 극히 일부만이 단백질이 된다. 또한, 생명체에서 벌어지는 현상들에 의한 약간 복잡한 이유로 실제 생체 내에서 150개의 아미노산으로 제대로 된 단백질이 만들어질 확률은 정확히는 $1/10^{164}$가 된다.

$1/10^{164}$는 대체 얼마나 작은 숫자일까?

혹은 10^{164}는 얼마나 큰 숫자일까?

3. 우주의 역사

뎀스키에 따르면 우주 안에 존재하는 양성자, 중성자, 전자의 수는 10^{80}개다. 또 진화론자들에 따르면 빅뱅 이후 현재까지 대략 10^{16}초의 시간 (137억 년)이 지났다. 빛이 어떤 물리적 사건이 발생할 수 있는 거리를 이동할 수 있는 시간을 '플랑크 시간'이라고 하는데 $1/10^{43}$초다. 이 플랑크 시간은 찰나에 해당하는 시간이라고 볼 수 있다. 플랑크 시간을 뒤집어 말하면 입자 하나가 1초 동안 최대 10^{43}건의 사건을 일으킬 수 있다는 뜻이다.

이를 다 합치면 우주 전체의 모든 입자가 우주 탄생 이후로 현재까지 최대로 발생시킬 수 있는 사건의 수가 $10^{(80+16+43)}=10^{139}$(1 다음 0이 139개)건이 된다.

아미노산 150개를 아무렇게나 연결했을 때 제대로 된 단백질 하나가 만들어질 확률이 10^{164}건 중 하나다. 그런데 전 우주를 통틀어 일어난 사건의 수가 현재까지 10^{139}건도 안 된다. 게다가 이것은 이미 전 우주에 아미노산이 충분히 만들어져 있을 때의 얘기다. 만약 단백질뿐만 아니라 아미노산도 원자로부터 우연히 만들어야 한다면 그 확률은 더더욱 낮아진다.

가장 간단한 단백질 하나도 전 우주의 모든 역사보다 훨씬 복잡하다.

4. 더더욱 복잡한 세포

하나의 세포는 이렇게 우주의 역사보다 복잡한 단백질을 수백-수천 개씩 사용한다. 이런 단백질들은 '환원 불가능한 복잡성'에서 본 것처럼 DNA를 복사하고 전달하고 이용해서 단백질을 만드는 데에 사용된다. 즉 DNA가 단백질을 만들고 다시 단백질은 DNA를 만드는 데 사용된다. 즉 유전 정보는 생명체 내의 모든 단백질에 대한 정보를 가지고 있는 것이다.

그렇다면 온전히 작동하는 세포 하나의 정보량은 대체 얼마나 되는 것일까?

현존하는 가장 간단한 세포는 '마이코플라스마 제니탈리움'이다. 이 세포는 단 482개의 단백질만을 사용한다. 가장 단순한 단백질은 150개의 아미노산으로 만들어진다. 아미노산이 우주에 이미 존재할 경우에도 이 가장 단순한 단백질이 우연히 만들어지는 확률은 $1/10^{164}$이었다.

그렇다면 482개의 단백질이 모두 이렇게 단순하다고 가정했을 때, 482개 모두가 우연히 만들어지는 확률은 얼마일까?

$1/10^{79,048}$이다.

생명체의 복잡한 구조에서 봤듯이 이 단백질들은 상호 작용해 세포의 생존을 위해 긴밀하게 협력한다. 우연히 만들어진 482개의 단백질이 복잡한 구조로 연결되는 가능성까지 고려해 보면 생명체의 정보량은 상상할 수 없는 규모로 확대될 것이다. 다시 한번 말하지만 전 우주에서 일어난 사건의 수가 10^{139}건이 안 된다. 생명체가 가진 정보와 비교해 보면 정말로 이 우주는 티끌 따위도 되지 않는 규모다.

칼 세이건은 '창백한 푸른 점'에서 엄청나게 광활한 우주에 비하면 작디작은 지구와 인류라며 인류를 폄하했지만 그는 정말로 중요한 것이 무엇인지 몰랐다. 세포가 쓰는 수많은 단백질 중 가장 간단한 것 하나도 우주 전체보다 복잡한 정보를 가지고 있다. 마치 엄청나게 복잡한 생명체를 위해 매우 단순한 우주가 거대한 배경으로 만들어진 것처럼 보인다. 원래 무대 배경은 주인공보다 큰 법이다. 공간을 가득 메워야 하니까.

단 하나의 단백질과 단 하나의 세포가 가진 정보량은 우주 전체 규모에서도 생성 불가능한 규모의 정보량이다. 인체가 소우주라고 하는데 오히려 정보의 관점에서 우주가 생명보다도 미미한 존재에 불과한 것이다.

5. 확률적 우연

이렇게 우주를 압도하는 엄청난 정보량이라고 해도 정말로 우연히 생겼을 수도 있다. 극히 미미한 확률도 명백하게 0이 아닌 이상 발생할 수도 있다.

그렇다면 과연 어떻게 이 복잡한 단백질이 우연히 발생할 수 있다는 주장을 검증할 수 있을까?

단백질과 DNA의 관계는 여기서 어떤 역할을 하게 될까?

어떤 일이 우연히 일어났다고 말할 때, 우리는 어떤 의미로 '우연'을 말하고 있는 것일까?

우연의 첫 번째 의미는 '우리는 무슨 일이 일어났는지 정확히 모른다'이다. 이것은 어떤 발생 가능성 혹은 확률을 가지는 여러 개의 작용 과정을 정확하게 조합하는 것이 너무 복잡해 정확하게 예측하지 못한다는 것이다. 일반적으로 우리가 어떤 사건에 대해 설명하기 어렵거나 정확히 이유를 말하기 어려울 때, '그냥 우연이지'라고 말하는 것이 여기에 해당한다.

우연의 두 번째 의미는 '어떤 사건마다 절대적인 확률이 존재한다'이다. 예를 들어 우리가 주사위를 던지면, 6이 나올 확률은 1/6이고 한 번 던져서 6이 나왔다면 그것은 그저 우연히 6이 나온 것에 불과하다. 그런데 여기서 '우연'이라는 단어는 '의도' 혹은 '설계'라는 뜻을 배제하는 의미를 갖는다. 예를 들어 동전을 던져서 우연히 앞면이 나왔다는 것은 누군가 '의도'적으로 동전의 앞면만 나오도록 '설계'(혹은 조작)하지 않았다는 것을 의미한다.

따라서 확률이란 측면에서 '우연'의 의미는 '어떤 일이 발생할 절대적인 확률이 존재하며, 그 확률이 의도적으로 설계되지 않았다'라는 것이다.

6. 우연의 판단 기준

그렇다면 어떤 사건이 발생했을 때 그것이 절대적인 확률에 의한 것인지 거기서 벗어난 것인지 어떻게 판단할 수 있을까?

예를 들어 주사위를 600번 던진다고 생각해 보자. 정상적인 주사위라면 1은 약 100번이 나와야 한다. 600번씩 여러 번 던지다 보면 어떤 때는

1이 97번, 어떤 때는 1이 115번 나올 수도 있다. 만약 600번씩 수백-수천 번을 던지면서 1이 나온 횟수를 기록하면 100을 중심으로 종 모양의 분포를 얻을 수 있다. 통계적으로는 대략 82-118 사이에 대부분의 값(시도한 횟수의 95% 가량)이 나타나게 된다.

만약 우리가 발생 확률 5%를 극히 적은 값이라고 생각하고 그런 일이 발생할 경우를 '조작'이라고 생각한다면 주사위를 600번 던져서 1이 80번보다 적게 나오거나 120번보다 많이 나왔을 경우 주사위가 '조작'(혹은 설계)된 것이라고 주장할 수 있을 것이다. 이렇게, 미리 말도 안 되는 희박한 확률(이것을 '유의 수준'이라고 한다. '조작'과 같은 유의미한 일이 있을 수 있는 수준이라는 뜻이다)을 마음속으로 정해 놓고, 그런 낮은 확률이 발생할 경우 사건이 '조작'된 것이라고 생각하는 것이 바로 일반적인 통계의 분석 방법이다.

이렇게 우연을 구분하는 가장 실질적인 방법은 '어떤 사건이 우리가 기대하는 확률적 결과로부터 크게 벗어나지 않는다면, (조작이 아닌) 우연이라고 볼 수 있다'라는 것이다.

7. 우연의 실현 가능성

그런데도 극히 낮은 확률의 우연이 실현되는 경우는 종종 있다. 아까 주사위 600번을 던져서 1이 100보다 19 이상 크거나 적게 나오는 것은 확률이 5%가 안 된다고 말했다. 그래도 600번씩 천 번, 만 번을 던지면 50번-500번가량(약 5%)은 100보다 매우 적거나 매우 크게 1이 나오는 경우가 발생하게 된다. 즉 확률이 아무리 낮더라도 시도 횟수가 그 확률을 능가하면 반드시 낮은 확률이 실현되고 마는 것이다.

도박장에서 주사위 게임을 할 때, 1을 연속으로 10번 내는 것은 불가능하다. 그 확률은 1/60,466,176에 불과하다. 하지만 도박장에서 수백 명이 매일 몇 시간씩 주사위를 던져댄다면 몇 년에 한 번씩은 1이 연속으로 10번 나오는 사건이 발생할 수 있다. 수백 명이 매일 수천 번씩, 매년 365일, 몇 년 동안 던지면 총 6천만 번 이상의 시도를 할 수 있고 그렇다면 그중에 한 번 정도는 1이 연속으로 10번 나올 수도 있는 것이다.

즉 충분한 시간과 시도 횟수가 주어지면 사건의 발생 가능성은 증가한다. 이것을 '확률 자원'이라고 말한다. 자원이 없이는 발전이 없듯이, 확률 자원이 있어야 사건이 발생할 수 있는 것이다. 그리고 이것이 유물론자들과 진화론자들에게 우주와 지구의 역사로 단지 6천 년이 아닌 45억 년, 137억 년의 시간이 필요한 이유다.

우연의 실현 가능성은 '사건 발생 확률과 비교해 충분한 시간과 시도 횟수가 제공돼야 우연히 어떤 사건이 일어날 수 있다'라고 정리할 수 있다.

8. 패턴 인식: 우연인지 판단할 사건 그 자체

우리는 우연의 의미, 우연을 구분하는 기준 그리고 실현 가능성을 검토했다. 이제 어떤 사건이라도 우연인지 아닌지 판단할 수 있다.

그런데 가장 중요한 문제가 빠졌다. 무엇인지 짐작할 수 있는가?

바로, 어떤 사건이 우연인지 아닌지의 판단 대상이 되는가 하는 점이다.

앞에서 우리는 주사위를 600번 던져서 1이 100번 나오는 것, 즉, '1이 나오는 횟수'가 우연인지 아닌지를 판단했다. 그런데 1이 100번 나온 경우에 대해 주사위를 600번 던진 것을 순서대로 다 적었다고 생각해 보자. 다음의 경우처럼 말이다. 1 2 5 5 3 6 1 6 6 3 2 4 1 4 5 6 1 ….

자, 이제 주사위를 다시 600번 던져 이렇게 종이에 적은 순서대로 값이 나올 확률은 얼마일까?

그것은 1이 600번 나온 극히 희박한 확률과 동일하다. 즉 사건을 '1이 나온 횟수'가 아니라 '주사위 눈의 순서'라고 정의하는 순간 아까 우연이라고 판단했던 사건이 순식간에 우연히 발생할 수 없는 사건이 돼 버린 것이다.

그렇다면 우리는 과연 어떤 사건을 우연을 판단해야 하는 중요한 사건으로 인식할 수 있을까?

어떤 사건에서 특정 패턴이 발생했는데 우리가 이 사건과는 독립적인 다른 사건에서 이와 똑같은 패턴을 발견할 경우 우리는 어떤 사건에 대해 의미를 부여하게 된다.

예를 들어 길을 가다가 특정 색깔의 꽃들이 '서울에 오신 것을 환영합니다'라고 배열된 것을 보면 꽃의 배치라는 사건에서 발견한 패턴이 다른 곳의 관광 홍보 문구에서 발견한 패턴과 같은 것을 알게 된다. 즉 우리는 꽃의 배치에 대해 의미를 부여할 수 있게 되는 것이다.

특정 문장을 나타내는 꽃의 배치는 우연히 만들어진 것일까?

만약 눈의 수정체가 빛을 모아 물체를 식별할 수 있게 해 주는 패턴이 카메라의 렌즈가 만들어 내는 패턴과 같은 것을 알게 되면 눈의 수정체에 대해 의미를 부여하게 된다.

카메라 렌즈처럼 초점 거리를 조절하는 수정체는 우연히 만들어진 것일까?

우연을 판단하기 이전에 우연을 판단해야 하는 사건 자체는 바로 '우리가 이 사건과 다른 경로를 통해 알게 된 패턴이 이 사건에서도 나타났기에 관심을 두게 된다'라는 것이 중요하다.

9. 우연 같지 않은 일

단순하고 우연히 일어날 것 같은 일에 대해 그 누구도 '이것은 우연히 일어난 것이다'라고 주장하지는 않는다. 당연한 일이니까. 우리의 관심사는 '환원 불가능한 복잡성'처럼 우연히 일어날 법하지 않은 것들이 일어나는 매우 복잡한 사건들이다. 진화론자인 다윈과 도킨스도 생명체는 마치 설계처럼 보인다고 인정했다. 이것은 다시 말해 생명체가 우연으로 생겨날 것 같지 않다는 의미이다. 유물론자들은 그런데도 이러한 복잡한 생명체가 우연히 발생한 것이라고 주장하고 있다.

중요한 것은 이 복잡한 구조(그중 일부에 불과한 단백질)의 패턴들이 DNA 안에 생명체의 구조와 완전히 독립적인 정보의 형태로 들어있다는 것이다. 따라서 우리는 이 우연 같지 않은 생명체의 복잡한 정보가 과연 어떻게 생성될 수 있는지를 하나씩 점검할 필요가 있다.

생명체의 정보는 정말로 우연일까?
누군가의 조작이 있었던 것일까?
우연과 조작이 아닌 다른 방법은 없는 것일까?

10. 생명의 기원 후보 1: 우연

앞에서 살펴본 것처럼 아미노산이 충분히 공급되는 상태에서 아미노산 150개로 이뤄진 가장 간단하고 형태를 갖춘 단백질이 우연히 생성될 확률은 $1/10^{164}$이다. 통계적 기법에서 5%, 1% 정도면 극히 희박한 확률로 본다고 했지만, 이러한 경우는 상상도 할 수 없을 정도로 희박한 확률에 해당한다.

그런데 극히 희박한 확률도 시도 횟수가 충분히 늘어나면 반드시 발생하게 된다. 따라서 우리는 단백질이 우연히 생성될 만큼의 시도가 우주를 통틀어 있었는지 확인해 볼 필요가 있다.

역시 마찬가지로 앞에서 살펴본 것처럼, 우주에는 총 10^{80}개의 소립자(양성자, 중성자, 전자)가 있고 (진화론자들에 따르면) 빅뱅 이후 10^{16}초의 시간이 지났으며 빛의 속도 한계로 인해 1초당 10^{43}건의 사건이 발생할 수 있다. 이를 다 합치면 우주 발생 이후 우주에서 발생한 사건의 전체 수는 최대 10^{139}건이다.

즉 우주 역사를 통틀어도 단백질 하나를 만들어 내기 위한 시도 횟수에 턱없이 부족하다. 그것도 아미노산이 이미 온 우주에 충분히 존재하는 상황에서 말이다. 그러니 단백질 수천 개를 복잡한 용도에 정확히 사용하는 세포와 그런 세포들이 수없이 많이 유기적으로 연결되는 생명체들은 절대 우연히 발생할 수 없다. 우연은 생명체의 기원을 설명하는 최선의 설명이 될 수 없다.

11. 생명의 기원 후보 2: 필연(혹은 법칙)

우연이 생명체가 가진 특정한 패턴을 만들어 낼 수 없다면 특별한 물리, 화학적 법칙들이 그런 패턴을 만들어 낼 수 있을까?

글을 쓰는 예를 들어 보자. 문장을 쓸 때는 주어 목적어 동사처럼 순서에 맞춰 문장의 구성 요소들을 잘 배치해야 한다. 만약 문장의 구성 요소가 빠지거나 잘못 배치되면 서로 꼬여서 작동하지 못하는 단백질처럼 문장도 꼬여서 제대로 작동하지 못하게 된다. 즉 읽는 사람이 이해를 못하게 된다. 문장 내의 구성 요소가 되는 개별 단어는 여러 개의 자음과 모음으로 구성된다. 그런데 이 자음과 모음의 배치에서는 특정 자음 다음에 반드시 특정 모음이 와야 한다는 법칙 같은 것이 없다. 만약 'ㄱ' 다음에 'ㅏ'만 와야 한다면 거리, 고양이 같은 단어는 있을 수 없다.

마찬가지로 크릭과 왓슨이 발견한 이중 나선 구조는 DNA에 기록되는 4개의 문자 A, G, C, T의 배열에 아무런 제약이 없다는 것을 보여 준다. DNA에서도 어떤 문자 뒤에 반드시 특정 문자가 와야 한다는 법칙 같은 것이 없다. DNA가 수많은 단백질 정보를 자유롭게 저장할 수 있는 이유는 DNA에 기록되는 문자에 아무런 물리 화학적 법칙에 따른 제약이 없기 때문이다.

때로 법칙들은 엄청난 질서를 가진 패턴을 보여 준다. 거대한 태풍은 회전하는 한가운데 고요한 태풍의 눈을 만들어 낸다. 목성의 대기 흐름은 아름다운 줄무늬와 거대한 점을 보여 준다. 그러나 생명체의 기원에서 설명돼야 하는 것은 질서가 아니라 정보다.

법칙은 질서를 만들어 낸다. 법칙은 복잡한 현상을 간단히 설명할 수 있게 만들어 준다. 그러나 정보 이론에서 정보는 불가능성(혹은 혼돈)이다. 더 복잡할수록 더 불가능하고 더 많은 정보를 포함하게 된다. 컴퓨터를 포맷해서 하드디스크에 0000000 … 만 기록되면 컴퓨터를 켜도 어떤 일도 일어나지 않는다. 컴퓨터를 켜서 작동시키려면 하드디스크에 01101010 … 처럼 컴퓨터를 작동시킬 수 있는 엄청 긴 특정 패턴(윈도우 같은 부팅 프로그램)을 기록해야 한다.

만약 이 수십억 개의 0과 1의 배열(1기가바이트는 약 80억 개의 0/1 숫자 조합이다) 중에 아주 중요한 곳에서 몇 개만 틀려도 오류가 발생하고 컴퓨터는 작동하지 않는다. 정말 말도 안 되게 불가능한 0/1 숫자 조합이 순서대로 주어져야 컴퓨터가 작동하는 정보가 제공되는 것이다. 그리고 단백질의 아미노산 배열 순서도 바로 이런 불가능한 배열 정보에 해당한다.

즉 더 단순한 법칙을 찾는 과학의 본질과 더 복잡한 설명을 제공하는 정보의 본질은 완전히 다른 것이다. 그리고 생명체의 본질은 단순한 법칙이 아니라 바로 복잡함을 간직한 정보다. 법칙에 의한 필연은 생명체의 기원을 설명하는 최선의 설명이 될 수 없다.

12. 생명의 기원 후보 3: 우연 + 필연

생명체가 가진 정보(패턴)를 우연도 필연도 만들어 낼 수 없다면 우연과 필연이 협업하여 만들어 낼 수 있을까?

아미노산들을 모아서 우연히 단백질을 만드는 것은 불가능하다. 법칙으로도 아미노산들을 자유롭게 연결시켜 단백질을 만들어 낼 수 없다.

그렇다면 법칙이 아미노산들을 적당히 분류한 다음, 우연이 단백질의 일부분을 만들어 내고 이렇게 몇 번에 걸쳐 만들어진 일부분들이 우연 또는 법칙에 의해 합쳐진다면 단백질이 만들어질 수 있을까?

여기에 더해서 다시 법칙이 단백질(분자)들을 적당히 분류한 다음 우연이 세포의 일부분을 만들어 내고 이렇게 몇 번에 걸쳐 만들어진 세포의 부분들이 우연과 법칙에 의해 합쳐진다면 세포가 만들어질 수 있을까?

오파린의 '화학 진화설'이 이런 식으로 생명의 기원을 몇 단계로 나눠 설명한다.

이러한 이론의 문제점은 간단하다.

수많은 법칙이 공장의 컨베이어 벨트처럼 순서대로 적용돼야 하는 이유(이런 것을 의도 혹은 조작이라고 한다)가 있을까?

오파린은 생명체가 형성되기 이전의 분자들도 생명체처럼 자연 선택을 해서 수많은 법칙이 순서대로 작용될 것이라고 주장하지만 이것은 '암세포도 생명인데'라는 모 드라마 대사보다 엉터리인 주장에 불과하다. 암세포는 실제로 생명이지만 분자는 아무런 기능 체계가 없는 물질에 불과하다. 단계를 나누는 것은 각 단계를 순서대로 진행시키는 관리자가 있을 때만 가능한 해법이다. 단계가 순서대로 진행된다는 보장이 없으면 단계를 나누는 것이 복잡한 문제를 간단히 만들어 주지 않는다.

게다가 공정을 몇 단계로 나눈다고 해도, 각 단계별로 우연히 사건이 발생할 시도 횟수가 충분히 존재할 수 있었을까?

공정을 몇 단계로 나누면 결국 그 공정에 개입할 수 있는 입자의 수와 시간도 축소된다. 즉, 공정별로 사건 발생 확률이 늘어나는 만큼 시도 횟수도 줄어들게 된다. 법칙이 얼마나 강력하냐에 따라 시도 횟수는 조금 줄고 사건 발생 확률은 많이 늘겠지만 강력한 법칙은 앞에서 본 것처럼 오히려 정보의 생성을 불가능하게 만들어 버릴 것이다. 결국, 전체적으로 불가능한 확률 자체는 공정을 아무리 잘게 쪼갠다고 해도 크게 변하지 않게 될 것이다.

13. 천천히 하나씩 혹은 모두 다 한 번에

아미노산은 실제로는 자연에서 저절로 형성되지 않는다. 생명체가 없이 생성이 불가능한 아미노산이 풍부한 상태를 가정해도 단백질 생성은 불가능하다.

이런 상황에서 단백질 생성이 기초 단계에 불과한 생명체/세포의 복잡한 자기복제 체계가 만들어지는 공정 자체를 상상이라도 할 수 있을까?

헝가리 출신의 폰 노이만은 자기복제를 할 수 있는 체계는 정보 저장, 복제, 처리 체계를 가지고 있어야 함을 보였다. 즉 세포의 자기복제는 단순히 DNA 하나를 만들거나, 단백질 하나를 만드는 것이 아니라 단백질을 정보의 형태로 저장하는 DNA, DNA 복사기, DNA로 단백질을 만드는 기계가 모두 있어야 한다는 것이다. 그리고 이 복사기와 제조 기계 모두 DNA의 정보로 만들어진 단백질이 모여 만들어진다. 단순히 하나의 단백질이 아니라 수백-수천 개의 단백질이 모두 모여야지만 이런 체계가 만들어질 수 있다.

다윈과 도킨스가 복잡한 것들을 무시하고 생명체가 간단하다고 말함으로써 사람들을 설득시킨 것처럼 우연과 필연의 조합 이론들은 복잡한 체계를 몇 단계의 간단한 단계로 쪼개면 쉽게 만들 수 있다고 주장한다. 그러나 이러한 이론들은 복잡한 문제를 몇 단계로 나눈 뒤 아주 쉬운 일부만을 보여 주고 실제 복잡한 부분들은 뒤로 숨기는 사기며 그 보여 준 일부도 주장과 달리 전혀 간단하지 않다는 문제점이 있다. 우연과 필연의 조합도 생명체의 기원을 설명하는 최선의 설명이 될 수 없다.

생명체의 정보를 생성함에 있어서 확률적인 우연도, 법칙에 따른 필연도, 이 둘의 조합도 최선의 설명으로 적합하지 않다. 한마디로 생명체는 자연 발생할 수 없다.

14. 진화 시뮬레이션

정보 자체가 자연 발생될 가능성은 아예 없는 것일까?
정보는 과연 어떻게 생성되는 것일까?
생명체의 복잡성이 점점 더 많이 밝혀지면서 생명체의 정보 기원에 대해 유물론적으로 풀어내기는 너무나 어려워졌다. 결국, 진화생물학자들은 다소 제한적인 상황에서 우연과 필연만으로 정보가 생성될 수 있는지 알아보기 위해 컴퓨터 시뮬레이션 연구를 여러 차례 수행했다.

이러한 연구의 선구자는 도킨스와 퀴퍼스다. 이들은 1980년대 후반에 처음으로 컴퓨터를 사용하여 무작위적인 돌연변이와 자연 선택이 어떻게 생물학적 정보의 기원을 설명할 수 있는지 시뮬레이션했다. 개념은 매우 간단하다.

준비: ① 원하는 목표 문장을 정한다.
　　　② 같은 길이로 문자들을 마구 나열한다.
실행: ③ 이후 글자들을 여러 번 무작위(혹은 특정 방식)로 바꾼다.
　　　④ 컴퓨터가 이렇게 바뀐 문장 중에서 원하는 목표 문장과 가장 비슷한 문장을 골라낸다.
　　　⑤ ③-④번을 반복한다.
결과: ⑥ 목표 문장이 완성된다.

15. 시뮬레이션의 오류

1) 준비 단계

(1) 현실 세계의 분자는 원하는 목표 같은 것을 정하지 않는다.
(2) 아미노산 같은 구성 요소가 연결될 때 길이가 모두 같아야 할 이유도 없다. 즉 연구의 가정부터 실제 세상과는 전혀 맞지 않는 이야기이므로 사실 뒷부분은 볼 필요도 없다.

2) 실행 단계

(3) 모든 글자가 전부 마음대로 변하듯이 돌연변이가 단백질의 구성 요소 모든 곳에서 일어날 경우 대부분은 단백질이 작동하지 않는다. 돌연변이에 맞춰 나열된 아미노산을 연결하면 중간에 단백질이 꼬이면서 뒷부분을 더 이상 연결할 수 없게 되는 것이다.
혹은 글자의 변형에 있어서 특별한 정보가 제공될 수도 있는데, 이것은 제공된 정보의 기원을 알 수 없으므로 과학적 접근 방법이 아니다. 일종의 사기라고 볼 수 있다.
(4) 분자 수준에서는 컴퓨터처럼 원하는 목표에 근접한 문장을 선택해서 보존하는 기능이 없다. 기억 장치가 없다면, 문장은 때로는 목표에 더 근접하고 때로는 목표에서 더 멀어질 것이다. 결과적으로 처음에서 크게 발전하기 어렵다. 점점 더 목표에 근접하는 혹은 진화하는 것처럼 보이는 과정은 실제 분자 세계에서는 발생할 수 없다.

진화 시뮬레이션이 보여 주는 결론은 역설적이게도, 목표를 달성하기 위해서는 사람이 프로그램을 정확히 짜야 한다는 것이다. 즉 과학자들이 프로그래밍 언어를 정확히 이해하고, 연산 과정이 최종 목적지까지 도달하도록 모든 정보를 초기에 다 제공해 줘야 한다는 것이다. 컴퓨터는 처음부터 답을 찾도록 프로그래밍 되어 있었던 것이다. 결코 우연과 필연만으로 글자들이 진화하여 문장이 완성된 것이 아니다. 우연과 필연의 도움으로 문장이 완성되도록 사람이 프로그램을 설계(의도 혹은 조작)한 것이다.

16. 컴퓨터와 정보 원칙

컴퓨터가 정보에 대해 알려 주는 원리는 간단하다. '오직 정보가 들어간 만큼 정보가 나온다.' 컴퓨터 기계는 어떠한 새로운 정보도 생성하지 않는다. 프로그래머들이 제공하는 정보에 의해 기존의 정보들을 압축하여 어떤 규칙들을 찾아낼 수는 있지만(인공지능처럼 말이다), 어떤 정보도 입력되지 않은 상태에서는 새로운 정보를 만들어 낼 수 없다. 오히려 작동 과정상의 오류로 인해 정보가 손실될 가능성만 있다.

다양한 생체 관련 분자들을 생성하는 실험들 그리고 진화 시뮬레이션이 보여 주는 결론은 같다. 오직 사람이 정보(혹은 특정 조건)를 주입할 때에만 원하는 목표가 성공적으로 발생한다. 우연과 필연만으로 발생하기에는 너무나 복잡한 것들도 그 복잡성을 충분히 이해하고 있는 사람들이 약간의 조건(정보)을 더한다면 종종 만들어 낼 수 있다.

이상의 상황들을 종합하면 다음처럼 정리할 수 있다.

첫째, 어떤 체계의 최종 정보는 초기 정보와 같거나 더 적다.

둘째, 오직 지적 존재의 개입만이 체계의 정보를 증가시킬 수 있다.

셋째, 때로 우연한 확률 사건으로 정보가 증가할 수 있다(법칙은 정보를 증가시키지 못한다).

17. 우주가 생성할 수 있는 정보량

그렇다면 우연한 사건으로 우주가 생성할 수 있는 정보량은 어느 정도일까?

사람의 개입 없이 우연한 확률 사건으로 증가할 수 있는 정보의 양은 제한적이다. 우주에서 발생한 사건의 총 수는 최대 10^{139}번이다. 이것은 정보량으로 따지면 512비트(2^{512}) 미만에 해당한다. 512비트는 64바이트(1바이트=8비트)이고, 이것은 한글(1글자당 2바이트)로 32글자에 불과하다. 즉 우주 전체가 전 역사를 통틀어 만들 수 있는 정보의 총량은 한글 32글자에 미치지 못한다.

당신이 살면서 단 하루라도 일기장에 문장 한두 개를 적었다면, 우주를 초월하는 수준의 정보를 만들어 낸 것이다. 우주가 만들어 낼 수 있는 정보의 양을 감안했을 때, 우연한 확률 사건으로 정보가 증가하는 상황은 정보의 기원에서 제거해도 무방하다고 볼 수 있다. 빅뱅 초기에 소립자 외에 아무런 구조도 없는 상태는 결과적으로 우주에 초기부터 아무런 정보도 없었다는 것을 의미한다. 하지만 현재 우주에는 혹은 이 지구에는 정보가 넘쳐나고 있다.

이 엄청난 양의 정보는 어디서 기원한 것일까?

18. 지적 설계

기원 과학에서 제시하는 '최선의 설명'을 찾는 귀추적 추론의 절차는 다음과 같다.

(1) 후보 원인이 사건 당시에 존재했다는 증거 제시
(2) 그 원인이 조사 중인 현재 결과를 산출하는 능력이 있다는 증거를 보여줌
(3) (철저한 검색에도 불구하고) 다른 가능한 원인들에 대한 증거는 없음을 입증

각 요소를 뒤에서부터 살펴보자.

(3) 우리가 살펴본 바에 따르면 생명체의 특정화되고 복잡한 정보를 생성해 내는 자연 발생 과정은 없다.
(2) 진화 실험들은 역설적으로 지적 존재인 사람의 영향력을 보여 주며, 우리가 일상에서 늘 겪는 경험은 지적 존재인 사람이 정보를 생성해 내고 있음을 입증해 준다.
(1) 현재 정보에 대해 알려진 유일한 기원은 오직 지적 존재인 사람뿐이다. 따라서 정보가 생성되기 위해서는 처음부터 우주에 지적 존재가 있어야 한다(논리적으로 어떤 결과의 유일한 원인은 반드시 사건 당시 존재해야 한다).

결론적으로 생명체의 특정화되고 복잡한 정보는 오직 지적인 존재의 개입을 통해서만 발생할 수 있다. 생명의 기원에 대한 최선의 설명은 '지적 설계'다.

과연 처음에 무엇이 있었을까?

참고 문헌

스티븐 C. 마이어. 『세포 속의 시그니쳐』(*Signature in the cell*). 이재신 외 역. 서울: 겨울나무, 2009/2014.
- 제3부 제3장은 이 책의 내용을 참고하여 작성했다.
- 유의 수준(기각 영역)에 대해 정의하고 본격적으로 통계적 기법을 개발한 사람은 로널드 피셔다. 우연 식별에 있어서 패턴 인식이라는 개념을 제시한 사람은 윌리엄 뎀스키다. 이에 대한 설명은 이 책에 정리되어 있다.
- 우연, 필연, 이 둘의 조합은 이 책의 분류를 따른 것이다. 이 책에서는 우리가 교과서에서 배우는 주요한 생명의 기원 이론들을 모두 제시하면서 각각의 문제점들을 지적하고 있다.
- 컴퓨터 진화 시뮬레이션의 다양한 사례는 제13장에 잘 정리되어 있다.
- 우주가 생성한 정보량 최대치에 대한 간단한 계산은 다음과 같다.
$10^{139}=(10^3)^{46.333}<(10^3)^{47}<(2^{10})^{47}<(2^{10})^{51.2}=2^{512}=512$비트$=64$바이트$=$한글 32글자

제4부

지구의 격변

제1장 지구는 얼마나 오래되었을까? 방사성 동위원소 연대 측정

제2장 지구는 얼마나 오래되었을까? 동일 과정설 vs. 격변설

제3장 지구는 어떻게 지금 모습이 되었을까? 수판 이론

제1장

지구는 얼마나 오래되었을까?
방사성 동위원소 연대 측정

• **요약**

1. 방사성 동위원소 연대 측정

지구의 나이 45억 년은 어떻게 계산된 것일까?

세상에는 같은 속성의 원자이지만 그 속의 구성은 약간 다른 원자들(동위원소)이 존재한다. 이 약간의 차이로 불안정한 속성을 갖는 원자는 종종 쪼개지면서 다른 원자로 변하고 그 과정에서 방사선을 내뿜게 된다. 일반적으로 이 불안정한 방사성 동위원소가 쪼개지는 속도는 일정하다고 알려져 있기 때문에, 쪼개지기 전의 원자와 쪼개진 후 원자의 양 그리고 원자가 분열되는 속도를 사용해서 해당 원자들이 들어있는 물체의 나이를 측정할 수 있다.

보통 '죽은 생명체'와 '용암에서 굳은 암석'이라는 '밀봉된 상자'만 그 안의 원소가 외부적 요인으로 변하지 않기 때문에 방사성 동위원소 변화를 통해 해당 사건이 발생한 시간을 측정할 수 있는 것으로 알려져 있다.

2. 지구 나이 간택

암석에 대한 방사성 동위원소 연대 측정은 측정 방법(어떤 원소를 사용했는가)에 따라 산출되는 연대가 달라진다. 일반적으로는 다른 외부적인 요인을 함께 고려하여 산출된 여러 연대 중에 가장 적절해 보이는 연대를 정확한 연대라고 결정한다. 즉 방사성 동위원소 연대 측정은 그 자체로는 연대를 정확히 결정할 수 없는 다소 부족한 연대 측정 방법이다. 실제 지구의 나이는 이렇게 다양한 방법으로 추정된 여러 연대 중에서 특정 근거만 토대로 골라진 단 하나의 연대로 결정되었다. 태양계에서 생성된 것이라고 생각되는 특정 운석의 나이를 45억 년으로 결정한 뒤, 이것이 오늘날 지구의 나이가 된 것이다.

3. 연대 측정의 문제점

창조 과학자들이 실행한 다양한 검증 실험 결과, 방사성 동위원소 연대 측정은 과학적으로 잘못된 방법임이 밝혀졌다. 죽은 생명체와 용암에서 굳은 암석조차 '밀봉된 상자'가 아니어서 시간에 따라 내부 구성 원소가 변한다. 옛날과 지금의 지구 환경이 같다는 증거도 전혀 없다. 결국, 대상 물체 안에 처음에 원자가 얼마나 있었는지, 얼마만큼의 원자가 쪼개진 원자이고, 얼마가 새로 유입된 원자인지 정확히 계산하는 것이 불가능하다.

또한, 방사성 동위원소가 쪼개지는 속도도 과거 어느 순간 매우 빨랐던 적이 있었던 것으로 보이는 증거들이 있다. 이처럼 방사성 동위원소 연대 측정의 신뢰성 자체에 심각한 문제가 있기 때문에 이 방법으로 결정된 지구의 나이 45억 년은 믿을 수 없는 수치인 것이다.

4. 순환논법

현 과학계는 생명의 진화가 화석으로 입증된다는 진화론과 지층의 연대가 수십억 년 되었다는 방사성 동위원소 연대 측정이 서로를 지지하고 있다. 즉 다른 이론이 맞기 때문에 한 이론이 틀릴 리 없다는 순환논법을 사용하면서, 각 이론이 틀렸다는 개별 주장을 무시하고 있는 것이다. 이 순환논법을 지탱하는 가장 큰 배경은 바로 무신론/유물론이라는 종교다. 유신론/창조론을 믿는 사람들은 유물론의 주류 이론을 완전히 대체할 수 있는 이론들을 개발했다.

1. 방사성 동위원소

지구의 나이는 얼마일까?
일반적으로는 45억 년으로 알려져 있다.
그렇다면 이 나이는 어떻게 계산된 것일까?
일반적인 수준에서, 세상은 원자로 이루어져 있다. 다양한 모양의 레고 블록처럼, 원자도 하나가 아니라 여러 종류가 있는데, 각각의 종류를 원소라고 한다. 하나의 원자는 커다란 원자핵과 작은 전자들로 구성되는데, 원자핵은 양성자와 중성자로 구성된다. 그리고 원자핵에 존재하는 양성자의 숫자에 따라 서로 다른 원소가 형성된다.

그런데 종종 특정 원소에서 원자핵에 중성자가 몇 개씩 더 붙거나 덜 붙는 경우들이 발생한다(전기적 특성에 영향을 주는 양성자와 전자의 수는 변하지 않아 속성이 비슷하다). 이것들을 동위원소라고 하는데, 이 경우 원래보다 중성자가 많아진 동위원소는 상당히 불안정해지면서 안정적인 상태가 되려고 한다.

안정적인 상태가 되는 가장 쉬운 방법은 넘치는 중성자가 떨어져 나가는 것이다. 그런데 누구 하나 찍어서 방 빼라고 하면 그 친구가 순순히 나간다고 할 리가 없다. 그래서 보통 두 가지 현상이 발생한다. 하나는 중성자 하나가 양성자로 변해서 다른 원소가 되어 버리는 것이고, 다른 하나는 서로 네가 나가라고 밀고 밀다가 결국 원자핵의 일부(양성자 2개, 중성자 2

개, 즉 헬륨)가 동시에 떨어져 나가는 것이다. 가벼운 원소는 주로 전자처럼 변신을 하고, 무거운 원소는 주로 후자처럼 붕괴되어서 약간 더 가벼운 원소가 된다. 그리고 후자처럼 원소가 붕괴되는 경우에 강력한 에너지가 방출되는데, 이때 방출되는 에너지가 방사선이다. 그리고 이런 방사선을 방출하는 원소를 방사성 동위원소라고 한다.

2. 방사성 동위원소 연대 측정

개별 원소들은 여러 동위원소를 가질 수 있다. 자연에는 85종의 원소와 287종의 동위원소가 있다고 한다. 즉 하나의 원소 당 평균 3개 이상의 동위원소가 있다는 뜻이다. 예를 들어 우라늄의 경우에도 U238, U235, U234(숫자는 원자핵 내에 존재하는 양성자+중성자의 수다)의 세 가지가 자연에 존재한다. 불안정한 원소는 자꾸 붕괴하면서 사라지기 때문에 안정적인 특정 동위원소가 자연에서 발견되는 원소의 대부분을 차지한다. 일반적으로 이들 동위원소 간의 비율은 전 자연에 걸쳐 일정하다고 알려져 있다.

만약, 이들 동위원소가 자연과 똑같은 비율로 어떤 상자에 밀봉해서 담기면 어떻게 될까?

원소는 너무 작기 때문에 특정 동위원소만 걸러서 담는 것이 매우 어렵다. 즉 상자 안에 특정 원소를 담으면 보통 불안정한 동위원소가 반드시 자연에 존재하는 비율만큼 포함된다. 그리고 시간이 지나면서 불안정한 원소는 자꾸 붕괴돼서 사라지고, 안정적인 원소는 그대로 남아 있기 때문에 동위원소 간의 비율이 자연과 달라지게 될 것이다.

그렇다면 동위원소 간의 비율이 원래 자연과 달라진 정도를 통해 이 동위원소들이 상자에 담긴 시점부터 현재까지 얼마나 시간이 지났는지도 알 수 있지 않을까?

만약, 동위원소의 붕괴 속도를 정확히 알 수 있다면 말이다. 이것이 바로 방사성 동위원소 연대 측정의 원리다.

(1) 자연계의 동위원소 비율을 알고 있다.
(2) 그 동위원소의 붕괴 속도를 알고 있다.
(3) 밀봉된 상자 내의 동위원소 비율을 측정할 수 있다.

결론: (1)과 (3)의 차이를 (2)의 속도로 나누면 상자에 동위원소들이 담기고 밀봉된 시간을 알 수 있다.

경우에 따라 변형된 연대 측정 방식이 사용되기도 한다. 붕괴를 통해 특정 동위원소가 다른 원소로 변하기 때문에 붕괴 전 원소와 붕괴 후 원소의 비율을 사용하는 것이다.

(1) 자연계의 붕괴 전 원소와 붕괴 후 원소의 비율을 알고 있다.
(2) 그 동위원소의 붕괴 속도를 알고 있다.
(3) 밀봉된 상자 내의 붕괴 전 원소와 붕괴 후 원소의 비율을 측정할 수 있다.

결론: (1)과 (3)의 차이를 (2)의 속도로 나누면 밀봉된 시간을 알 수 있다.

이제 우리는 과거의 시간을 측정하는 문제를 푸는 방법을 알게 되었다. 그렇다면 문제를 풀어보고 싶어지는 것이 인지상정이다.
과연 동위원소가 '밀봉된 상자'는 자연계 어디에 존재하는 것일까?

3. 밀봉된 상자

자연계의 물질들은 서로 순환한다. 우리는 먹으면서 자연계의 물질들을 몸 안에 넣고, 싸면서 몸 안의 물질들을 자연으로 내보낸다. 이것은 모든 생명체에 해당되는 사항이다. 따라서 생명체 내의 물질은 기본적으로 자연의 물질과 같은 구성을 갖게 된다. 이 말은 생명체 내의 동위원소 비율도 자연계와 똑같다는 것이다. 그리고 생명체가 죽는 순간 이러한 대사 과정, 특히 자연계 물질들의 생명체 유입은 완전히 끝나게 된다. 즉 죽은 생명체는 하나의 밀봉된 상자라고 볼 수 있다.

생명체들은 우라늄 같은 무거운 원소 혹은 중금속을 먹지는 않는다. 생명체들이 먹는 음식들은 대부분 탄소를 포함한다. 그래서 죽은 생명체의 연대 측정은 방사성 탄소 연대 측정만 가능하다. 다만 방사성 탄소의 붕괴 속도가 매우 빨라서 수천 년을 넘어가면 남아 있는 탄소를 측정하는 것이 거의 불가능해진다. 즉 연대 측정이 불가능해진다. 어쨌든 죽은 생명체는 일종의 밀봉된 상자라고 볼 수 있다.

또 다른 밀봉된 상자로는 무엇이 있을까?

무거운 원소 혹은 중금속은 땅속에 존재한다. 그리고 유물론자들의 지구 형성 이론에 따르면 지구는 뜨거운 상태로 모두 녹아 있다가 점점 식어서 지표면이 지금처럼 암석이 되었다. 액체는 모든 물질이 고루고루 잘 섞인다. 그런데 고체가 되면 물질들이 잘 안 섞이게 된다. 따라서 용암이 굳어서 암석이 되면 암석 내의 동위원소들은 더 이상 자연계와 순환하지 않는다. 이후 시간이 지나면 암석 내의 동위원소들이 변하게 된다.

즉 용암(혹은 마그마)이 굳은 화성암도 일종의 밀봉된 상자. 암석 내에 포함된 무거운 원소들의 붕괴 속도는 매우 느리다. 그래서 생명체보다 훨씬 긴 기간에 대해서도 측정이 가능하다. 이런 이유로 암석에 대한 방사성 동위원소 연대 측정이 일반적으로 지질 연대를 측정하는 방법이 된다. 암석의 연대 측정에는 주로 우라늄-납 연대 측정, 혹은 다른 무거운 원소의 붕괴 전-붕괴 후 원소 연대 측정이 사용된다.

자, 이제 밀봉된 상자를 찾았으니, 실제 연대 측정을 진행해 보자.

4. 퇴적암의 연대 측정

존 모리스는 '젊은 지구'에서 연대 측정이 일어나는 과정에 대한 이야기를 구성해 들려준다. 대략적인 내용은 이렇다.

당신은 화석이 잘 보존된 석회암을 발견했다. 이 암석의 연대를 알고 싶은 당신은 친한 지질학과 교수를 찾아간다. 그런데 교수는 탄소-14 연대 측정법을 사용하지 않는다.

> 탄소 연대 측정은 오직 생명체 같은 유기물에만 쓸 수 있어요. 게다가 기간도 수천 년 정도만 유효한 데, 당신이 가져온 암석에 있는 화석은 수백만 년은 넘은 것 같으니 탄소 연대 측정을 쓸 수 없어요.

게다가 석회암 같은 퇴적암(물을 따라 쓸려간 흙이 쌓여서 돌이 된 것)은 방사성 동위원소 연대 측정으로 정확한 연대를 알 수 없기 때문에 교수는 아예 방사성 동위원소를 측정하지도 않는다.

"암석 대신 화석의 모양과 특징을 연구하면 암석의 나이를 알 수 있어요."

교수는 책장에서 거대한 『무척추 고생물학』 책을 꺼내서 암석에 있는 조개 화석과 비슷한 그림을 찾아낸다.

"그림에 붙어 있는 설명을 보니 이 조개는 3억 2천만 년 전에 살았던 조개군요. 당신의 암석은 3억 2천만 년 된 암석이네요."

갑자기 궁금증이 생긴 당신은 교수에게 질문한다.

"그럼 화석이 없는 퇴적암의 연대는 어떻게 알 수 있나요?"

교수는 지층에 대한 간단한 강의를 한다.

지층은 순서대로 쌓입니다. 따라서 화석이 없는 암석이 나온 지층의 위와 아래 지층에서 나온 화석으로 다른 지층의 연대를 알아내면, 중간에 있는 지층의 연대도 알아낼 수 있지요.

퇴적암은 방사성 동위원소 연대 측정이 불가능하고, 지층에 존재하는 화석으로 연대를 추정한다.

5. 화성암의 연대 측정

용암이 식어서 굳은 화성암은 그 열기로 인해 생물의 사체가 다 타버려서 화석이 형성되지 못한다. 다행히 화성암은 방사성 동위원소 연대 측정이 가능하다. 당신이 퇴적암을 주워온 곳 근처에서 주워온 화성암을 본 친한 지질학과 교수는 자기 친구인 지구 물리학과 교수를 추천해준다.
"그에게 방사성 동위원소 연대 측정을 해달라고 얘기해 놓겠습니다."
지구 물리학과 교수는 암석을 가루로 빻고, 특정 광물을 원심분리기로 분리해 낸 다음, 암석 가루의 방사성 동위원소 함량 비율을 조사하고, 컴퓨터로 수식을 풀어서 암석의 연대를 결정한다. 그는 무려 서로 다른 네 가지 방사성 동위원소 연대 측정 방법으로 암석의 연대를 측정한다. 몇 주 후에 교수는 당신에게 다음과 같은 암석의 연대를 알려 준다.

우라늄/납 방법: 4억 8000만 년-5억 2000만 년
칼륨/아르곤 방법: 9억 9800만 년-1억 200만 년
루비듐/스트론튬 방법 1: 3억 년-3억 5000만 년
루비듐/스트론튬 방법 2: 3억 4000만 년-4억 1000만 년

당신은 매우 당황한다.

"모두 과학적인 방법인데 어떻게 연대가 완전히 다 다르죠?"
교수는 당신에게 심각한 표정으로 묻는다.
"어디서 이 암석을 발견했나요?
이 암석 근처에서 어떤 화석들이 발견되었나요?"
"3억 2천만 년 된 조개가 발견 되었는데요 ···."
"아, 그렇다면 루비듐-스트론튬 1연대가 정확하지요. 이 방법은 당신의 암석이 3억 2천만 년 된 것을 입증하고 있지요. 다른 연대들은 부정확한데, 아마 분석 과정에서 약간의 오염이 있었던 것 같군요."
이 이야기에서 알 수 있는 사실은 암석의 연대는 방사성 동위원소 연대 측정만으로는 확정적으로 측정될 수 없다는 사실이다. 오직 주변에 있는 화석의 연대를 통해서만 암석의 연대가 결정된다. 문제는 이 화석의 연대를 결정하는 방법이 다시 암석의 연대를 사용한다는 것이다. 이런 것이다.
"철수네 집은 영희네 집 옆이다. 물론 영희네 집은 철수네 집 옆이다."

6. 지구의 나이

이제 실제 지구의 나이가 어떻게 결정되었는지를 살펴보자.

빅뱅 이론의 태양계 및 행성 형성 과정에 따르면 초기 지구는 먼지들과 조그만 운석들이 모여 들면서 서로 충돌하여 그 에너지로 전체가 다 녹아 있는 상태였다. 이후 시간이 지나면서 지구 표면은 서서히 식게 되었다. 지구가 처음으로 형성된 것은 45억 년 전이고, 지구 표면이 식은 것은 38억 년 전이라고 한다. 따라서 화성암의 연대는 최대 38억 년까지만 추정될 수 있다. 즉 지구의 나이 45억 년은 지구 암석으로는 절대 알아낼 수 없다는 뜻이다.

그렇다면 무엇으로 지구의 나이를 알 수 있을까?

바로 운석이다. 태양계 형성 이론에 따르면 지구가 형성되는 시기에 운석들과 다른 행성들도 동시에 형성되었다. 따라서 운석의 나이가 바로 지구의 나이가 되는 것이다. 운석은 작기 때문에 형성 직후 빠르게 식어서 운석 형성 시점이 바로 암석 형성 시점이라고 볼 수 있을 것이다.

그리고 지구의 나이를 결정한 운석은 '아옌데' 운석이다. 방사성 동위원소 연대 측정의 여러 방법 중 '납-207/납-206 방법'을 사용한 결과에 따르면 아옌데 운석의 나이는 바로 45억 년이었다. 이 운석을 연구한 타츠모토 등(Tatsmoto, Unrch, Desborough)은 총 다섯 가지 방법으로 운석의 연대를 측정했다.

어떤 결과가 나왔을지 짐작이 가는가?

우라늄-238/납-206: 88.2억 년
우라늄-235/납-207: 55.7억 년
토륨-232/납-208: 104억 년
납-207/납-206: 45억 년
스트론튬-87/스트론튬-86: 44.8억 년

게다가 저자들은 몇 가지 다른 분석 방법도 실행했는데, 일부 결과는 신뢰할 수 없다면서 아예 수치 자체를 언급하지 않았다.

이 버려진 결과들은 과연 어떤 수치를 보였을까?

자, 이제 버려진 수치를 제외한 이 다섯 가지 결과 중 어떤 결과를 지구의 연대로 사용해야 할까?

무려 두 가지 방법이 비슷하게 나타난 45억 년을 지구의 나이로 보면 되는 걸까?

어쨌든 저자들은 아무도 가 보지 못한 45억 년 전에 대해 이런저런 일이 있었을 것이라고 적당한 이유를 대면서 납-207/납-206 방법이 정확한 연대를 보여 준다고 선택했고, 이후로 지구의 나이는 45억 년이 되었다.

7. 확증 편향

지구에는 종종 운석들이 떨어진다. 물론 이 운석들에 대해서도 방사성 동위원소 연대 측정이 종종 수행되었다. 창조론자들의 주장에 대해 진화론자들은 다양한 운석의 분석 결과(논문)를 제시하면서 모든 운석에서 지구의 나이가 45-46억 년으로 나온다고 말한다. 따라서 과학적으로 지구의 나이는 45억 년으로 확정되었다고 주장한다.

왜 이런 입장 차이가 나타나는 것일까?

그 이유 중 하나로 꼽히는 것은 확증 편향이다. 확증 편향이란 자신이 사실로 믿는 것은 받아들이고, 사실로 믿지 않는 것은 무시하는 행태를 말한다.

아엔데 운석 분석 결과 운석의 나이는 얼마인가?

45억 년이다. 저자들이 다양한 분석의 서로 다른 수치들을 놓고 단 하나의 수치 45억 년만을 골랐으니까. 마찬가지로 모든 논문이 다양한 분석 방법을 썼더라도 마지막으로 운석의 연대는 단 하나만 골라서 제시하게 된다. 그리고 그것은 당연히 45억 년 근처가 된다. 그렇지 않다면 논문 잡지에 실리지 않고, 박사 학위를 받지 못하거나, 교수로 재직 중인 학교에서 잘리게 된다. 45억 년보다 연대가 낮은 운석은 살아남는다. 충돌 등으로 암석이 약간 녹았다가 다시 굳으면서 연대가 줄어들게 되었다는 것이다. 45억 년보다 연대가 높은 운석은 살아남지 못한다.

그렇다!

방사성 동위원소 연대 측정은 절대 실패하지 않는다. 여러 분석 방법을 사용해서 45억 년이 나오는 분석 방법을 선택하면 되니까!

암석에 대한 방사선 동위원소 연대 측정은 측정 방법에 따라 산출되는 연대가 극명히 달라진다. 문제는 이 다양한 연대 중에 하나를 고르는 과정이 전혀 과학적이지 않다는 점이다. 지구의 나이는 단 하나의 운석을 통해 임의적으로 골라진 연대로 정해진 이후 지금까지 수정되지 않고 있다.

게다가 더 큰 문제는 각각의 방사성 동위원소 연대 측정 방법 자체에도 크나큰 결점이 있다는 것이다.

8. RATE 프로젝트

유물론자들이 비싼 첨단 과학 장비와 정부 및 과학계 실험 예산을 독점적으로 사용하는 상황에서 창조 과학이 점점 발전하면서 창조론자들도 직접 다양한 가정과 그에 따른 실험 결과를 얻기 위해 방사성 동위원소 연대 측정을 시도하게 되었다. 이 실험 프로젝트는 1997년부터 2005년까지 진행되었으며, RATE(Radioisotopes and the Age of The Earth, 방사성 동위원소와 지구 나이) 프로젝트라고 한다.

이 프로젝트는 다수의 실험을 통해 방사성 동위원소 연대 측정의 세 가지 가정이 사실이 아니며, 따라서 연대 측정 자체가 믿을 수 없는 수치를 산출함을 보였다. 즉 처음으로 연대 측정 실험 자체에 대한 검증이 창조론자들에 의해 진행되었고, 연대 측정 방법 자체에 문제가 있다는 것이 입증된 것이다.

9. 밀봉되지 않은 상자

방사성 동위원소 연대 측정의 첫 번째 가정은 소위 '밀봉'된 상자, 즉 암석 내에 새로운 원소가 들어오거나, 암석에서 기존의 원소가 빠져나가지 않는다는 것이다. 과학자들은 실험을 위한 암석 시료를 채취할 때, 정말 극도의 주의를 기울인다. 따라서 실험 과정에서의 오염 가능성은 극히 희박하다. 그러나 이런 과학자들의 노력과는 별개로 암석 자체가 놓인 환경 요소 혹은 암석 자체의 특성으로 인해 암석은 밀봉된 상자로 기능하지 못한다.

RATE 프로젝트는 특정 광산의 여러 채취 지역에서 나온 동일한 시대의 암석을 가지고 연대 측정을 했다. 그 결과 거대한 암석층 이곳저곳에 외부로부터의 유입이 발생했다. 따라서 암석의 어느 부분을 가루로 만들어 실험하느냐에 따라 암석의 연대가 크게 변하는 사실을 발견했다. 이런 문제점(같은 암석의 연대가 서로 다른 것)을 해결하기 위해 여러 시료를 동시에 분석하는 방법(등시간 isochron 연대 측정)이 개발되었지만, 이것은 외부 유입을 걸러내는 효과는 없기 때문에 전체적인 연대 측정의 정확성 문제가 해결되지 못한다.

실제로 상당히 많은 경우, 만전을 기한 시료 채취와 실험에도 불구하고 방사성 동위원소 연대 측정에 의한 암석의 연대가 주변의 화석과 다른 지층들과의 비교를 통한 연대와 큰 차이가 난다. 이 경우, 극도의 주의에도 불구하고 시료가 오염되었다는 이유 등을 들어 연대 측정 결과가 바로 폐기된다. 확증편향이 작동하게 되는 것이다. 그러나 시료 오염은 실험 과정이 아니라, 암석 자체에서 늘상 발생하는 일이라는 점이 첫 번째 가정이 사실과 다르다는 것을 보여 준다.

10. 자연과 다른 상자 속

방사성 동위원소 연대 측정의 두 번째 가정은 상자가 밀봉될 '당시'에 상자 안에 담겨지는 내용물이 자연 그대로의 내용물과 동일하다는 것이다. 용암이 식어서 굳어질 경우, 이 굳어지는 시점이 바로 암석이라는 상자가 밀봉되는 시점이다. 따라서 우리가 역사 기록을 통해 정확한 분출 연대를 아는 화산의 암석들을 분석하면 정말로 암석이 그 시점에 '밀봉' 되면서 자연과 동일한 비율의 원소들이 들어갔는지 확인할 수 있다.

RATE 프로젝트는 여러 화산에서 발생한 서로 다른 시점의 화산 분출을 포함해 여러 암석을 분석했다. 분석 결과에 따르면 200년 전에 분출한

하와이의 후아랄라이(Hualalai) 화산 암석은 160만 년, 2100년 전에 분출한 이탈리아 시칠리아섬의 에트나 화산 암석은 25만 년, 29년 전 재분출한 에트나 화산 암석은 35만 년 전의 연대가 측정되었다. 약 15건의 서로 다른 화산 암석 분석 결과를 토대로 얻을 수 있는 결론은 용암이 굳어 밀봉이 시작될 때에 이미 암석 내에 붕괴 후 원소가 자연 상태보다 더 많이 존재한다는 것이다. 이것은 붕괴 전-붕괴 후 원소의 비율을 통해 시간을 계산하는 데 있어 치명적이다.

처음에 붕괴 후 원소가 얼마나 있었는지 정확히 모른다면, 붕괴 후 원소가 암석 형성(밀봉) 후 얼마나 늘어났는지 절대 알 수 없기 때문이다. 즉 방사성 동위원소 연대 측정 방법은 생각은 그럴듯했지만, 실제로는 계산 자체가 불가능한 이론이었던 것이다.

11. 방사성 동위원소의 붕괴 속도 변화

방사성 동위원소 연대 측정의 마지막 가정은 상자가 밀봉된 '이후'에 붕괴가 일정한 속도로 진행된다는 것이다. 상자가 정말로 '밀봉'되고, 밀봉 '당시'에 자연 그대로의 비율로 원소들이 포함된다면, 밀봉 '이후' 붕괴 속도가 일정할 경우 정확한 시간 계산이 가능해진다. 실제로 방사성 동위원소의 붕괴 속도가 측정된 1900년대 이후로 이 속도에는 아무런 변화가 없다.

암석에는 현재 속도로 방사성 동위원소가 붕괴될 경우 암석이 수백만 년은 된 것처럼 보이는 여러 흔적이 존재한다. 창조론자들은 암석이 수백만 년이 되는 것처럼 보이는 현상에 대해 설명할 방법을 마련할 필요가 있었다. 이들은 6천 년이라는 시간에 맞춰 암석이 오래되어 보이는 현상을 설명하기 위해 과거 방사성 동위원소의 붕괴 속도가 크게 변했던 적이 있는지에 대한 가설을 세우고 실험을 수행했다.

우선 방사성 동위원소 붕괴가 발생하면 헬륨(양성자 2개, 중성자 2개, 즉 방사선 붕괴로 튕겨져 나가는 입자들은 헬륨이 된다) 가스가 생성된다. 헬륨은 두 번째로 작은 원소로 암석의 미세한 틈은 헬륨에게는 거대한 구멍처럼 보인다. 따라서 오늘날처럼 느린 속도로 방사선 붕괴가 발생할 경우, 암석 내에 헬륨 가스가 남아서는 안 된다. 나오는 족족 암석에서 빠져나와 사라져야 하기 때문이다.

1980년대 뉴멕시코주의 한 광산, 땅속 5km에서 15억 년 되었다는 수정이 발견되었다. 그런데 이 수정 안에는 15억 년 동안 방사선 붕괴로 발생한 헬륨의 80%가 여전히 남아 있었다. 15억 년이라면 헬륨이 수정에서 다 빠져나가고 거의 남지 않아야 하는데 말이다. RATE 프로젝트는 역으로 헬륨이 수정에서 빠져나가는 속도를 측정한 후, 방사선 붕괴로 발생한 헬륨의 20%가 빠져나가는 데 걸린 시간이 4-8천 년(약 6천 년)이라는 결과를 도출했다.

암석 내 엄청난 헬륨의 양은 방사선 붕괴가 과거에 엄청나게 많이 발생했다는 것을 입증한다. 실제로, 암석 내에 붕괴 후 원소가 상당히 많이 존재해서 연대 측정 결과 15억 년이 나온 것이다. 그런데 붕괴의 부산물인 헬륨 가스가 여전히 대부분 암석 내에 남아 있다는 것은 방사선 붕괴가 대부분 최근에 발생했다는 것을 입증한다. 따라서 방사선 붕괴의 속도가 일정하다는 가정에 대해 충분히 의심을 가질 증거가 나타난 것이다.

12. 붕괴의 흔적: 방사선 동심원

불안정한 방사성 동위원소는 붕괴되면서 다른 원소로 변한다. 그런데 이렇게 붕괴된 후 변신한 원소도 여전히 불안정한 원소인 경우가 있다. 그러면 다시 붕괴가 발생한다. 우라늄-238은 이렇게 14번에 걸쳐 연쇄적으로 붕괴(혹은 변신)하면서 안정적인 납-206이 된다. 처음 존재했던 우라늄-238의 절반이 최종적으로 납-206까지 붕괴되는 시간(처음 원소가 반으로 감소하는 기간, 줄여서 반감기라고 한다)은 약 45.1억 년이다. 문제는 45.1억 년이 14단계에 걸쳐 고루 나눠지는 것이 아니라는 것이다.

이 14단계 중 폴로늄-214는 단 0.0016초만에 절반이 납-210이 된다. 어떤 단계는 이 속도가 3.82일, 어떤 단계는 3.05분, 29.7분, 5일, 130일 … 단계마다 붕괴 속도가 완전히 다르다. 그리고 이 각각의 붕괴는 암석에 자신의 흔적을 남긴다. 강력한 에너지의 영향으로 원자를 둘러싸는 구 모양으로 암석의 색이 변색되는 것이다.

각 단계마다 내뿜는 에너지의 양이 다르기 때문에 변색되는 구의 크기가 서로 달라지고 이것은 양파처럼 겹겹이 포갠 동심원의 형태로 나타나게 된다. 이것이 방사선 동심원이다. 즉 암석 형성 시점에 특정 원소가 특정 위치에 고정되면, 그 원소 이후로 몇 단계에 걸친 동심원이 나타난다는 것이다. 즉 우라늄-238이 암석에 갇히면 14개의 동심원이 생기고, 다음 단계인 토륨-234가 암석에 갇히면 13개의 동심원이 생기는 것이다. 우리는 이 동심원의 숫자를 셈으로써 암석 형성 당시에 어떤 원소들이 얼마나 존재했었는지를 파악할 수 있다.

우라늄-238(방사선 붕괴의 시작 원소)이 폴로늄-214가 되는 데에는 상당한 시간이 걸린다. 이렇게 힘들게 생성된 폴로늄-214는 정말 찰나의 순간(0.0016초)에 사라지기 때문에 자연에서는 거의 발견되지 않는다. 재밌는 점은 이 폴로늄-214가 암석 형성 시점에 자신의 존재 흔적을 명백히 다량 남기고 있다는 것이다. 즉 폴로늄-214로부터 시작되는 방사선 동심원을 흔하게 볼 수 있다는 뜻이다.

자연계에는 거의 존재하지 않고, 상당한 시간이 흘러야만 나타나는 붕괴 후 원소가 암석 형성 시점부터 자신의 존재감을 드러낸다니!

이것을 설명하는 거의 유일한 방법은 과거 엄청난 속도의 방사선 붕괴가 발생해서 자연계에 우라늄-238과 폴로늄-214가 동시에 존재했고, 이 시점에 암석이 굳어버렸다는 것이다(게다가 폴로늄의 흔적은 대부분 물을 동반한다. 용암과 물이 공존하는 상황은 과연 어떤 상황이었을까?). 즉 과거에도 방사성 동위원소의 붕괴 속도는 지금과 같았다는 가정은 사실이 아닐 가능성이 큰 것이다.

결과적으로 RATE 프로젝트는 방사성 동위원소 연대 측정의 핵심 가정들이 모두 사실이 아니며, 따라서 이를 통해 추정된 연대 45억 년은 실제 지구의 나이로 적절하지 않다는 것을 보여 준다. 과학은 치열한 반론과 검증을 통해 발전한다. 방사성 동위원소 연대 측정은 이러한 반론과 검증이 소홀한 채로 혹은 외면된 채로 지속적으로 사용되고 있다. RATE 프로젝트가 시도한 반론과 검증은 방사성 동위원소 연대 측정이 잘못된 방법임을 보여 준다. 그런데도 방사성 동위원소 연대 측정은 여전히 유효한 방법으로 인정받고 있다. 바로 확증편향에 휩싸인 강력한 동료들의 지원 덕분이다.

13. 순환논법

다시 한번, 존 모리스의 지질학과 교수 이야기를 옮겨와 보자.

암석에서 좋은 화석, 즉 진화의 여정 중 오직 한 짧은 기간에만 살았던 생물로 정의되는 시준(시간의 기준이 되는) 화석이 발견된 것은 참으로 다행인 일이다. 좋은 화석이라는 것은 이 조개가 다른 조개에 비해 좀 더 고등하다는 것이 아니라, 다른 조개에는 없는 독특한 특징을 갖고 있다는 것이다. 이런 종류의 조개 화석이 발견되는 암석은 3억 2천만 년 되었다는 것을 알 수 있다. 왜냐하면, 이 조개는 3억 2천만 년 전에 살았었기 때문이다.

대부분의 화석은 시준 화석이 아니다. 많은 조개, 달팽이, 곤충, 심지어 단세포 생물조차도 수억 년 동안 전혀 변하지 않았으며 여러 지층에서 발견된다. 이러한 생물들은 어느 특정한 시기에만 산 것이 아니기 때문에 암석의 연대를 알아내는 데 사용할 수 없다.

　암석 연대 결정에 오직 시준 화석만이 유용한데, 그 이유는 시준 화석이 한 암석층에서만 발견되기 때문이다. 한 암석층에서만 발견된다는 사실은 지질 역사상 상대적으로 짧은 기간 동안에만 살았다는 것을 의미하는데, 이러한 화석들이 발견되면 암석의 연대는 그 화석의 연대로 결정된다.

　이것은 전형적인 순환논법이다. 시준 화석을 포함한 모든 화석은 암석층에 의해 연대가 결정된다. 그런데 암석층은 다시 시준 화석에 의해 연대가 결정된다. 이 둘 중에 하나의 연대가 결정되면 다른 연대도 결정된다.

　그런데 누가 둘 중 하나의 연대를 정확히 계산한 적이 있던가?(물론 우리는 아직 화석의 연대를 계산하는 방법에 대해서는 논의하지 않았다)

　시준 화석과 암석층 중에 어느 것도 절대적인 기준에 의해 연대가 확정되지 않는 것이 문제의 핵심이다. 암석의 각 연대 측정 결과는 진화의 가정에 의해 수용되거나 혹은 폐기된다. 연대 측정의 모든 과정이 오래된 지구 시나리오의 틀 내에서 진행되기 때문에 오래된 지구 관점에 어긋나는 어떤 증거도 (논문으로) 남아 있을 수 없다. 오래된 지구 관점에 어긋나는 증거를 제시하면 연구비가 삭감되고, 대학 및 연구소에서 추방된다. 따라서 모든 학자는 여러 분석 결과 중에 기존 이론에 부합하는 분석 결과를 선택하고 나머지는 오염 등으로 신뢰할 수 없는 결과가 나왔다고 말하게 되는 것이다.

　방사성 동위원소 연대 측정은 진화론이라는 가장 강력한 친구를 파트너로 삼았기 때문에 심각한 문제점에도 불구하고 진화의 증거로 계속 채택되고 있다. 물론 진화론은 과학적으로 보이는 방사성 동위원소 연대 측정을 무기 삼아 생명체가 오랜 기간에 걸쳐 변화되었다고 사람들에게 선전한다.

14. 패러다임의 전환

토마스 쿤은 『과학 혁명의 구조』에서 패러다임이란 단어를 처음으로 사용했다. 그에 따르면 과학에서 새로운 개념과 이론은 객관적 관찰을 통해서 형성되기보다는 연구자 집단이 받아들이는 과정에서 형성된다는 것이다.

예를 들어 중세 과학 혁명 시기에 천동설이 지동설로 바뀌는 과정을 살펴보자.

모든 학자는 태양, 달, 별들의 움직임을 보면서 천동설을 믿었다. 천동설은 다양한 방식으로 새로운 관측 결과들을 설명하도록 개선된다. 그러나 점점 새로운 관측이 많아지고, 기존 관측도 더 정밀해지면서 천동설로는 더 이상 설명할 수 없는 현상들이 나타나게 된다. 천동설은 위기에 빠지게 되고, 새로운 이론이 나와야 하는 상황이 오게 된 것이다. 그러나 천동설은 쉽게 지배자의 위치를 내어 주지 않는다.

모든 학자가 기존 입장을 버리고 새로운 이론으로 갈아타려면, 모든 현상을 완벽히 제대로 설명하는 이론이 준비되어야 한다. 새로운 이론이 여러 검증과 수정을 거쳐 성장할 기회는 그리 넉넉하게 주어지지 않는다. 다행히 뉴턴의 고전 역학이 완성되고, 지동설이 성공적으로 태양, 지구, 달의 운행을 설명하면서 드디어 모든 학자는 지동설을 믿게 되었다.

이러한 패러다임 전환에는 종종 걸림돌이 작용한다. 지동설을 주장하던 갈릴레오가 종교 지도자들의 압박에 의해 주장을 철회했다는 이야기(사실과는 약간 다르지만)는 과학의 발전과 패러다임 변화가 종종 비과학적인 영역에 의해 지연될 수 있음을 시사한다.

15. 유물론 vs. 유신론

　이러한 종교적/사상적 주장은 오늘날에도 과학계에 영향을 미친다. 바로 무신론/유물론이 기원 과학의 지배적인 패러다임으로 주장되는 것이다. 지구의 나이는 6천 년일 수도, 45억 년일 수도 있다. 어느 쪽이든 자신의 주장과 증거를 내세우면 되는 것이다. 그러나 오늘날 유신론에 기반한 주장은 유물론 패러다임 하에서 아예 과학이 아닌 것으로 원천적으로 배제된다. 과학적 방법을 사용하더라도 말이다.

　유물론 패러다임은 단순히 한 영역이 아니라, 우주 과학(빅뱅 이론), 지구 과학(암석 연대), 생물학(진화) 등 기원 과학의 모든 영역을 지배하고 있다. 이것은 순환 논리를 강화하면서 유신론의 학계 진입을 원천적으로 배제하게 된다. 창조론자들은 다윈 이후 진화론자들에게 넘겨준 패러다임을 다시 되찾기 위해 수십 년간 다양한 분야에서 열심히 증거를 모으고 이론을 개발했다. 그리고 마침내 '우주 상대성 이론', '지적 설계', '격변설-수판 이론' 등 기존 패러다임을 완전히 대체할 수 있는 이론들을 개발했다.

　2000년대 들어 미국에서 교과서에 창조 과학을 진화론과 함께 가르치는 것에 대한 논란이 발생하고 있다. 이것은 과학의 발전으로 알게 된 사실들을 설명하는 데 있어 진화론이 지속적으로 실패하고 있으며, 창조론이 이 사실들을 설명하는 데 적절한 이론들을 개발해 내고 있음을 보여 준다.

　방사성 동위원소 연대 측정은 유물론 패러다임에 의해 지지받고 있지만, 실제로는 제대로 된 연대를 측정할 수 없는 방법이다.

　그렇다면 대체 지구의 나이는 얼마일까?

　방사성 동위원소 연대 측정 말고 다른 연대 측정 방법은 전혀 없는 것일까?

참고 문헌

John Morris. *The Young Earth: The Real History of the Earth – Past, Present, and Future.* Master Books, 2007, 2nd edition.
- 제4부 제1장의 과학적 사실들은 이 책에서 주로 인용한 것이다.
- 지질학자 이야기는 이 책에 등장하는 내용으로 일부를 임의적으로 편집했다. 아옌데 운석에 대한 세부 사항은 이 책에서 재인용한 것이다. RATE 프로젝트 관련 사항 역시 이 책에서 재인용한 것이다.
- 이 책은 1994년 초판이 나왔고, RATE 프로젝트 결과 발표 후 이 결과를 보충한 '개정확장판'이 2007년 발간되었다. 한국에서는 초판의 번역본이 2005년에 발간되었다.
- 원소와 동위원소의 수는 『다음 백과』를 참고했다.

제2장

지구는 얼마나 오래되었을까?
동일 과정설 vs. 격변설

• 요약

1. 자연을 통한 지구의 연대 측정

방사성 동위원소 연대 측정 외에도 지구의 자연 현상을 토대로 지구의 나이를 측정하는 다양한 방법이 존재한다. 특정한 자연 현상이 발생하는 현재 속도를 측정한 후, 현재까지 진행된 자연의 변화를 이 변화 속도로 나누면 지구의 최대 나이를 구할 수 있는 것이다. 이러한 지구의 변화를 동일 과정설에 따라 해석해 보면, 지구의 나이는 45억 년은 커녕, 짧으면 1만 년 길어도 수천만 년에 미치지 못한다.

2. 지층의 특성

진화론자들은 지층이 오랜 시대에 걸쳐 형성되었으며, 각 지층은 상당히 긴 지질 시대를 대표한다고 주장한다. 그러나 각 지층의 특성들은 그렇게 오랜 시간에 걸쳐 형성되어서는 결코 나타날 수 없는 것들이다. 이러한 문제점들이 드러나면서 지층의 형성 원인은 강에 의해 퇴적된다는 동일 과정설보다는 홍수와 같은 사건에 의한 것이라는 격변설이 점점 힘을 얻고 있다.

3. 지층의 나이

하나의 지층이 쌓이는 데에는 짧은 시간으로 충분할 수 있다. 그 다음 문제는 지층과 지층 사이에 얼마나 많은 시간이 흘렀는가 하는 것이다. 오랜 시간이 흘렀다면 지구의 지층은 장기간에 걸쳐 여러 번의 격변이 누적된 것이고, 전혀 시간차가 없다면 지구의 지층은 단 한 번의 격변으로 생성된 것이라고 볼 수 있다.

지층과 지층이 맞닿는 부분이 보여 주는 특징들은 지층과 지층 사이에 오랜 시간이 흘렀다고 볼 수 없음을 보여 준다. 각 지층 하나하나가 격변설로 단기간에 형성된 것처럼, 위아래로 쌓인 여러 지층도 거의 동시에 형성된 것이다. 즉 지층은 지구의 나이가 오래되었다는 증거가 될 수 없다.

1. 동일 과정설을 이용한 지구 연대 측정

방사성 동위원소 연대 측정 외에도 지구의 자연 현상을 토대로 지구의 나이를 측정하는 다양한 방법이 존재한다. 일반적으로 이 방법들은 전 지구를 분석 대상으로 삼는다. 전 세계의 물리 화학적 구성을 현저하게 변화시키는 것은 거의 불가능하기 때문에, 특정 암석의 일부 시료만을 사용하는 연구보다 더 신빙성이 높을 수 있다.

찰스 라이엘은 '지질학 원리'에서 '현재는 과거의 열쇠'로써 오직 현재 관찰되는 것만을 과거에 적용해야 한다고 주장했다. 이것을 동일 과정설이라고 한다. 이 동일 과정설에는 치명적인 약점이 있다. 현재 입증 가능한 과학적 원리와 달리, 현재 관찰되는 현상은 환경과 상황에 따라 달라질 수 있다. 즉 과거에도 실제로 현재와 동일한 현상이 발생했다고 입증하기 어렵다.

어쨌든, 찰스 라이엘은 현재 매우 느리게 진행되는 퇴적의 속도(대륙에 비해 매우 미미한 규모인 강의 하구에서만 흙이 쌓이고 있다)로 미루어 보았을 때,

전 지구를 뒤덮고 있는 퇴적암이 형성되기 위해서는 거의 무한한 시간이 필요하다고 주장했다. 그의 주장은 상당히 설득력이 있었기 때문에 사람들이 지구의 나이를 성경에서 말하는 6천 년에서 장구한 시간으로 변경하는 데 크게 기여했다. 따라서 우리는 그가 말한 동일 과정설 가정 그대로 지구에서 발생하는 몇몇 현상을 살펴볼 필요가 있다. 정말로 동일 과정설이 지구의 나이가 오래되었다고 입증하는지 확인해 보자.

방사성 동위원소 연대 측정과 마찬가지로 동일 과정설을 사용할 경우에도 지구의 나이를 알기 위해 매우 직관적인 계산 방법을 사용할 수 있다.

첫째, 어떤 현상은 현재 특정한 속도로 발생하고 있다.
둘째, 지구 전체에 그 현상은 얼마 정도의 규모로 축적(혹은 진행)되어 있다.
결론: 축적된 양인 2를 축적되는 속도인 1로 나누면 지구의 최대 나이가 된다.

동일 과정설 연대 측정은 지구 전체가 대상이기 때문에 방사성 동위원소 연대 측정에서 필요한 '밀봉'과 같은 엄격한 조건은 그다지 필요하지 않다. 또한, 이 방법은 지구의 최대 나이를 구하기 때문에 초기에 그 현상에 의해 축적된 양이 0이라는 조건도 그다지 필요하지 않다. 이제 분석 방법을 알았으니 실제 사례에 적용해 보자.

2. 대기 중 헬륨의 양

방사성 동위원소가 붕괴하면, 헬륨 가스가 생성된다. 암석 내에서 생성된 헬륨 가스는 암석의 틈을 빠져나와 대기로 들어오게 된다. 따라서 헬륨이 암석에서 빠져나와 대기로 들어오는 속도와 대기에 존재하는 헬륨의 양을 계산하면, 지구에 헬륨이 축적된 시간을 알 수 있다.

우선 지구 대기는 78%의 질소와 21%의 산소로 구성되어 있다. 헬륨은 대기의 0.00182%를 차지한다. 이를 원자 수로 계산하면, 지구 대기 상에는 총 $6*10^{38}$개(6 다음 0이 38개다)의 헬륨 원자가 있다. 몇 가지 복잡한 가정과 계산을 거쳐, 래리 바르디만(1986년 논문)이 계산한 헬륨이 암석에서 대기로 들어오는 속도는 지표면 $1cm^2$에서 1초당 $2*10^6$개다. 현재 지구 대기상 헬륨의 양을 헬륨이 대기로 들어오는 속도로 나누면, 대략 2백만 년이라는 숫자가 나온다. 즉 지구의 지표면이 식은 이후 지구의 연대는 최대 2백만 년 수준에 불과하다는 것이다.

래리 바르디만은 논문 말미에 만약 지구의 나이가 1만 년이 안 되었고, 처음부터 현재와 같은 대기를 가지고 있었다면, 1만 년 동안 암석에서 대기로 빠져나온 헬륨의 양은 현재 대기에 존재하는 헬륨 양의 1%도 안 된다고 말하고 있는데, 이쪽이 오히려 대기가 안정적으로 유지된다는 측면에서 설득력이 있다.

3. 바닷속 소금의 양

바닷물에는 소금이 녹아 있다. 소금은 나트륨과 염소로 이루어지는데, 바닷속 나트륨의 양과 바다로 흘러 들어가는 소금의 양을 알면 바다의 나이를 구할 수 있다.

알려진 바에 따르면 바다로 나트륨이 들어가는 경로는 열한 가지다. 세 가지는 강이 육지에서 나트륨을 운반하는 것이고, 두 가지는 빙하와 관련된다. 두 가지는 해저(바다 바닥)에서 일어나고, 화산, 바람, 지하수, 파도 등(총 네 가지)도 바다에 나트륨을 더해 준다. 반대로 바다에서 나트륨이 빠져나가는 경로는 일곱 가지다. 계산에 따르면 연간 바다로 들어가는 나트륨의 양은 4.57억 톤이고, 빠져나가는 양은 1.22억 톤이다. 즉 오늘날에는 매년 3.35억 톤(=3.35*10¹¹kg)의 나트륨이 바다로 더해지고 있다.

바닷물의 전체 무게는 최대 $1.4*10^{21}$kg이고, 나트륨의 무게는 바닷물 무게의 1.08%이므로, 바닷속 나트륨의 총량은 대략 $1.4*10^{19}$kg이다.

바닷물에 존재하는 나트륨을 매년 바다로 (순)유입되는 나트륨으로 나누면 총 $4.2*10^{7}$년, 즉, 최대 4200만 년이 된다. 존 모리스에 따르면 다른 연구들에서도 바다의 나이는 최대 8900만 년, 6200만 년 등 최대 1억 년에 미치지 못한다고 한다.

4. 침식과 퇴적

찰스 라이엘은 지층과 퇴적층이 현재 속도로 쌓인다면 엄청난 두께의 지층이 형성되기 위해 상당한 시간이 필요하다고 생각했다. 그런데 엄청난 지층이 강 밑에 퇴적되어서 쌓이려면 반대로 대륙 어디에선가는 엄청난 양의 흙이 강에 의해 깎여서 사라져야 한다. 북미 대륙에서는 매년 강을 통해 275억 톤의 흙이 육지에서 사라진다. 현재 해수면 위에 있는 북미 대륙의 흙 양은 3억 8,300만 톤이다. 즉 1400만 년만 지나면 북미 대륙이 사라진다는 것이다.

현재의 지구과학 이론에 따르면 북미 대륙은 7000만 년 전에 현재 모습으로 자리잡았다. 이 말은 7000만 년 전 북미 대륙은 지금 지표면 위에 있는 흙의 몇 배나 되는 흙이 육지 위로 더 높이 쌓여 있었어야 한다는 것이다. 한편 미국의 평야 지대는 대부분 강에 의한 침식 흔적이 없다. 대륙은 예상보다 흙이 적고, 심지어 쓸려 나간 흔적도 없다. 북미 대륙의 나이는 결코 수천만 년이 될 수 없다.

5. 지구 자기장 약화

지구는 일종의 자석이다. 지구 자기력의 영향으로 자력을 띤 쇠침(나침반)이 빙글빙글 돌다가 북쪽과 남쪽을 알려준다. 지구 내부의 뜨거운 핵은 녹아 있는 상태로 이 내부 핵의 움직임이 지구에 전기가 흐르게 만들고, 이 전기는 지구 전체를 둘러싼 자기장을 만들어서 지구를 일종의 자석으로 만들어 준다. 그런데 이렇게 전기로 생성되는 자기장은 전기가 약해지면 같이 약해진다. 과거 170년간의 관측 결과에 따르면 지구의 자기장은 계속 약해지고 있다. 지구 자기장이 약해지는 속도는 자기장의 강도가 기존의 절반이 되는 데 1400년이 걸리는 정도다.

전기가 약해지면 자기장이 약해진다는 소리는 역으로 자기장이 세면 전기도 세다는 뜻이다. 즉, 1400년 전으로 거슬러 올라가면 지구 자기장이 현재의 두 배로 세지고, 지구 내부의 전기도 2배로 세지게 된다. 2800년 전이면 4배, 4200년 전이면 8배, 5600년 전이면 16배 … 그리고 8700년 전이 되면 지구 내부의 전기가 너무 세서 지구 자체가 완전히 녹아 버린다. 즉, 지구 자체가 녹아 버리기 직전의 지구 내 전기 에너지의 최대 수준과 지구 내부의 전기 에너지가 감소하는 속도 및 현재 수준을 측정하여 역으로 지구의 나이를 계산할 수 있다. 그 결과는 지구의 나이가 9000년도 되지 않는다는 것이다.

참고로, 지금부터 1400년 후 지구 자기장의 세기는 현재의 절반이 된다. 2800년 후에는 1/4이 된다. 이렇게 약 1만 년이 지나면 지구 자기장은 정말 미약해진다. 그 결과 태양에서 오는 해로운 광선 및 입자들이 북극과 남극으로 비껴 나가는 대신(이렇게 극지방에 떨어지는 입자들이 펼치는 현상이 오로라다) 지구에 그대로 뚫고 들어와서 지구상의 생명체를 직격하고, 거의 모든 생명체는 유전자가 망가지면서 멸종하게 될 것이다.

진화론에 따르면 수십억 년을 살아온 지구의 생명체들이 불과 만 년 후에는 멸종하게 될 거라는 사실이 믿겨지는가?

이렇게 육(침식과 퇴적), 해(바닷물의 소금), 공(대기 중 헬륨), 지하(지구 내 전기 에너지)까지 지구 전체적으로 보여지는 현상들을 그대로 과거로 되돌릴 경우(동일 과정설), 지구의 나이는 절대 45억 년이 될 수 없음이 명백하다.

6. 지질 시대

지층은 층층이 쌓여 있는 그 형태로 보아 형성에 상당한 시간이 걸릴 것처럼 보인다. 땅속 깊이 층층이 쌓여 있는 지층은 도대체 어떤 방법으로 얼마에 걸쳐 퇴적된 것일까?

땅속에는 서로 다른 종류의 암석들이 각각 층을 이루어 여러 층으로 쌓여 있다. 이렇게 암석이 쌓인 모습을 지층이라고 한다. 일반적으로 지층은 강이 바다로 운반한 육지의 흙들이 계속 쌓이면서 암석이 된 것으로 생각된다. 이 외에 지층이 형성되는 과정은 알려진 바가 없다. 따라서 만약 동일한 종류의 흙들이 계속 들어오면 이것은 다 하나의 지층으로 쌓이게 될 것이다. 장구한 시간이 흘러 자연 환경이 바뀌고, 그 결과 강으로 들어오는 흙의 종류가 바뀐다면, 이제는 아까와는 완전히 구분되는 새로운 지층이 위로 쌓이기 시작한다. 따라서 각각의 지층은 지구의 환경이 달라졌거나 혹은 서로 완전히 다른 시대를 나타내는 것으로 볼 수 있다.

일반적으로 당연히 나중에 쌓인 흙은 위쪽에 쌓이기 때문에, 더 아래쪽에 위치한 지층이 더 오래된 시대의 지층일 것이다.

전 세계에 분포하는 지층을 이렇게 쌓인 순서에 맞춰 나열하면 전체 지구의 시대를 모두 파악할 수 있다. 물론, 자연 환경 변화에 따라 어디서는 특정 시대의 특정 지층이 아예 형성되지 않을 수도 있다. 하지만 퍼즐 맞추기를 좋아하는 훌륭한 학자들은 이렇게 곳곳이 빈 지층이 있더라도, 전 지구의 모든 지층을 살펴보면서 지구 전체에 존재했던 지층의 순서를 대략적으로 잘 맞출 수 있었다. 이렇게 지층의 순서가 결정되면, 각 지층은 대략 어느 시기쯤에 형성된 것인지 알 수 있다. 각각의 지층들은 각자 특정한 환경을 가진 지질 시대에 오랜 기간에 걸쳐 퇴적으로 형성되었을 것이다. 동일 과정설이 맞다면 말이다.

7. 지층의 특성

언제나 그렇듯이 문제는 구체적인 사항들에 있다. 동일 과정설은 그저 오랜 기간에 걸쳐 흙들이 오래 퇴적되고 다시 오랜 시간이 지나면 지층이 지금처럼 쌓일 것이라고 하지만, 실제 지층을 연구하면서 나타나는 지층의 다양한 특성은 이렇게 간단히 설명할 수 있는 성질이 아니다.

1) 대륙 규모의 지층

강은 대륙에 비해 매우 미미한 규모에 불과하다. 그런데 특정 지층은 미국이나 유럽 대륙의 상당 부분을 차지할 정도로 광대한 지역에 걸쳐 평평하게 형성되어 있다.

1400만 년이 흐르면 콜로라도강이 미 서부의 흙을 다 깎아서 태평양 동쪽에 북미 대륙 규모의 지층을 형성해 낼 수 있을까?

그것도 매우 평평하게 말이다.

2) 평평한 지층의 경계

상당히 많은 경우, 시대와 시대의 경계에 해당하는 지층 사이의 경계는 칼로 벤 듯 반듯하게 나눠져 있다.

시대가 바뀔 정도로 큰 환경적 변화가 있음에도 불구하고, 어떻게 이렇게 지층 사이가 반듯하게 나눠져 있을까?

3) 지층의 종류

각 시대의 지층은 어떤 시대는 모래, 어떤 시대는 석회암, 어떤 시대는 진흙으로만 이루어져 있다(그래서 시대마다 지층의 색깔과 모양이 다 다르다).

어떻게 지구에서 대륙 규모로 장기간에 걸쳐, 모래, 석회암, 진흙만 침식되고 퇴적될 수 있을까?

이들의 조합 비율이 다르다든가 하는 것이 아니라, 종종 완전히 한 속성의 물질(흙)로만 지층이 형성된다는 사실에 주의하시기 바란다.

4) 지층의 높이

각각의 지층은 때로 수십-백 m 이상의 높이로 형성된다. 이런 지층 중에는 석회암 지층과 석탄 지층도 포함된다. 그런데 석회암이 형성되려면 석회가 퇴적되어야 하는데, 석회가 퇴적되는 강의 하구나 바다는 석회가 녹으면서 완전 알칼리화되어 생명체가 살 수 없다. 게다가 수십-백 m 이상 쌓이려면 수백만 년 이상 그런 바다가 존재해야 한다. 또한, 수십 m 높이의 석탄층이 형성되려면 나무들이 수십-수백만 년 이상 차곡차곡 썩지 않고 쌓인 뒤, 그 위에 퇴적층이 덮여야 나무가 석탄으로 변하게 된다.

무엇이 나무를 수십, 수백만 년 동안 썩지 않게 만들었을까?

5) 휘어진 지층

종종 여러 겹의 지층이 완전히 휘어져 발견된다. 그런데 물기가 다 빠진 암석은 휘어지도록 힘을 받으면 휘는 대신 부서진다. 각각의 지층이 수백만 년에 걸쳐 형성되었다면, 위쪽은 몰라도 아래쪽의 지층에서는 물기가 다 빠졌을 것이다(정상적인 조건에서 퇴적물이 암석이 되면 물기가 다 빠져나가는 데 최대 백 년이 걸린다고 한다). 열에 의해 암석이 휘어진다는 가설도 있지만,

그 정도로 열을 받는다면 암석의 성격(지층을 구성하는 입자, 색깔 등)이 변하여 변성암이 되지 퇴적암으로 남지는 않는다.

8. 격변설

동일 과정설이 일반화되기 전에는 성경에 나오는 '노아의 대홍수'가 지층을 형성한 원인이라고 생각했다. 전 지구적 격변이 지구의 모습을 결정했다고 생각한 것이다. 그러나 동일 과정설이 힘을 얻으면서 격변설은 그저 신화 속의 지어낸 이야기로 전락하고 말았다.

1961년 존 위트콤과 헨리 모리스는 『창세기 대홍수』라는 책을 발간했다. 헨리 모리스는 수력학 엔지니어였는데, 이 책의 기술적인 부분은 헨리 모리스가 신학적인 부분은 존 위트콤이 저술했다. 이 책은 주로 홍수의 본질과 그 결과들을 설명하고 있는데, 동일 과정설의 증거로 설명되어 온 지질 현상들이 홍수로도 충분히 설명될 수 있다는 것을 처음으로 보여줬다.

이 책의 등장으로 본격적으로 창조론자들이 창조 과학을 연구하기 시작했으며, 지구과학을 지배하던 동일 과정설에 대항해 격변설이 자신의 존재감을 드러내게 되었다. 최근의 지질학자들은 『창세기 대홍수』에서 처음으로 제시되었던 혁명적인 개념들을 다수 채용하면서 지질학의 주요 작동 방식이 '동일 과정설'이 아닌 '격변설'이라고 생각하게 되었다. 즉 지진, 해일, 홍수, 태풍, 화산 폭발 등 격변적인 사건은 일상적인 자연이 수천-수만 년 이상 걸려야 이룰 수 있는 일들을 순식간에 해낼 수 있다고 인정하게 된 것이다.

이제 지구의 역사는 매우 긴 시간 동안의 느린 움직임(흔적이 없음)과 중간중간 발생하는 짧은 시간의 격렬한 변화(흔적이 많음)들로 구성된다고 해석된다. 이러한 입장을 '신격변론'이라고 한다.

창조론과 신격변론 사이에는 큰 차이가 있는데, 신격변론자들은 각각의 격변 사이에 수백만 년의 긴 시간이 있어서 전체적으로 지구의 연대가 매우 오래되었다고 생각한다. 반면, 창조론자들은 단 한 번의 격변(대홍수)으로 지구의 현재 모습이 형성되었고, 지구의 연대는 매우 짧다고 생각한다. 창조론자들과 신격변론자들은 암석을 이루는 물질의 퇴적이 홍수 같은 격변으로 발생하는 데에는 모두 동의하지만, 이런 홍수가 지구 역사에 걸쳐 단 한 번 혹은 매우 여러 번 발생했는가에 대해서는 생각이 서로 다르다.

헨리 모리스 당시 창조론자들의 목표 중 하나는 동일 과정설에 대항해서 격변설을 인정 받는 것이었다. 그러나 이제 격변설이 점점 인정 받고 있기 때문에 창조론자들의 목표는 여러 번이 아닌 단 한 번의 격변이 있었다는 것을 입증하는 것으로 바뀌었다. 이를 위해서 창조론자들은 각 지층 사이에 긴 시간이 흐른 흔적이 없다는 것을 입증하는 전략을 세우고 있다.

9. 격변적 화산 폭발의 흔적

지층의 경계에서 어떤 일이 일어났는지를 알아보기 전에 우선 진짜로 격변적인 사건이 지층을 형성할 수 있는지에 대해 살펴볼 필요가 있다.

1980년 5월 18일 미국 북서부 워싱턴주의 세인트헬렌산이 폭발했다. 폭발의 위력은 히로시마에 떨어진 원자 폭탄의 2만 배 수준으로 산봉우리 390m가 무너져 내렸고, 시속 400km의 증기 폭풍이 6분 만에 500km^{2}의 숲에 있던 600만 그루의 나무를 쓰러트렸으며, 길이 27km의 부채꼴 모양 지역 내 생물들이 모두 죽었다.

폭발의 여파로 대략 120m 두께의 지층이 세인트헬렌산에 형성되면서 계곡들은 퇴적물로 메워졌고, 인근 스프릿호수 바닥에는 90m 깊이로 지층이 퇴적되었으며, 산 인근의 강은 45m의 퇴적층 아래로 묻혀버렸다. 이러한 퇴적은 최초의 공기 폭풍, 산사태, 열쇄설성 흐름, 호수 파도, 진흙 흐름, 화산재, 물의 흐름 등으로부터 만들어졌으며, 퇴적층은 1mm부터 1m까지 다양한 두께의 지층을 형성했다.

한편 화산 폭발로 쌓인 퇴적물은 계곡을 막아 자연적인 댐이 되었다가 결국 강물이 범람하면서 막대한 양의 물과 진흙이 쏟아져 내리게 되었고, 범람한 물의 흐름은 순식간에 30m 깊이의 '리틀 그랜드캐년' 협곡을 만들어 냈다.

또한, 산사태는 인근 스프릿호수에 엄청난 파도를 일으켰는데, 그 결과 호수 근처 경사면의 나무들 백만 그루가 뿌리째 뽑혀서 호수 위에 엉겨 붙어 떠다녔다. 이후 이 나무들은 점점 수직으로 자세를 잡으면서 호수 바닥에 가라앉게 되었고, 이것은 이후 옐로스톤국립공원의 '화석숲' 형성 원인으로 해석되었다.

이 나무들은 바람과 파도로 인해 서로 부딪히면서 껍질과 가지들이 떨어져 나가 바닥에 가라앉게 되었는데, 이 나무 잔해들 위로 화산 침전물이 덮여지면서 석탄층과 매우 유사한 토탄층이 형성되었다. 이전에는 늪지대에서 자라던 식물들이 묻히면서 약 1000년마다 석탄 1인치(2.54cm)가 형성된다고 생각하였으나, 홍수가 순식간에 상당한 두께의 석탄층(의 초기 조건)을 만들어 낼 수 있음을 보여 준 것이다. 즉 상당한 규모의 격변적 사건은 충분히 지구에 막대한 흔적(지층)을 남길 수 있다.

10. 지층과 세월의 흔적

격변적 사건은 충분히 지층을 형성할 수 있다.

그렇다면 지구의 지층은 한 번의 엄청난 격변으로 형성된 것일까, 수십-수백만 년마다 한 번씩 발생한 다수의 격변적인 사건들로 형성된 것일까?

1) 찰나의 흔적들

화석 중에는 물결 자국, 빗방울 흔적, 동물 발자국 등이 있다. 이런 흔적은 아래쪽 지층의 흙이 매우 부드러운 상태에서 새겨져야 하고, 흔적이 보존되기 위해 곧바로 위쪽의 지층 흙이 덮여야 한다. 오랜 시간이 지났다면 날씨의 간섭과 오염을 피할 수 없고, 찰나의 흔적은 순식간에 사라질 것이다.

2) 생명의 흔적들

오늘날 땅 위에서도 바닷속에서도 가장 위쪽의 지층에서는 다양한 생명이 살아간다. 이들은 쉽게 수십 cm 이상 혹은 수십 m 까지도 땅속으로 파고 들어간다. 이 과정에서 흙들은 서로 섞이게 된다. 지층은 때로는 매우 두껍지만, 때로는 수십 mm 미만으로 매우 얇다. 그러나 이런 얇은 지층에서조차 생명체의 활동에 의해 위아래 지층의 흙이 섞인 흔적은 발견되지 않는다(실제로 1961년 허리케인에 의해 미국 텍사스주 해변과 멕시코만 해저에 형성된 명백한 퇴적 지층은 불과 20년만에 생명체들의 활동에 의해 흔적도 남지 않고 사라졌다).

3) 흙의 흔적들

땅의 가장 위쪽, 즉 우리가 발을 딛고 살아가는 땅은 '표층'이라고 불리며, 토양 혹은 흙으로 이루어져 있다. 이 흙은 보통 풍화 작용 등으로 육지에서 매우 빠르게 형성되며, 동식물의 배설물과 사체 등 유기물이 섞여서 매우 비옥해진다. 과거 퇴적 지층이 지각의 변동 등으로 육지로 올라왔었다면, 그 위에 다량의 흙이 쌓이게 된다. 그러나 실제 지층은 모래 지층, 용암 지층, 석회암 지층 등이 많은데 이러한 지층들에서 흙의 흔적이 거의 발견되지 않는다.

지층에 묻힌 생명체 화석들은 어떻게 흙이 없는 세상에서 살았던 것일까?

4) 평평한 지층 경계(찰나의 흔적)

하나의 지층이 쌓이고, 많은 시간이 지난 후 다음 지층이 오랜 기간에 걸쳐 쌓이기 시작한다면, 대기 및 해수의 순환으로 아래쪽 지층의 표면이 매끄럽지 못하게 되고, 결과적으로 두 지층의 경계면은 울퉁불퉁해야 할 것이다. 그러나 평평한 지층 경계는 매우 흔하게 찾을 수 있다. 오직 찰나의 순간에 두 지층이 쌓여야만 평평한 경계가 형성될 수 있을 것이다.

5) 다지층 화석(흙의 흔적)

종종 서로 다른 여러 지층을 뚫고 서 있는 나무 화석이 발견된다. 각각의 지층이 수백만 년에 걸쳐 쌓였다면, 한 지층 위로 솟아오른 나무는 다음 지층이 충분히 쌓이기 전에 썩거나 풍화되어 없어졌을 것이다.
어떻게 나무는 그 긴 시간 동안 제 자리에서 굳건히 버티고 서서 화석이 될 수 있었을까?

6) 석탄층(생명의 흔적)

석탄은 늪이 된 숲에서 오랜 기간에 걸쳐 형성된다고 주장되지만, 석탄층 사이에는 뿌리가 파고든 흔적이 전혀 없다. 자연 과정에서 석탄이 형성되는 것은 관찰된 바가 전혀 없으며, 실험에 따르면 석탄은 특정 점토(실제 석탄층 밑에서 발견된다)와 약간의 열(뜨거운 물 같은)이 있으면 산소가 없는 밀폐된 공간에서 형성될 수 있다.

7) 물의 흔적

종종 여러 겹의 지층이 휘어져 발견되는데, 암석의 균열이 발견되지 않는다. 물로 퇴적된 지층은 아직 물이 빠지기 전에는 부드럽기 때문에 휘어져도 균열이 발생하지 않는다. 그러나 일단 콘트리트처럼 물기가 다 빠져나가고 완전히 굳어버리면(그리 긴 기간이 소요되지는 않는다) 일정 정도 이상으로 휘어질 경우 입자 간의 구조가 깨지거나 균열이 발생한다. 따라서 여러 겹의 두꺼운 지층들이 휘어져 있을 경우, 이 지층들은 모두 매우 짧은 기간 내에 쌓였다고 봐야 한다.

11. 지층과 지층 사이

결론적으로 여러 층으로 이루어진 지층은 각각의 지층이 시차를 두고 매우 오랜 기간(수십-수백만 년 단위의)에 걸쳐 형성되어서는 나타날 수 없는 모습들을 보여 준다. 이것은 결국 지층들이 상당히 긴 간격을 두고 형성되었다기보다, 모든 지층이 상당히 짧은 시간 내에 동시에 형성되었다는 설명이 더 설득력을 갖게 만들어 준다.

실제 화산 폭발은 지층의 여러 특징이 단 한 번의 격변적 사건에 의해 형성될 수 있음을 보여 주었으며, 지층의 여러 특징을 살펴보면 지층이 여러 번의 격변보다는 한 번의 격변으로 발생된 것처럼 보인다.

그렇다면 과연 이러한 지층과 지구의 모습들을 설명해 주는 격변 이론을 제시할 수 있을까?

참고 문헌

John Morris. *The Young Earth: The Real History of the Earth – Past, Present, and Future.* Master Books, 2007, 2nd edition.
- 제4부 제2장의 사례들은 대부분 이 책을 참고해 작성되었다.

Larry Vardiman. *The Age of the Earth's Atmosphere Estimated by its Helium Content.* First International Conference on Creationism, Pittsburgh, Pennsylvania, August 4-9, 1986.
- 대기 중 헬륨의 양을 이용한 지구의 나이 계산은 이 논문 및 존 모리스의 책을 참고했다. 대기 중 헬륨 증가 속도가 너무 빠른 문제를 해결하기 위해 일부 학자들은 헬륨이 우주로 빠져나간다는 이론을 제시했으나, 래리 바르디만이 계산한 수치에 따르면 우주로 빠져나가는 헬륨의 양은 암석에서 대기로 나오는 양에 비해 매우 미미하다(존 모리스는 약 2%라고 말하고 있다).

Austin and Humphrey. *The Sea's Missing Salt: A Dillemma for Evoultionists.* Second International Conference on Creationism, Pittsburgh, Pennsylvania, July 30-August 4, 1990.
- 바닷속 나트륨의 양을 이용한 지구의 나이 계산은 이 논문 및 존 모리스의 책을 참고하였으며, 바닷물의 무게는 다음의 링크를 참고했다.
  https://hypertextbook.com/facts/1998/AvijeetDut.shtml.

이웅상 외. 『지구과학과 기원』 서울: 한국창조과학회, 2012.
- 세인트헬렌산과 관련된 사항은 이 책의 내용을 참고했다.

제3장

지구는 어떻게 지금 모습이 되었을까?
수판 이론

• 요약

1. 대홍수의 배경

월트 브라운은 지구의 변화를 성공적으로 설명하기 위해 격변설인 '수판 이론'을 다음과 같이 제시했다.

지구는 맨틀 위에 달걀 껍질 같은 지각이 떠 있는 형태다. 과거 이 지각은 깨지기 전의 달걀 껍질처럼 하나로 지구를 둘러싸고 있었다. 이 지각과 맨틀 사이에는 거대한 물 층이 갇혀 있었다. 어느 날 이 지각이 균열로 인해 갈라지면서, 지각 밑에 갇혀 있던 막대한 양의 물이 지각을 뚫고 하늘 높이 솟아올랐고, 이것이 비로 쏟아져 내리면서 전 지구적 대홍수가 시작되었다.

2. 대홍수의 시작

엄청난 압력의 물이 지상으로 분출되면서 하나로 붙어 있던 거대한 대륙(지각)이 대서양을 중심으로 동서로 갈라지게 되었다. 위로 솟구치는 물에 의해 지각의 상당 부분이 바스러지고 물과 섞여 하늘로 솟아오른 뒤 진흙 비가 되어 땅에 쏟아졌다. 살아 있는 동식물들은 쏟아져 내리는 진흙 비와 홍수에 묻혀 버렸고, 서서히 흙이 물 아래로 가라앉으면서 지층이 형성되었다.

3. 대륙 이동의 흔적

지각이 바스러져 사라진 대서양에서는 맨틀이 솟아올라 바닷속 산맥인 대서양 중앙 해령이 되었다. 대서양 중앙 해령이 상승하면서 양 옆의 대륙은 서로 반대쪽으로 미끄러져 내려가게 되었다. 양쪽으로 밀려난 지각들의 반대편은 태평양 쪽에서 서로 충돌했으며, 더 이상 압력을 버티지 못하고 찌그러지고 압착되면서 거대한 산맥(아시아의 히말라야산맥, 북미의 록키산맥)과 깊숙한 바다 계곡(마리아나해구 등 태평양을 둘러싼 해구들)을 만들었다. 대륙의 충돌이 대대적으로 발생한 태평양 지역은 막대한 양의 마찰열로 인해 불의 고리가 되었다.

4. 지질 활동과 대기의 변화

전 지구를 뒤덮었던 물은 지각이 부서져 사라지고 맨틀이 드러난 바다 쪽으로 이동했다. 엄청난 양의 물이 이동하면서 육지에서는 거대한 협곡들이 만들어졌다. 남아 있는 지각과 대륙의 충돌로 높아진 산맥은 물렁한 맨틀을 눌러 가라앉으면서 육지가 약간 낮아졌다. 반대로 위를 덮고 있던 지각이 사라진 대서양 바다의 맨틀과 산맥 주변의 평야들은 위에서 누르는 압력(무게)이 적어져 맨틀이 서서히 위로 솟아올랐고, 이로 인해 해수면이 상승하고 고원 지대가 만들어졌다.

해수면 상승으로 육지로 연결되었던 대륙이 바다로 분리되었고, 격렬한 지질 활동으로 뜨거워진 바다가 대기 중에 수분을 공급하면서 전 지구에 빙하기가 도래했다.

1. 격변을 위한 초기 지구의 상태

월트 브라운은 자신의 책 『태초에: 창조와 홍수의 강력한 증거들』에서 수판 이론을 제시했다. 수판 이론은 물-판자 이론으로, 과거에는 지구의 겉껍질(지각, 판)들과 맨틀 사이에 막대한 양의 물이 들어 있었으며, 격변적 사건으로 이 물들이 지표면으로 뚫고 나오면서 대홍수가 발생했다는 이론이다.

이제 이 이론이 어떤 식으로 전개되는지, 어떻게 지구의 지질 현상들을 설명해 주는지 살펴보도록 하겠다.

모든 과학 이론은 기본적인 가정들이 있다. 수판 이론의 가정은 세 가지다.

첫째, 지구의 지각(겉껍질)과 맨틀 사이에 현재 바닷물의 절반 정도에 해당하는 물이 갇혀 있었다.
둘째, 지각은 지구 전체를 하나의 껍질처럼 둘러싸고 있었다.
셋째, 지구 지각에 어느 날 균열이 발생했다.

주로 1번에 관련해서 약간 구체적으로 조건을 지정하고 나면, 3번의 사건이 발생함과 동시에, 오늘날 우리가 알고 있는 물리적 법칙에 따라 4단계에 걸쳐 연속적인 사건들이 발생하게 된다.

2. 0단계: 태초의 지구

지구의 바닷물은 달과 태양의 인력과 지구의 자전으로 인해서 밀물과 썰물이 발생한다. 이러한 조석 효과는 초기 지구의 지하수층에서도 발생했을 것인데, 이렇게 물들이 움직이는 마찰로 지하수의 열과 압력이 올라가게 된다. 수 세기 동안 열과 압력이 상승하면서 지하수는 고체, 액체, 기체가 아닌 마치 플라스마 같은 제4의 상태인 초임계수라는 특이한 상태가 된다. 초임계수는 지속적인 마찰로 흙(지각의 아랫부분과 맨틀의 윗부분)으로부터 소금 성분, 정확히는 석회석, 소금, 석영을 머금게 된다.

1) 모호

모호는 지각(지구 겉껍질)과 맨틀의 경계선이다. 이 경계선에 대한 특성을 알기 위한 시추가 시도되었으나 과도한 비용으로 결국 실패했다. 이 과정에서 알게 된 것은 모호 윗부분의 암석들은 완전히 잘게 부서져 있으며, 엄청난 물을 머금고 있어서 일반적인 시추 공정(물을 이용해 암석을 분쇄)으로는 더 이상 구멍을 뚫을 수 없다는 것이다. 수판 이론은 지각과 맨틀 사이에 물이 있다는 사실을 반영한다.

2) 심해 열수 분출구

1977년 처음으로 발견된 심해 열수(뜨거운 물) 분출구는 바닷속 구멍에서 미네랄을 잔뜩 품은 초임계수가 분출되는 것이다. 어떤 구멍에서는 분출되는 물의 온도가 섭씨 464도로 물이 끓는 온도인 100도를 훌쩍 상회한다. 분출되는 물은 함유된 미네랄로 인해 검게 보이며, 그래서 영어로 'Black Smoker'(검은 연기 구멍)로 불린다.

초임계수는 밀폐된 용기에서 인간의 실험으로만 만들어지며, 자연에서는 심해 열수 분출구 외에는 발견된 적이 없다. 수판 이론은 지각 아래 위치한 초임계수의 존재와 그 색깔을 충분히 반영하고 있다.

3. 1단계: 파열기

 지구가 생기고 일정 시간이 지난 후, 갑자기 지구 지각에 균열이 발생한다. 일단 한 지역이 갈라지기 시작하면, 전체 지구 지각을 밀어내는 초임계수 물층의 압력이 이 균열된 곳으로 집중된다. 몰려드는 압력으로 인해 균열의 양 끝은 지진이 난 것처럼 빠르게 땅을 가르면서 길어지기 시작한다. 이 균열은 지구를 한 바퀴 돌아서 처음 균열이 시작된 부분까지 길어지고, 기존에 갈라졌던 균열과 만나면서 T자 형태를 만들어 낸다. 이렇게 지구 지각 전체를 갈라 버리면 압력이 해소되면서 균열이 끝나게 된다.

 이 균열은 땅속으로도 파고들어서 지하수가 있는 공간까지 거대한 구멍을 만들어 낸다. 균열이 지구를 한 바퀴 돌면서, 지구의 껍질인 지각이 둘로 갈라져 벌어지게 되고, 지각 밑에 있던 초임계수는 자신을 엄청난 무게로 누르던 지각의 압력이 갑자기 사라지면서 엄청난 힘으로 지상으로 솟구치게 된다. 엄청난 압력을 가진 초임계수가 균열의 틈을 비집고 올라오면서 균열 주변의 지각을 가루로 만들어 버리고, 이 흙들은 초임계수와 함께 하늘 위로 솟구쳤다가 중력에 의해 땅으로 쏟아지면서 흙비가 내리게 된다.

1) 대서양 중앙 해령

 지구에서 가장 긴 산맥은 대서양 바닷속 한가운데에 위치한 중앙 해령이다. 이 대서양 중앙 해령은 바닷속에 있는데, 바닷속에 위치한 여러 지역의 해령 전체 길이는 73,600km에 이른다. 대서양 중앙 해령은 대부분의 산맥과 달리 현무암(용암이 굳은 것)으로 구성되는데, 수판 이론에 따르면 이는 지각이 벌어지면서 지상으로 드러난 맨틀(용암처럼 녹아있다)이 위로 밀려 올라가면서 형성된 것이다. 수판 이론은 지구에서 가장 거대한 산맥의 특성을 반영한다.

2) 혜성, 소행성과 운석들

초임계수가 하늘로 솟아오를 때, 가장 강력하게 분출된 물들과 이들에 의해 파괴되어 휩쓸려 올라간 지각의 부스러기 암석들은 지구의 중력을 탈출하여 우주 공간으로 튀쳐나갔다. 이 암석들은 태양의 중력을 벗어날 정도로 빠르지는 못했기 때문에 지구 궤도를 지나치는 혜성, 소행성, 운석들이 되었다. 수판 이론은 혜성이 대부분 물로 구성되어 있고, 소행성과 운석이 암석의 파편(지구처럼 가운데 무거운 물질이 있는 것이 아니라, 전체가 균질한 물질로 구성)처럼 보이는 현상을 반영한다.

4. 2단계: 홍수기 1 – 판게아, 최초의 대륙

대서양을 중심으로 지각이 파열되면서, 대서양 양옆의 대륙은 서로 반대쪽으로 이동하기 시작했다.

1620년 프란시스 베이컨 이래로 많은 사람이 대서양의 양옆 대륙(아메리카와 아프리카)의 모습이 조각 퍼즐처럼 서로 맞물린다는 것을 인식하게 되었다. 1915년 알프레드 베게너는 과거에는 이 두 대륙이 붙어 있었다가 모종의 이유로 오늘날처럼 분리되었다고 주장했다. 이후 에드워드 불러드는 북미/남미 대륙과 유럽/아프리카가 모두 맞물려 하나의 대륙이었다고 주장하는 지도를 제시했으며, 오늘날 이 하나의 가상 대륙을 '판게아'라고 한다.

판게아 이론은 몇 가지 심각한 문제점이 있는데, 아프리카 대륙이 실제보다 35% 정도 축소되어 있고, 네 대륙의 틀어진 각도가 현실과 맞지 않는다는 점이다. 북미/남미 대륙과 유럽/아프리카의 네 대륙이 하나의 대륙으로 합쳐지려면, 북미와 남미는 각각 시계 방향과 반시계 방향으로 정반대로 돌면서 유럽/아프리카의 반대 방향으로도 움직여야 하고, 그 사이에 낀 중미는 으스러져야 한다. 유럽/아프리카도 마찬가지의 문제가 있는데, 지각은 이렇게 복잡한 방식으로는 움직이지 않는다. 지구의 지각은 이리저리 맘대로 회전하고 움직일 수 있는 퍼즐 조각이 아니다.

1) 과거의 단일 대륙

실제로 지구본에서 북미/남미, 유럽/아프리카를 본떠서 맞물리면 남미와 아프리카는 비교적 잘 맞물리지만, 북미와 유럽 사이에는 꽤 큰 간격이 남게 된다.

하지만 단순히 해수면 위의 지도만 보는 것이 아니라 대륙붕과 해저 지층을 모두 관찰해 보면 특이한 사실을 알 수 있다. 대서양 중앙 해령을 가운데 두고 서쪽의 북미/중미/남미, 동쪽의 유럽/아프리카를 약간 간격을 두고(약 1,300km) 맞물리면 그 모양이 꼭 맞는 것이다. 따라서 초기 단일 대륙의 지각은 대서양 중앙 해령 부근을 뒤덮고 있었으며, 모종의 사건으로 중간 부분이 사라졌다고 보는 것이 합리적이다. 수판 이론은 대륙 이동의 방향과 이동 전 원래의 위치를 설명해 준다.

2) 방사성 동위원소

지각 아래의 지하수가 유출되면서 바다을 받쳐 주는 지지 기반이 사라지자, 지각들은 카펫처럼 펄럭이게 되었다. 지각의 펄럭이는 움직임으로 엄청난 정전기가 발생하게 되었고, 강력한 자기장이 생성되었다. 이러한 유례없는 강력한 전자기 에너지로 인해 지구상의 원소들이 불안정하게 결합하여 무거운 방사성 동위원소들이 생성되었다. 이것이 지구의 방사능 생성 원인이다. 오늘날 지구의 방사성 동위원소들은 대부분 지표면에서 수십 km 이내에 존재한다. 수판 이론은 방사성 동위원소의 생성 과정을 설명해 준다.

5. 2단계: 홍수기 2 – 지층과 화석

파열된 지각의 양 옆면은 실제로는 높이 16km의 거대 절벽이다. 이 절벽의 아래쪽은 지하수 분출에 따른 강력한 압력과 진동으로 잘게 부서져 물과 함께 솟구쳐 분출된다. 아래쪽의 지각(절벽)이 부스러지면, 지지기반이 사라진 위쪽의 지각도 부스러지고, 연쇄적으로 지각이 모두 부스러지면서 구멍이 넓어진다. 그러면 다시 그 구멍에서 계속 솟구쳐 나오는 지하수에 의해 넓어진 구멍의 절벽이 아래쪽부터 부스러지고 이런 반복적인 과정이 빠르게 지속된다. 그 결과 처음의 얇은 균열은 순식간에 평균 1,300km 너비로 넓어지게 된다.

1) 지층을 구성하는 흙

지구를 빙빙 돌아 무려 74,000km에 걸친 지각의 파열에서 최대 약 1,300km 너비로 지각이 부스러져 내렸다. 이렇게 막대한 양의 부스러진 지각이 물과 함께 솟구쳐 올라와서 오늘날 전 대륙을 뒤덮은 퇴적암이 되었다. 오늘날 전 대륙을 뒤덮은 엄청난 두께의 퇴적암들은 단순히 홍수나 퇴적을 통해서 더 높은 육지에서 바다로 쌓이는 방식으로는 절대 형성될 수 없는 규모다. 수판 이론은 대륙 규모의 퇴적층이 쌓이기 위한 재료(흙)가 공급되는 과정을 설명해 준다.

2) 지층

헨리 모리스는 『창세기 대홍수』에서 여러 종류의 입자(흙)가 섞인 물이 홍수로 흘러가는 상황에서도 입자들이 종류별로 분리되어 동시에 여러 종류의 지층이 생성되는 것을 실험으로 입증했다. 즉 지각이 지하수에 의해 부서진 정도에 따라 아주 고운 흙부터 커다란 암석까지 다양한 종류의 입자들이 땅으로 쏟아져 내렸고, 이 흙들이 같은 종류의 입자끼리 모이면서 지층이 형성된 것이다(다만 지층의 경계가 아주 반듯하게 구분되려면 나중에 다른 지질 운동이 더 발생해야 한다). 수판 이론은 다양한 속성의 지층이 동시에 형성되는 과정을 설명해 준다.

3) 화석

분출되는 지하수에 붕괴된 지각(흙)이 녹아들면서 하늘에서 쏟아지는 비는 짙은 농도의 진흙 비가 되었다. 이 흙들은 물과 함께 지표면에 쏟아진 후, 지구 표면에 빠르게 가라앉으면서 많은 식물과 동물들을 가두고 묻어 버렸다. 높은 곳으로 도망치는 데 실패한 동물들은 진흙 비 홍수에 휩쓸려 매몰되었고, 훗날 화석이 되었다. 수판 이론은 동물들이 썩어 없어지기 전에 땅에 매몰되어 화석이 되는 과정을 설명해 준다.

4) 석탄과 석유

현 지구 바닷물의 절반 가량이 엄청난 양의 진흙을 머금고 일시에 쏟아져 내린 전 지구적 홍수는 지구상의 풍부한 식물들을 대부분 뿌리째 쓸어 버렸다. 그리고 이렇게 뽑혀 나온 식물들은 물에 휩쓸려 다니다가 엄청난 규모로 특정 지역에 모여 묻히게 되었다. 이렇게 묻힌 식물들은 이후 지질 운동으로 빠르게 압축되고 가열되면서 석탄이 되었다. 마찬가지로 엄청난 수의 동물도 홍수에 휩쓸려 떠내려가다가 특정 지역에 모여 묻혔으며, 일부는 화석이 되었고, 일부는 열과 압력에 의해 석유가 되었다.

오늘날 연구실에서 석탄과 석유를 만드는 방법은 이와 동일하게 식물과 동물에 열과 압력을 가하는 것이다. 수판 이론은 석탄과 석유가 만들어지는 과정을 설명해 준다.

6. 2단계: 홍수기 3 – 초임계수의 흔적

지각의 파열로 지상으로 쏟아져 나온 초임계수는 곧바로 차가워지면서 자신이 머금고 있던 성분들을 진흙 비에 섞어 버리게 되었다. 오늘날 발견되는 지층에는 일반적인 퇴적으로는 형성될 수 없는 성분의 지층이 다수 존재하고 있다.

1) 소금 암석 기둥

지각이 갈라지기 전 지하에 갇혀있던 초임계수는 지속적인 마찰로 땅을 긁어대어 막대한 양의 소금을 녹인 채로 있었고, 소금을 너무 많이 머금어서 상당량의 소금은 지하수 바닥으로 가라앉았다. 그런데 지각의 파열로 지하수가 땅 위로 분출되면서 지각이 무너져 내리고, 그렇게 넓게 퍼진 구멍에서 지하수 바닥이 드러나게 되었다.

몇몇 지하수 바닥은 여전히 막대한 양의 소금이 쌓여 있는 상태였는데, 이 위로 진흙 비가 다시 쏟아지면서 소금층을 퇴적층이 덮어버리게 되었다. 그런데 흙들은 아직 단단한 암석이 되지 못했고, 소금은 흙보다 가볍기 때문에 소금이 서서히 흙 위로 올라오기 시작했다. 그렇게 소금들이 위로 올라가면서 한 곳으로 모이게 되고, 이렇게 모인 소금은 거대한 소금 암석 기둥(암염돔이라고 한다. 큰 것은 지름이 1km가 넘고, 높이도 에베레스트산보다 높다)이 되었다.

멕시코만과 지중해 바다 바닥에서는 상당량의 소금 암석 기둥이 발견된다. 멕시코만 바다 바닥에는 25만km^2에 걸쳐 두께 300m 이상의 소금층이 존재한다. 수판 이론은 이러한 소금층과 소금 암석 기둥을 설명해 준다.

2) 석회암

지하에 갇혀 있던 초임계수는 진짜 짠맛을 내는 소금(NaCl) 말고 석회석($CaCO_3$)도 함유하고 있는데, 소금과 마찬가지로 석회석도 상당수 지하수 아래 바닥에 침전되어 있다. 초임계수가 분출되면서 초임계수가 함유한 막대한 양의 석회석도 지상으로 분출되었는데, 이것들이 진흙 비가 되어 지표면에 쏟아지고, 입자가 분리되어 하나의 지층이 되면서 석회암이 되었다. 오늘날 지구의 표면에서 생성되는 석회암은 매우 적어서, 지구 표면에 존재하는 막대한 양의 석회암이 어디서 왔는지 설명할 수 없다. 그러나 수판 이론은 석회암이 어디서 왔는지 그 기원을 설명해 준다.

7. 3단계: 대륙 이동기 1-산맥의 형성

최초의 대륙이 분리되어 움직이기 시작하자, 연쇄적으로 여러 지질 현상이 발생하게 되었다. 대륙의 움직임은 더 빠르게 가속되었고, 이 막대한 에너지는 지구 표면에 거대한 변화를 야기한다. 거대한 산맥과 해구가 형성되었고, 지진과 화산이 나타나게 된 것이다.

1) 대서양 중앙 해령

지구 내부의 물질들은 그 위에 얹어진 물질들로 눌려서 강하게 압축된다. 지구의 겉껍질인 지각 아래에 있는 맨틀은 지각의 엄청난 무게에 눌려서 용수철처럼 압축된 상태로 존재한다. 그런데 대서양의 파열로 지각이 1,300km 너비로 통째로 사라져 버렸다. 그 결과 지각에 의해 압축되었던 맨틀이 북미/남미 대륙과 유럽/아프리카 대륙 사이의 빈 공간에서 위쪽으로 튕겨져 올라오게 되었다. 세계에서 가장 거대한 산맥인 대서양 바닷속의 중앙 해령이 생겨난 것이다.

갈라진 틈에서 맨틀이 올라오면 맨틀 위에 얹어져 있는 갈라진 지각의 가장자리도 같이 위쪽으로 상승하게 된다. 지각은 16km 두께의 암석이므로 그 무게는 상상을 초월한다. 마침 이 지각의 밑에는 아직 지상으로 다 빠져나가지 못한 지하수(초임계수)가 윤활유 역할을 하고 있다. 지각 자체는 산처럼 솟아오르는 맨틀의 기슭에 얹어져서 점차 고도가 높아지고 있다. 결과적으로 솟아오르는 맨틀의 가장자리에 걸쳐져 있던 지각이 양옆으로 미끄러져 내려가기 시작했다. 대륙 이동이 시작된 것이다.

2) 대륙 이동

지각, 즉 대륙이 맨틀에서 미끄러져 내려가면서 맨틀을 누르는 압력은 더 약해지고, 맨틀은 더 많이 솟아오르며, 이는 다시 지각의 끝부분을 들어올리고, 지각은 다시 더 멀리 옆으로 밀려 내려간다. 미끄러지는 대륙들의 이동 속도는 점점 빨라지게 되고, 맨틀은 더 빨리 솟아오른다. 이렇게 대서양 바닥의 맨틀은 지각의 두께에 해당하는 16km나 상승하면서, 세상에서 가장 길고 거대한 산맥을 바닷속에 만들어 낸 것이다.

지구를 뺑 둘러 태평양에서도 거대한 파열이 발생했다. 그 결과 태평양에서도 대서양처럼 넓은 범위에 걸쳐 지각이 사라졌다. 대서양처럼 태평양에서도 맨틀이 솟아오를 수 있었던 것이다. 그러나 때로 세상은 선착순이다. 대서양의 맨틀이 먼저 솟아오르면서, 대륙이 대서양을 중심으로 양옆으로 밀려나게 되었는데, 그 결과 태평양 쪽으로 대륙 지각들이 밀려나게 된 것이다. 태평양 쪽에도 지각이 사라진 만큼 넓은 공간이 있었으므로 처음에 이런 지각의 이동은 아무런 문제 없이 진행되었다.

마침 대서양의 맨틀이 솟아오르면서 반대편인 태평양의 맨틀은 약간 밑으로 꺼지게 되었다. 이것은 지각의 이동 속도를 더 빠르게 만들어 주었다. 그리고 마침내 파국이 다가왔다.

3) 거대한 산맥들

대륙 이동이 진행되면서 지각이 맨틀 위에서 잘 움직이도록 해 주던 지하수들은 대부분 빠져나가 지각과 맨틀 사이의 윤활유가 사라지게 되었다. 빠르게 미끄러지던 지각들은 각도가 틀어지거나 맨틀 혹은 다른 무엇인가와 충돌하면서 큰 저항을 받게 되었다.

엄청난 무게를 가진 지각의 이동 속도가 급격히 감소하면서, 버스가 급정거를 하면 몸이 앞으로 쏠리듯, 지각의 흙들이 한쪽으로 쏠려 몰리게 되었다. 지각과 그 위의 퇴적층들은 구부러지고, 바스라지면서 한곳으로 쏠리게 되고, 그 결과 지각이 두꺼워지고 주요 산맥들이 솟아올라 형성되었다. 버스가 서면 사람들이 앞쪽으로 밀리듯이, 태평양 쪽으로 밀려나던 대륙들이 갑자기 멈추면서 주요 산맥들은 대서양보다 태평양(혹은 인도양) 연안에 주로 형성된 것이다.

산맥들이 솟아오르면서 지각 아래에 남아 있던 지하수는 휘어진 지각의 균열 틈 속을 채우며 스며 올라오기 시작했다. 일부 지하수는 산맥 아래 지각과 맨틀 사이에 갇힌 채로 남아 있게 되었다. 이렇게 거대한 산맥 밑에 암석보다 가벼운 지하수가 갇히게 되면서 중력 측정 시 산맥 아래의 질량이 암석으로만 채워질 때보다 적어지게 되었다. 실제로, 수판 이론을 제안한 브라운이 1980년에 했던 예측대로 히말라야산맥으로 둘러싸인 티벳 고원의 땅속 16km에 초임계수가 있다는 논문이 2001년에 발표되었다.

8. 3단계: 대륙 이동기 2 – 불의 고리

대륙 이동이 거대한 충돌로 끝나면서, 막대한 에너지가 충돌 지역에 발생하게 되었다. 대서양과 달리 충돌 에너지가 집중된 태평양 지역은 지진, 화산이 빈번해지면서 불의 고리로 불리게 되었다.

1) 지열, 용암, 화산

지각이 미끄러지거나 두꺼워진 산맥의 아랫부분이 가라앉으면서, 지각과 지각, 지각과 맨틀이 서로 부딪히고 엄청난 마찰이 발생했다. 마찰로 발생한 막대한 지열은 바로 지각의 암석을 녹여 거대한 양의 용암을 만들어 내었고, 지구에 화산 활동이 시작되었다. 지각이 더 깊이 미끄러져 가라앉을수록, 압력은 더 커지고 더 많은 열이 발생했다.

일부 지역에서는 고온과 극도의 압력으로 인해 암석의 성질이 변해 버리게 되었다. 이렇게 성질이 변한 암석을 변성암이라고 하는데, 대리석, 다이아몬드 같은 것들도 바로 열과 압력에 의해 형성된 변성암이다. 가장 많은 열이 발생한 곳에서는 암석이 녹아 용암이 되고, 높은 압력으로 용암이 암석의 균열 틈을 통해 분출되었다. 이렇게 지각의 균열을 통해 다량의 용암이 흘러나와 형성된 지형이 '범람현무암'이다. 때로 용암의 분출은 화산을 형성하기도 했다.

2) 해구, 불의 고리

대서양 바닥과 대서양 중앙 해령이 솟아오르면서, 지구의 무게 중심이 대서양 쪽으로 이동하였고, 태평양 바닥은 아래쪽(지구 중심부 쪽)으로 가라앉았다. 그 결과 지각판이 아래쪽으로 휘어지면서 깊숙한 계곡인 해구가 형성되었다. 거대한 압력으로 지각이 엄청나게 휘어지고 이동하면서 막대한 마찰열이 발생했고, 결국 해구가 형성된 지역에서 가장 많은 용암이 생성되었고 역시 상당량이 지각 위로 흘러 나왔다. 태평양 바닥은 용암으로 형성된 지층 아래에 일반적인 지층이 또 나타나는데, 이것은 용암이 흘러나와 일반적인 지각을 뒤덮었던 것으로 볼 수 있다.

해구가 모여 있는 태평양 지역은 화산 활동이 가장 활발한 지역이 되었으며, 태평양을 빙 둘러싼 원형의 해구 모습을 본 따 이 화산 지대를 '불의 고리'라고 일컫게 되었다.

9. 4단계: 회복기 1-바다

홍수로 지구를 완전히 뒤덮은 물은 모두 어디로 갔을까?

대륙 이동의 결과로 지각이 압축되어 구부러지면서 산맥이 형성되었고, 먼저 높은 산들이 물 위로 솟아올랐다. 한편 물층 위에 얹어져 있던 지각은 초임계수가 대부분 유출되면서 맨틀 위에 바싹 내려앉았고 지각 가장자리가 닫히면서 초임계수는 더 이상 바다로 나오지 못하게 되었다. 바닷물이 더 이상 늘어나지 않게 된 것이다. 홍수 초기 육지 위를 뒤덮고 있던 물들은 대륙이 이동하면서, 대륙과 대륙 사이 맨틀이 드러난 부분으로 쏟아져 내려가기 시작했다. 대서양과 태평양같이 지각이 바스러져 사라진 거대한 대야에 육지에 있던 물들이 쏟아져 들어가 거대한 바다가 되었다.

1) 해저 협곡

대륙에서 바다로 빠져나가는 물은 대륙의 가파른 경사면(파열된 지각 가장자리의 절벽)을 따라 쏟아져 내려가면서 침식을 일으켜 깊은 협곡을 만들었다. 특히 오늘날 주요 강들이 빠져나가던 계곡들의 아래에서 강한 침식을 일으켰다. 이렇게 홍수 직후에는 바다 위에 드러나 있었지만, 오늘날에는 바닷속으로 잠겨버린 대륙 경사면에 있는 협곡을 해저 협곡이라고 한다.

2) 메탄 수화물

육지에서 바다로 빠져나가는 물은 식물들을 쓸어갔으며, 여기에 붙은 박테리아와 퇴적물들은 해양 바닥 위로 쌓이게 되었다. 박테리아는 식물들을 양분 삼아 메탄을 생성했으며, 해안가를 따라 메탄의 상당 부분이 깊은 바닷속의 차가운 물과 결합하여 막대한 양의 메탄 수화물이 되었다.

3) 대륙의 분리

대홍수 직후에는 대륙이 해수면보다 매우 높은 곳에 위치해 있었다. 그러나 전과 달리 대륙 지각들이 지하수층 없이 바로 맨틀 위에 얹어지면서, 지각이 맨틀 밑으로 가라앉기 시작한다. 이렇게 대륙에 의해 눌린 맨틀은 반대로 지각이 없는 바다 쪽에서 위로 솟아오르게 되었다. 대륙은 가라앉고, 바다는 상승하면서 해수면이 점차 상승하게 되었다. 그 결과, 처음에는 모두 육지로 연결되었던 대륙들이 해수면 상승으로 서로 떨어지게 되었다.

무거운 대륙들은 맨틀을 누르면서 가라앉고, 가벼운 물만 얹어진 바다의 맨틀(위에는 약간의 퇴적층과 용암층이 덮여 있다)이 위로 밀려 올라오면서 지각과 맨틀의 경계인 모호는 육지에서는 땅 깊숙이 존재하고, 바다에서는 그다지 깊지 않은 곳에 존재하게 되었다.

10. 4단계: 회복기 2-육지

자연 법칙은 언제나 변화 후에 가장 안정적인 상태를 찾아 평형을 이룬다. 마찬가지로, 지구도 대홍수로 인한 급격한 변화로부터 서서히 안정적인 상태를 찾아가게 된다.

1) 고원 지대

대륙은 수백 년 동안 맨틀을 누르며 서서히 가라앉았다. 가라앉는 산맥은 저 멀리 바다의 맨틀도 밀어 올렸지만, 가까운 주변 지각도 압력이 상승하도록 만들었다. 그 결과 지각의 약한 부분이 분리되었고, 산맥 가까운 곳에서는 이 약한 지각 부분이 상승하면서 고원 지대가 만들어졌다. 이것은 왜 고원이 주요 산맥의 옆에 위치하는지를 설명해 준다. 엄청난 넓이의 티벳고원은 가장 거대한 히말라야산맥 옆에 평균 고도 4.8km 높이로 솟아 있고, 북미 남서부의 록키산맥 옆에는 콜로라도고원이 북미 북서부의 캐스케이드산맥 옆에는 콜롬비아고원이 솟아올랐다.

2) 지진

홍수는 지구상에 막대한 무게의 불균형을 초래했다. 그 결과 대륙은 맨틀을 눌러 가라앉고, 바다의 바닥은 반대로 솟아올랐다. 또한, 산맥의 압력은 주변의 고원도 상승시킨다. 이런 지각과 맨틀의 움직임이 바로 지진을 야기하며 대륙을 서서히 이동시키는 원인이 된다.

3) 소금 호수

지구를 덮었던 물들이 바다로 쏟아져 내려가면서, 일부 물들은 세숫대야처럼 산으로 빙 둘러쌓인 육지의 분지를 가득 채운 채 갇히게 되었다. 홍수 직후 생성된 이 호수들은 크게 두 가지 결과를 맞이한다. 우선 고여 있던 물이 계곡으로 흘러내려 가고, 표면에서 물이 증발되거나, 지층으로 물이 침투해 사라지면서 물의 양이 빠르게 줄어든다. 다음으로 더 높은 산과 분지에서 물이 흘러들어 오거나 엄청난 비가 내리면 물이 다시 증가한다. 들어오는 물의 양과 나가는 물의 양에 따라 염분 호수가 말라 버리거나 아니면 넘치게 되는 것이다.

때로 엄청난 규모의 염분 호수들은 수백 년에 걸쳐 규모가 쪼그라들었는데, 가장 잘 알려진 사례는 미국 유타주의 소금물 호수인 그레이트솔트호수다. 그레이트솔트호수 바깥으로는 훨씬 더 거대했던 소금 호수인 보너빌호수의 흔적(소금)이 남아 있다.

4) 그랜드캐넌과 대협곡들

반면, 더 높은 산과 분지에서 흘러 내려오는 물과 하늘에서 내리는 비로 호수로 유입되는 물이 더 많은 경우에는 육지의 호수가 산맥을 넘어 범람하면서, 댐이 무너지듯이 물이 급격히 한쪽으로 쏟아져 내리기 시작했다. 일단 물이 넘치면 그곳에서 침식이 시작되고, 그 결과 그쪽으로 물이 더 많이 쏟아져 내리면서 침식이 더 빨라지게 된다(사력댐이 일단 물이 넘치면 빠르게 붕괴되는 것과 같다). 이렇게 침식은 격변적으로 빨라지게 되고, 엄청난 양의 호숫물이 순식간에 분지를 빠져나와 아래로 쏟아지게 된다.

이 막대한 양의 물은 오늘날 강물로는 불가능할 정도로 거대한 협곡을 형성하면서 아래쪽의 분지로 유입되고, 아래쪽의 분지는 이렇게 유입되는 막대한 양의 물로 인해 또 범람하면서 거대한 침식을 만들어 낸다. 그 결과 대협곡들은 마치 도미노처럼 연쇄적으로 이어지게 되었다. 그랜드캐넌은 지금은 사라진 그랜드호수가 범람하면서 생성된 것으로 그랜드호수의 범람은 그랜드호수 남쪽에 위치한 다른 호수의 경계를 무너뜨렸으며, 이 두 호수에서 막대한 양의 물이 그랜드캐넌으로 쏟아지면서 가장 거대한 협곡을 만들어 냈다.

11. 4단계: 회복기 3-하늘

1) 북극의 이동

대홍수 직후 산맥이 급격히 형성되면서, 자전하는 지구의 균형이 다소 흔들리게 되었다. 그 결과 지구의 자전축 경사가 약간 움직이게 되었다(이것은 지구의 자전축이 기울어진 것은 아닌데, 지구의 자전축은 원래부터 23.5도 기울어져 있었다). 가장 높고 무거운 히말라야산맥이 솟아오르면서 회전하는 지구가 무거운 히말라야산맥을 적도 쪽으로 이동시키려고 자전축 경사가 기울어지기 시작한 것이다. 그 결과 홍수 이전의 북극은 현재의 중앙아시아로, 따뜻한 온대 지역은 남극으로 이동하게 되었다. 즉 남극에서 발견되는 석탄, 공룡 화석, 온대지역 화석들, 북극권의 공룡 화석들은 이 지역들이 옛날에 따뜻했었던 흔적이 아니라, 지구 자전축의 경사가 기울어져서 따뜻한 지역이 극지방으로 이동했다는 것을 의미한다.

2) 빙하기

빙하기는 엄청난 규모의 폭설을 의미하는데, 이를 위해서는 차가운 대기와 뜨거운 바다가 필요하다. 즉 따뜻한 바다에서는 수증기가 끊임없이 생성되고, 이 수증기가 차가운 대기를 만나 폭설이 되어 쏟아져야 하는 것이다. 대홍수 직후, 대륙의 이동으로 마찰열이 발생하면서 바닷물의 온도가 급격히 상승하게 되었고, 이는 지구 대기에 엄청난 수증기를 공급해 줬다. 그런데 산맥 형성 직후에는 아직 대륙이 맨틀 밑으로 가라앉지 않았기 때문에 해수면으로부터 고도가 매우 높았다(높은 산에 올라가면 추워진다).

또한, 마찰열로 인해 생성된 화산들로 인해 화산재가 하늘을 뒤덮으면서 태양 빛이 가려지고, 이는 지구의 대기를 차갑게 만들었다. 그 결과 극지방 근처의 고위도와 산맥처럼 높은 곳에는 엄청난 폭설이 내리게 되었다.

12. 수판 이론

수판 이론은 현재 지구상에 존재하는 수많은 지질 현상과 과거의 지질 현상 흔적들을 큰 오류 없이 일관되게 설명하는 지구과학의 유일한 통합적 이론이다.

전 지구를 뒤덮은 대홍수의 물은 과거 지각 아래에 숨어 있었다. 과거 지구의 지각은 하나의 판으로 연결되어 있었으며, 그 결과 판들이 서로 밀고 밀리면서 히말라야산맥과 같은 거대한 산맥을 만드는 조산 운동은 발생하지 않았다.

지각이 파열되면서 지각을 뚫고 솟구친 물이 지각을 부스러뜨리고, 이렇게 온 세상을 덮어버린 진흙 비는 지층과 화석을 만들게 되었다. 지각의 파열이 거대하게 확대되면서 맨틀이 솟아오르고 대륙은 미끄러져 내려와 대륙 이동이 시작되었다.

이동하던 대륙이 충돌하면서, 거대한 산맥과 깊숙한 바다 계곡이 형성되었다. 이후 지구가 평형을 찾아가면서 고원과 협곡들이 생성되고, 지구의 자전축 경사가 움직이면서 따뜻한 지역이 북극과 남극 지역으로 이동하게 되었다.

참고 문헌

Walt Brown. *In the Beginning: Compelling Evidence for Creation and the Flood*. CSC, 2008, 8th edition.

- 제4부 제3장은 이 책의 Part II: Fountains of the Great Deep(제2부: 깊음의 샘들)의 The Hydroplate Theory: An Overview(수판 이론: 개관)를 간단히 해설한 것이다.

월트 브라운의 홈페이지에서 제8판(2008) 하드 커버 책자 구매 혹은 제9판(초안)의 PDF 파일 구매가 가능하며, 제7판에서 수판 이론을 개괄적으로 설명한 부분을 '한국창조과학회'에서 번역해 홈페이지에 게재했다.

창조과학회 번역본: http://www.kacr.or.kr/library/itemview.asp?no=1407.

제9판에서는 방사성 동위원소의 생성 과정을 별도의 항목(chapter)으로 할애해 설명하고 있다. 여기서는 방사성 동위원소 붕괴 속도의 가속에 대해서도 다루고 있는데, RATE 프로젝트에서 제기하는 과거 방사성 붕괴 속도의 급격한 가속이 있었다는 주장에 대해 어떻게 그런 현상들이 실제 발생할 수 있는지를 설명하고 있다.

빙하기에 대해서는 월트 브라운보다 마이클 오드(Michael Oard)의 *Frozen in Time* (Master books, 2004)이 좀 더 정확하고 자세한 설명을 제공한다. 최근에 '한국창조과학회'에서 전문을 번역해 제공하고 있다.

제5부

생명의 격변

제1장 지층과 화석은 어떻게 생겨났을까? 대홍수와 화석

제2장 화석은 어떻게 분류될 수 있을까? 다윈의 진화계통수

제3장 생명체는 변화하고 있을까? 창조 vs. 진화

제1장

지층과 화석은 어떻게 생겨났을까?
대홍수와 화석

• 요약

1. 액상화 현상

생명체의 진화를 얘기하는 데 있어 가장 중요한 증거물은 바로 화석이다. 그런데 화석의 생성 과정은 생물학이 아니라 지질학에서 다뤄진다. 화석이 어떻게 생성되는가 이해하는 것은 이 화석이라는 증거를 해석하는 데 필수적인 요소다.

단단한 지층에 물이 많이 스며들면 땅이 물렁해지면서 지반이 약해지게 된다. 이 현상을 액상화 현상이라고 한다. 큰 콩과 작은 쌀이 섞인 통에서 콩과 쌀을 분리하는 간단한 방법은 통을 살살 흔들어 주는 것이다. 밀도와 크기 차이로 인해 콩과 쌀이 위아래로 분리되듯이, 물이 함유된 지층에 지진이 나면 물과 흙이 이동하면서 얇은 물층-흙층-물층-흙층의 분리가 일어난다. 그 결과 지반이 물렁해지고 건물이 기울어지는 등 액상화 현상이 일어난다.

대홍수 직후 수분이 많이 함유된 퇴적층은 액상화 현상이 지속적으로 발생했다. 그 결과 비슷한 흙 입자들끼리 모인 얇고 날카로운 단면을 가진 지층이 형성되었다.

2. 화석과 화석 연료

액상화 현상으로 퇴적층이 비슷한 종류의 흙으로 분류되면서, 이 지층 사이사이에 중간 물층이 형성되었다. 그런데 퇴적층 내에는 흙만 있는 것이 아니라, 대홍수 이전에 지구상에 살던 수많은 동물과 식물들도 같이 섞여 있었다. 이들은 액상화 현상으로 흙층과 물층이 분리되어 이동하는 와중에 같이 이동하다가 중간 물층에 갇히게 되었다. 액상화 현상이 끝나고 중간 물층에 갇힌 동식물들은 이후 석탄, 석유 또는 화석이 되었다.

3. 액상화 현상과 지층의 특성

오늘날 퇴적층과 화석들이 보여 주는 모습은 유물론자들이 주장하는 '동일 과정설'과 '지층 누증의 원리'보다는 창조론자들이 주장하는 '대홍수'와 '액상화 현상'으로 더 간단히, 더 제대로 설명된다. 대륙 규모의 퇴적층이 형성되는 이론은 액상화 현상을 이용한 수판 이론이 유일하며, 여러 지층을 가로지르거나 얇게 다져진 화석들도 격변적인 대홍수나 액상화 이론을 통해서만 설명이 가능하다.

1. 액상화 현상

생명체의 진화를 얘기하는 데 있어 가장 중요한 증거물은 바로 화석이다. 따라서 화석이 어떻게 생성되는가 이해하는 것은 화석이라는 증거를 해석하는 데 필수적인 요소다. 화석의 생성 과정은 생물학이 아니라 지질학에서 다뤄진다. 따라서 우리는 전 지구를 뒤덮은 대홍수가 어떻게 화석을 만들어 내며, 이 과정에서 발생한 특징들이 오늘날 어떻게 해석되고 있는지를 살펴볼 필요가 있다.

액상화 현상은 다져진 흙 같은 단단한 지층에 물이 스며들면서 물렁해지는 현상이다. 예를 들면 유사(흐르는 모래, 즉 모래 늪) 같은 것이다. 지하로부터 샘솟는 물이 모래층을 만나면 모래층에 물이 스며들게 된다. 위로 샘솟는 물은 쌓여 있는 모래 알갱이들을 위로 밀어 올리면서 올라오고, 이 물들은 모래 알갱이를 얇게 둘러싸게 된다. 이제 모래는 얇은 물층으로 둘러쌓이게 되고, 모래만 있어서 단단하던 때와는 달리 각 모래 알갱이가 미끌미끌해졌기 때문에 물렁물렁한 상태가 된다. 그리고 우리가 영화에서 보는 것처럼 지나가던 사람이 이 유사에 빠지면 밑으로 가라앉게 된다.
　사람 살려!
　일단 유사에 빠지면, 사람은 순식간에 밑으로 가라앉는다. 마치 물에 빠진 것처럼 말이다. 그런데 수영을 못하는 저자로서는 믿기 어려운 사실이지만 사람은 물에 뜬다. 사람의 무게가 같은 부피의 물 무게보다 약간 가볍기 때문에 사람이 완전히 물에 가라앉지 않는 것이다. 그런데 유사는 물에 둘러쌓인 모래 알갱이로 물보다 무겁다. 즉 유사에 빠진 사람은 물에 뜨는 것처럼 유사 위에도 뜬다는 것이다. 모래가 물보다 무겁기 때문에 오히려 물에서보다 더 쉽게 떠오른다.
　이렇게 단단하던 지층에 물이 스며들면서 땅이 물렁해지면, 사람이 물 위에 뜨게 되듯이 땅속의 가벼운 물건들도 물렁해진 땅 위로 떠오르게 된다. 이런 액상화 현상은 종종 지진 발생 직후에 목격된다. 1964년 일본 니가타현에서 지진이 발생했는데, 이로 인해 액상화 현상이 발생하면서 땅이 건물을 지탱하지 못하고 아파트들이 옆으로 기울어지게 되었다. 한 동은 22도, 다른 한 동은 무려 70도나 기울어지게 되었다.
　또한, 지하에 묻혀있던 콘크리트 물탱크는 안에 아무것도 들어있지 않았기 때문에 같은 부피의 땅보다 가벼워서 지상 위로 솟구쳐 올랐다. 이 지진으로 과학자들이 본격적으로 액상화 현상이란 것을 인지하고 연구하기 시작하게 되었다.

2. 액상화 현상의 발생 원리

지진이 액상화 현상을 일으키고, 액상화 현상의 일종인 유사는 샘솟는 물이 모래에 스며든 것이라면, 지진과 물은 무슨 관계가 있을까?

(밀도가) 무겁고 큰 콩과 가볍고 작은 쌀이 기다란 통에 섞여 있을 때, 이 둘을 분리하는 방법은 무엇일까?

바로 통을 적당한 힘으로 흔드는 것이다. 그러면 무거운 콩은 밑으로 내려가고, 가벼운 쌀은 위로 올라가게 된다.

수분이 많이 포함된 지층에 지진이 발생할 경우, 바로 이런 상황이 벌어지게 된다. 지진이 발생해서 지층에 충격을 주면, 지층 내에서 무거운 흙들은 아래로 내려가고, 가벼운 물들은 위로 올라간다. 문제는 위로 올라가려는 물이 아래로 내려오려는 흙들과 중간중간 충돌하면서 흙들이 밑으로 내려가는 것을 방해한다는 것이다. 즉 이전에는 흙과 물들이 고루 섞여서 비교적 안정적으로 단단했다면, 이제는 '흙-물-흙-물-흙-물'이 서로 올라가고 내려오려고 하면서 여러 층을 이루게 되고, 각 흙층은 물 층 위에 떠 있게 되면서 지층이 매우 물렁해지게 되는 것이다.

지진의 충격은 땅속 깊숙한 곳까지 영향을 주므로 수분이 많이 포함된 지층은 매우 깊은 곳까지 물렁해지게 되는 액상화 현상이 발생하며, 그 결과 건물이 기울어지게 되는 것이다.

3. 바닷속에서의 액상화 현상

그런데 지진만 액상화 현상을 일으키는 것은 아니다. 액상화 현상의 핵심은 지층 내에서 고르게 잘 섞여 있던 수분과 흙이 모종의 원인으로 위아래로 분리되면서 '흙-물-흙-물'의 수많은 분리된 층이 만들어지는 것이다. 즉 이런 분리가 일어나는 충격 또는 압력의 변화가 있으면 액상화 현상이 일어날 수 있는 것이다.

폭풍우가 치면서 거대한 파도가 육지에 가까운 바다에서 발생하게 되면, 파도의 정상에서는 물이 많아지고, 파도의 골에서는 물이 적어지게 된다. 즉 바다 바닥을 누르는 무게가 달라지게 된다. 물 10m는 1기압에 해당하므로, 4-5m의 거대한 파도가 치면 바다 바닥은 순식간에 0.5기압이 늘었다 줄었다 하는 영향을 받게 되는 것이다.

따라서 파도의 정상 부분에서는 많아진 물의 무게로 인해 물이 바다 바닥으로 스며들고, 파도의 골 부분에서는 무게가 줄어들면서 스며들었던 물들이 바다 바닥 위로 빠져나오게 된다. 이러한 압력의 변화는 콩과 쌀이 섞인 통을 흔드는 것과 같아서 바다 바닥에 액상화 현상을 일으키게 되고, 종종 바다 바닥에 묻혀 있던 파이프들이 액상화 현상에 의해 서서히 위로 떠오르면서 파괴된다.

4. 대홍수와 지층의 형성

우리는 전 지구에 진흙비가 내려 모든 땅이 물이 가득한 퇴적층으로 뒤덮인 상태에서 그 퇴적층 위를 엄청난 깊이의 바다가 뒤덮은 사건이 일어났을 가능성이 매우 크다는 것을 알고 있다. 게다가 당시에는 육지가 없었기 때문에(온 육지가 바다 밑에 잠겨 있었다) 바다의 파도는 상상을 뛰어넘는 규모로 거대했을 것이고, 퇴적층에 생긴 압력의 변화도 역시 매우 거대했을 것이다.

즉 대홍수 직후 거대한 파도의 영향으로 전 지구의 퇴적층에서 액상화 현상이 발생했던 것이다. 퇴적층에서 액상화 현상이 발생할 경우, 밑으로 쏟아지는 흙 입자와 위로 올라오는 물 입자가 서로 충돌하면서 움직임이 원활하지 못하게 된다. 그러나 막대한 양의 흙 입자가 계속 쏟아지고, 거대한 파도가 큰 압력의 변화를 제공하면, 어느 순간 물들이 흙 사이를 비집고 빠르게 위로 솟아오르게 된다. 그리고 이 솟아오르는 물속에서 흙 입자들은 재미있는 움직임을 보이게 된다.

상대성 이론을 활용하여, 이제 물이 올라오는 것이 아니라 흙이 내려간다고 생각해 보자. 물속의 흙이 쏟아질 경우, 흙 입자의 크기, 무게 등에 따라서 아래로 내려가는 속도가 달라진다. 만약 충분히 긴 거리를 내려간다면, 이 속도 차로 인해 결국 비슷한 하강 속도를 가진 흙 입자들끼리 서로 모여들게 된다. 이렇게 흙 입자의 특성에 따라 정렬 순서가 정해지고, 이것이 바로 흙 입자가 완전히 달라 서로 구분되는 지층이 된 것이다(헨리 모리스는 『창세기 대홍수』에서 충분히 큰 규모의 홍수가 흙탕물을 운반하면 흙 입자의 밀도차에 의해 흙 입자들이 서로 구분되어 모이는 것을 입증했다. 이와 비슷한 원리다).

또한, 월트 브라운은 재미있는 실험을 통해 파도가 지층에 미치는 영향을 보여 주었다. 그는 두 개의 커다란 생수통을 시소에 얹고 아래쪽을 파이프로 연결했다. 그리고 통 한쪽에는 흙을 다른 한쪽에는 물을 넣었다. 파도에 의한 액상화 현상처럼 시소가 움직이면서 물이 흙 속에 들락날락거리도록 만든 것이다. 그 결과 불과 10-15번의 시소 움직임만으로도 눈으로 명백히 구분되는 지층이 흙으로 채운 통에서 형성되었다.

또한, 시소 움직임이 더 많아질수록 이 지층의 경계가 더 뚜렷해지고, 그 경계의 단면이 더 얇고 날카로워졌다. 즉 오늘날 우리가 확인할 수 있는 지층 간의 날카로운 단면은 전 지구를 뒤덮은 거대한 바다에서 발생한 거대한 파도로 인해 퇴적층에서 일어난 액상화 현상이 그 원인인 것이다.

5. 액상화 현상과 중간 물층

대홍수는 흙들만 퇴적층에 쌓은 것이 아니라, 당시 지상에 존재하던 수많은 동식물도 같이 묻어 버렸다.

그렇다면 액상화 현상은 흙과 성질이 다른 이 동식물들에 어떤 영향을 주었을까?

월트 브라운은 물통 시소를 이용한 액상화 현상 실험 와중에 중간 물층(lensing)이라는 매우 중요한 현상을 발견했다. 액상화 현상은 수분이 많은 지층이 충격을 받을 경우 흙은 밑으로 물은 위로 올라가려고 하면서 '흙-물-흙-물'이 서로 분리되어 지반의 결합력이 약해지는 것이다. 액상화 현상에서 중간중간에 위치한 물은 어쨌든 흙 입자를 뚫고 위로 꾸준히 올라간다. 그런데 어떤 흙 입자들은 다른 흙 입자들보다 물을 더 잘 흘려보내고, 어떤 흙 입자들은 물을 잘 안 흘려보낸다.

만약 지층이 충분히 깊은 상태에서 중간쯤에 있는 지층은 물이 잘 빠져나가지 못하는 데, 그 아래쪽에 있는 지층에서는 물이 잘 빠져나간다면 어떤 일이 발생할까?

아래쪽에 위치한 지층을 빠르게 통과해 위로 솟아오르는 물은 중간에 위치한 물이 잘 안 빠지는 지층을 미처 다 통과하지 못하고 그 아래 모이게 될 것이다. 결국, 물을 통과시키는 속도 차이에 의해서 두 지층 사이에는 물이 다량 고이면서 중간 물층이 생성되는 것이다. 경우에 따라서는 수많은 지층 사이에서 동시에 여러 개의 중간 물층이 매우 짧은 간격을 두고도 생성될 수 있다. 그리고 이 중간 물층은 빠져나가는 속도는 느리지만 위쪽으로 계속 솟아오르려고 한다.

대홍수 시기에는 바다에 거대한 파도가 치면서 물의 높이가 달라져 지층을 누르는 압력이 변하게 된다. 압력의 변화로 지층 속의 물은 파도의 골에서는 위로 올라가고, 파도의 정상에서는 밑으로 내려가게 된다. 물이 위로 올라갈 때는 투과 속도 차이로 지층 사이에 중간 물층이 생겼다가 물이 다시 밑으로 내려갈 때는 물이 원래 자리로 돌아가면서 중간 물층이 사라지게 된다. 지층의 단면이 매우 얇고 반듯하게 날카로워지는 것은 이렇게 중간 물층이 수없이 많이 형성되고 사라지면서 서로 다른 흙 입자들을 완전히 분리시켜 버리기 때문이다.

6. 중간 물층과 화석

대홍수 기간 동안 중간 물층이 수없이 많이 파도의 골 시기에 형성되었다가 파도의 정상에서 사라졌다. 이 와중에 물만 위로 올라간 것은 아니다. 무거운 흙이 밑으로 내려가고 가벼운 물이 위로 올라가듯이, 흙보다 가벼운 동식물의 사체들도 서서히 흙 입자 사이를 뚫고 위로 올라가게 된다. 이렇게 흙 입자 사이를 올라가던 동식물의 사체는 어느 순간 흙 입자가 없는 중간 물층에 도달하게 된다.

그런데 일단 동식물의 사체가 중간 물층에 도달하면 위로 올라가는 힘이 급격히 줄어들게 된다. 우선은 물은 흙 입자보다 가볍다. 그 결과 동식물의 사체는 중간 물층에 도달하면서 흙 입자가 밀어 올리는 힘보다 훨씬 약한 물이 밀어 올리는 힘을 받게 되고, 상승 속도가 급격히 줄어들게 된다. 게다가, 중간 물층이 형성되는 이유는 위쪽 지층이 물을 잘 통과시키지 않기 때문이다.

따라서 동식물의 사체가 이 촘촘한 위쪽 지층을 한참 느려진 속도로 뚫고 올라가는 것은 거의 불가능해진다. 결국, 동식물의 사체는 더 이상 위로 상승하지 못하고 중간 물층에 갇혀 머물게 되는 것이다.

7. 석탄층 형성

식물은 액상화 현상으로 중간 물층까지 솟아오른 뒤, 서로 얽히고설켜 거대한 매트(침대 매트리스의 그 매트다)를 형성한다. 이 매트는 중간 물층의 상층부로 떠오르게 되고, 점점 더 많은 식물이 엉키고 커지면서 이제는 절대 위쪽 지층을 뚫고 올라갈 수 없게 된다. 이 매트는 자기가 올라가지 못하기도 하지만, 반대로 이제 위쪽의 흙 입자들이 밑으로 내려가지도 못하게 만든다. 즉 일종의 중간 밸브가 된 것이다.

위로 솟아오르는 물은 위쪽 지층에 이 중간 밸브까지 더해져 위로 올라가는 것이 더 힘들어지게 된다. 즉 중간 물층이 더 두꺼워지게 된다. 또한, 압력의 변화로 물이 내려갈 때에는 중간 밸브가 위쪽 지층과 약간 벌어지면서 위쪽에서 내려오는 물들이 아래로 내려가지 못하고 중간 물층에 그대로 고여 있게 만든다. 이제 점점 중간 물층이 두꺼워지고 더 넓어지게 되는 것이다. 거의 대륙 수준으로 말이다. 그리고 이 중간 물층에서 점점 더 거대해지는 식물 매트는 나중에 물이 없어지면서 석탄층이 된다.

석탄층은 종종 50개 이상의 석탄층이 차곡차곡 쌓여진 형태로 나타난다. 수십 개의 석탄층 사이사이에는 여러 개의 퇴적층이 존재하는데, 이 각각의 퇴적층은 아래쪽에서부터 사암(큰 모래), 혈암(작은 모래), 석회암, 굵은 점토 퇴적암 그리고 가는 점토 퇴적암으로 이어진다. 이렇게 무겁고 큰 입자에서 가볍고 작은 입자 순으로 지층이 석탄층과 석탄층 사이에 주기를 가지고 쌓여있기 때문에 이런 형태의 석탄층을 윤회층이라고 한다. 이 윤회층의 순서는 보통 전 세계적으로 동일하다(경우에 따라 중간의 일부 지층이 없는 경우가 있지만, 순서가 바뀌지는 않는다).

그리고 이 무거운 입자부터 가벼운 입자의 순서는 바로 액상화 현상에서 기대되는 흙이 물속에서 밑으로 내려가는 속도를 반영한다. 즉 향후 석탄층이 되는 중간 물층과 중간 물층 사이의 흙들이 순서대로 분류되면서 수십 개의 윤회층이 반복적으로 석탄층 사이에 형성되는 것이다. 오늘날 일반적인 해석대로 같은 지역이 대륙의 움직임에 따라 수십 번 바다에 잠겼다가 육지로 올라왔다가 하는 것이 아니다.

8. 화석의 형성

육지를 뒤덮던 물들이 바다로 흘러내려 가고, 중간 물층의 물은 서서히 빠져나가고 더 이상 중간 물층에 물이 들어오지 않게 되었다. 중간 물층에 갇혀 있던 식물과 동물들은 물이 빠져나가고 위아래 지층에 눌리게 되면서 납작해졌고, 산소가 없기 때문에 잘 보존되어 화석이 되었다.

이 중간 물층에 갇혀 있던 화석들은 종종 방대한 면적으로 흩어져 묻히게 되었는데, 지질학자들은 이렇게 방대한 면적에 흩어져 있는 사체들의 흔적을 대재앙에 의한 대량 멸종으로 잘 못 해석하게 되었다. 즉 위아래 지층이 확연히 다른 상태에서 두 지층의 사이에 다량의 생물이 죽어 화석으로 보전되었기 때문에 상당히 오랜 기간에 걸친 한 시대(아래 지층)가 끝날 즈음에 대재앙으로 대량 멸종(화석들)이 발생하고, 그 위에 다시 상당히 오랜 기간에 걸쳐 한 시대(위쪽 지층)의 지층이 쌓였다고 해석하고 있는 것이다. 이렇게 중간 물층의 형성에 의해 광대한 지역에 묻힌 수많은 화석은 오늘날 동식물의 멸종 시기 혹은 지질학적 시대의 경계 시기로 해석되고 있다.

참고로 척추동물 사체의 부력(즉 무겁고 가벼운 정도)은 양서류, 파충류, 포유류 그리고 조류의 순서다. 따라서 동물들이 지층에 묻힌 뒤 액상화 현상으로 그 사체가 분류될 경우 소위 진화의 순서대로(양서류-파충류-포유류-조류) 동물 화석들이 아래에서 위쪽으로 분포하게 된다.

동물 화석들의 위치는 정말로 진화의 증거일까, 아니면 액상화 현상의 증거일까?

9. 화석을 설명하는 다른 시도: 진화론의 배경

화석은 대홍수와 액상화 현상으로 형성되는 과정을 설명할 수 있다. 그러나 오늘날 일반적으로 화석을 해석하는 방법은 약간 다르다. 유물론자들은 화석을 설명하기 위해 두 가지 원리를 사용한다. 하나는 '동일 과정설 원리'이고, 다른 하나는 '지층 누증의 원리'다.

'동일 과정설'은 현재 일어나는 일이 과거에도 일어난다는 것이다. 만약 오늘날 퇴적이 매우 느린 속도로 일어난다면, 과거에도 퇴적이 매우 느린 속도로 일어난다는 것이다. 우리는 동일 과정설이 실제 현실을 반영하는 데 적합하지 않다는 것을 동일 과정설과 격변설을 비교하면서 살펴봤다. 적어도 언제든 격변적인 사건이 발생할 수 있다는 점에서 격변을 배제하는 순수한 동일 과정설은 문제가 있다.

'지층 누증'은 시간의 순서대로 지층이 쌓였기 때문에 아래쪽의 지층이 더 오래되었다는 것이다. 그러나 우리가 앞에서 본 것처럼 지층은 동시에 여러 층이 생성될 수 있기 때문에 아래쪽의 지층이 위쪽의 지층보다 꼭 오래되었다고 말할 수는 없다.

어쨌든 하나의 지층이 형성되는 데 오랜 시간이 걸린다는 '동일 과정설'과 아래쪽의 지층이 위쪽의 지층보다 오래되었다는 '지층 누증'이 결합하면, 아래쪽의 지층일수록 수백-수천만 년 전의 아주 오랜 옛날에 수십-수백만 년에 걸쳐 퇴적된 것이라는 결론을 얻게 된다. 따라서 이런 지층에 갇혀 화석이 된 동식물들은 당연히 수백-수천만 년 전의 동식물일 것이다. 그 결과, 화석은 아주 오랜 시간에 걸친 변화를 우리에게 보여 주는 증거가 되고, 결정적인 진화의 증거가 될 수 있는 것이다.

그렇다면 우리가 오늘날 관찰하는 지층과 화석의 모습들은 과연 대홍수와 액상화 현상, 동일 과정설과 지층 누증의 원리 둘 중에 어느 것으로 더 잘 설명될까?

우리는 생명 진화의 증거를 취급하기에 앞서서, 지층과 화석이 어떻게 형성되는가를 정확히 이해할 필요가 있다. 지질학적 증거(지층과 화석의 연대)에 따라 생물학적 증거(오랜 시간에 걸친 진화)가 유효한지 아닌지를 판단할 수 있기 때문이다.

10. 퇴적층의 특징

1) 거대하고 균일한 퇴적층

오늘날 퇴적은 좁은 강을 따라 이뤄진다. 그런데 보통 퇴적층은 좁은 선 형태가 아니라 넓은 평면이다. 게다가 그 면적은 종종 수십만 m^2 이상의 면적에 걸쳐 펼쳐져 있다.

반면, 오늘날 가장 빠른 속도로 퇴적물이 쌓이는 강 하구의 삼각주는 이런 광대한 곳에 비해 그 면적이 보잘것없다. 또한, 강 하구에 퇴적되는 퇴적물과 달리 두껍고 광활한 지층은 종종 전부 매우 균일한 입자로 구성된다. 입자들의 밀도 차이로 분리가 발생하는 액상화 현상 외에는 이렇게 동일한 입자만으로 거대한 면적에 걸쳐 형성되는 두꺼운 퇴적층을 설명할 수 없다.

2) 얇은 퇴적층

퇴적층은 때로는 매우 두껍지만, 때로는 매우 얇다. 그리고 이렇게 얇은 퇴적층도 두꺼운 퇴적층과 마찬가지로 수평으로 매우 넓은 면적에 걸쳐 평평하게 펴져 있다. 게다가 이렇게 얇은 퇴적층이 수백 m 높이로 무수히 많은 층층이 쌓여 있기도 하다. 지층 사이에 수천 년의 간격이 있었다면 표면이 노출되고, 비바람에 깎이면서 이렇게 얇은 지층들이 평행하게 쌓여있을 수 없다. 오직 중간 물층과 액상화 현상만이 이렇게 넓은 지역의 완전히 구분되는 얇은 지층들을 설명할 수 있다.

11. 특이한 퇴적층들

1) 두꺼운 석회암

일부 석회암층은 그 두께가 1백 m가 넘는다. 동일 과정설에 따르면 이 석회암층이 형성된 지역은 수백만 년 동안 끈쩍끈쩍한 알칼리성 물로 덮여있었다고 한다. 문제는 이런 치명적인 지역이 오늘날 지구 어디에서도 발견되지 않는다는 것이다. 반면, 액상화 현상은 석회암 입자들이 빠르게 한곳으로 모이는 것을 설명할 수 있다. 또한, 수판 이론(초임계수)은 석회암 입자들이 어떻게 그렇게 많이 생성되었는지도 설명해 준다.

2) 거대한 면적의 두꺼운 석탄층

석탄층은 종종 그 두께가 30m를 넘는다. 동일 과정설에 따르면 이런 두꺼운 석탄층은 이탄 습지에 수백만 년에 걸쳐 썩지 않은 식물들이 300m 이상 높이 쌓인 상태에서 만들어진다고 한다. 그런데 오늘날 지구에서는 식물들이 썩지 않고 이렇게 높이 쌓여있는 곳이 존재하지 않는다. 거대한 대홍수로 엄청난 규모의 식물들이 물에 휩쓸려 한 지역에 모인 뒤, 액상화 현상으로 식물들이 한 지층으로 모이고, 이후 산소가 없는 땅속에서 지열에 의해 석탄으로 변하는 과정은 석탄층을 설명하는 최선의 설명이 될 수 있다.

3) 윤회층

보통 이러한 석탄층 위아래에는 반복되는 주기의 윤회층이 위치한다. 일부 윤회층은 25만 km² 이상의 거대한 면적에 펼쳐져 있다. 그런데 오늘날 지구의 그 어떤 습지도 이렇게 넓은 영역에 걸쳐 형성되어 있지 않다. 동일 과정설에 따르면 각 지층은 서로 다른 자연 환경에서 형성된다. 같은 지층은 같은 자연 환경에서 형성된다. 따라서 반복되는 주기의 윤회층은 이 지역의 자연 환경이 일정한 주기로 반복된다는 것을 말한다.

수백만 년에 걸쳐 일어나는 자연 환경의 변화가 무작위로 발생하는 것이 아니라 특정 주기로 반복된다는 생각보다는 물리적 법칙으로 명백히 설명되는 액상화 현상이 석탄층과 윤회층에 대해 더 간단하고 완전한 설명을 제공한다.

4) 대수층

땅속은 보통 흙이지만, 종종 깊은 땅속에는 흙이 아닌 것들이 지층 사이에 존재한다. 석탄, 석유, 물 같은 것들이다. 이 중 땅속에 상당히 두꺼운 물층(대수층)이 갇혀 있는 경우가 있다. 전 세계적으로 많은 지역이 이 대수층에 존재하는 지하수에 의존하여 살아간다. 사람들이 우물을 파서 대수층의 물을 쓰다 보면 대수층의 물이 점점 줄어들게 된다. 그런데 이 대수층의 물은 일단 줄어들면 다시 채워지지 않는다. 대수층의 물이 고갈되면서 땅속이 텅 비게 되면, 위쪽의 지층이 무너져 내린다.

쓰면 다시는 채워지지 않는 대수층의 물은 과연 어디서 온 것일까?

동일 과정설에 따르면 오랜 기간 물이 암석을 통해 조금씩 스며들어 대수층이 되었다고 한다. 하지만 물이 암석 사이로 빠져나가는(확산) 대신 특정 지역에 몰려들어서 대수층이 되는 현상은 물리 화학적인 법칙으로 설명되는 일반적인 자연 현상은 아니다. 물이 없어지면 물이 있던 곳이 빈 공간이 되어 지층이 무너져 내리지만, 물이 모여든다고 지층을 위아래로 밀어 내고 두꺼운 물층이 자리잡게 되는 것은 아니다. 따라서 대수층의 형성은 처음부터 퇴적층에 물이 잔뜩 들어있었다는 것을 의미한다. 대홍수와 중간 물층은 대수층을 설명하는 적절한 이론이다.

12. 특이한 화석들

1) 썩지 않은 화석

죽은 동식물은 대부분 다른 동물들에게 먹히거나, 빠르게 부패하여 소멸된다. 따라서 동식물의 사체가 화석이 되기 위해서는 빠르게 퇴적물로 매장될 필요가 있다. 그러나 오늘날 이러한 동식물 사체의 매립은 거의 발생하지 않는다. 종종 산사태나 화산 분출로 동식물의 매몰이 빠르게 일어나기도 하지만, 이 경우 그 면적이 매우 한정적이다.

어떤 지역에서는 수천 마리의 해파리가 7개의 지층에 걸쳐 크기별로 분류되어 화석화되었다. 동일 과정설에 따르면 같은 지역에서 수십-수백만 년의 차이를 두고 서로 다른 7번의 시기에 걸쳐 폭풍이 몰아쳐 크기가 다른 해파리들이 매몰되었다고 한다. 그러나 액상화 현상에 따르면 해파리들은 그저 크기에 따라 7개의 중간 물층에 서로 나누어져 갇혀져 버린 것에 불과하다.

2) 먹이가 없는 동물 화석

동물은 직접 식물을 먹거나, 식물을 먹는 동물을 먹고 산다. 그런데 어떤 지층은 식물은 전혀 없이 동물만 화석으로 나타난다.

동물들은 그 시대에 무엇을 먹고 살았을까?

액상화 현상은 동물과 식물이 다른 지층으로 분리되는 것을 설명해 준다.

3) 얇게 다져진 물고기 화석

수많은 물고기가 매우 얇은 지층과 지층 사이에 종이처럼 납작하게 압축되어 화석화되었다. 이 말은 죽은 물고기가 아래 지층에 아무런 영향도 주지 않고 납작해져서 지층 위에 얹어진 다음, 그 위에 다시 아주 얇은 지층이 물고기가 썩기 전에 얹어져야 한다는 뜻이다. 보통 죽은 물고기는 빠르게 부패되므로, 이 물고기가 화석이 되기 위해서는 물고기 위로 퇴적물이 빠르게 덮어져야 한다. 그런데 화석에는 아주 얇은 지층, 얇게 압축된 물고기, 그 위를 덮은 또 다른 얇은 지층뿐이다.

물고기를 부패로부터 방어해 주는 두꺼운 퇴적물은 어디로 사라진 것일까?

액상화 현상은 퇴적층을 수천 개의 아주 얇은 퇴적 지층으로 분리할 수 있다. 물이 침투하고 빠져나갈 때마다 생성되는 중간 물층에는 이 퇴적층에 묻힌 물고기들이 모여들고, 이 물고기들은 중간 물층이 없어질 때마다 위아래 지층에 눌리면서 점점 얇게 압축된다. 이렇게 강한 압력으로 납작하게 압축된 물고기는 마침내 지층에서 물이 완전히 빠져나가면서 화석이 된다.

호수에 쌓인 퇴적층은 보통 0.1mm 정도로 매우 얇다. 그래서 동일 과정설에서는 호수 바닥에 매년 지층이 하나씩 쌓인다고 주장한다. 그런데 미국 와이오밍주, 콜로라도주, 유타주에 걸쳐 있는 호수 지역 퇴적층에서는 위에서 말한 납작한 물고기 화석들이 수십억 개가 발견되었다. 이 중 수천 개는 다른 물고기를 삼키다가 화석이 되었다.

이렇게 많은 물고기가 어떻게 부패하여 사라지지 않고 호수 밑바닥에 가라앉고 얇게 압축될 수 있었을까?

다른 물고기를 잡아먹던 싱싱한 물고기들은 왜 죽은 물고기들과 함께 묻혀졌을까?

가장 손쉬운 설명은 대홍수로 쏟아진 퇴적물이 수많은 물고기를 한 지역에 묻어 버렸고, 물고기들이 휩쓸려 가는 와중에 어떤 물고기의 입에 작은 물고기가 밀려 들어갔으며, 액상화 현상이 이들을 납작하게 만들었다는 것이다.

지층과 화석에 대한 지질학적 증거는 화석이 아주 오래전, 상당히 오랜 기간에 걸쳐 생성된 것이 아니라는 것이다. 따라서 화석을 통해 진화를 설명하려는 모든 시도는 그 근거가 전혀 없다고 볼 수 있다.

참고 문헌

Walt Brown. *In the Beginning: Compelling Evidence for Creation and the Flood*. CSC, 2008, 8th edition.
- 제5부 제1장은 이 책의 "Part II: Fountains of the Great Deep"(제2부: 깊음의 샘들) 중 '액상화 현상: 지층과 화석의 기원'을 참고했다.

제2장

화석은 어떻게 분류될 수 있을까?
다윈의 진화계통수

• 요약

1. 종의 기원

다윈은 모든 생명체는 먼 과거에 하나의 공통 조상으로부터 시작했으며, 그 후손들이 자연 선택이라는 방식을 통해 서로 점차 다르게 발전하여 오늘날처럼 복잡하고 다양한 생명체가 나타났다고 주장했다. 그 결과 생명체들의 관계는 가계도처럼 나무 모양의 진화계통수로 나타낼 수 있다고 보았다.

다윈은 갈라파고스제도에서 자연 환경에 따라 새들의 부리가 달라지는 것을 관찰하면서 생명체들이 환경에 의해 변화한다고 생각했다. 매우 긴 시간에 걸쳐 생명체에 무작위적 변화가 일어나고, 이러한 변이를 겪은 생물 중 환경에 적응한 일부만 살아남아 생명체의 변화가 유전된다는 것이다. 진화가 사실일 경우, 지구상에는 매우 긴 시간에 걸쳐 약간씩 변화하는 모습을 보여 주는 '중간 단계 생명체'의 화석이 수없이 많이 존재해야만 한다.

2. 중간 단계의 부재

생물들의 분류는 서로 다른 점을 기준으로 나눈다. 따라서 생물들 간의 중간 단계라는 것은 분류 체계상 존재할 수 없기도 하거니와, 가까운 생물들의 공통 조상은 어떤 동물의 특징을 가져야 하는가도 문제가 된다. 한쪽 동물의 특징을 가지면 다른 쪽 동물의 조상이 될 수 없는 것이다.

따라서 중간 단계는 어느 두 동물의 공통 조상이라기보다는 특정 동물이 서서히 발전해 가는, 따라서 현재보다 기능이 부족한 화석이어야 한다. 그러나 생명체들이 지구상에 갑자기 나타난 캄브리아기, 선캄브리아기를 보면 이러한 중간 단계 화석이 없이 갑자기 매우 발전된 다양한 동물이 지구상에 나타나는 것을 확인할 수 있다. 화석이 보여 주는 증거에 따르면 진화계통수상 존재했어야만 하는 중간 단계 생명체 혹은 공통 조상은 이 세상에 존재한 적이 없다.

3. 유사성과 선후성의 착각

분류학은 생명체를 다양한 기준으로 서로 비슷한 것들끼리 모으고, 서로 다른 것끼리는 분리하는 학문이다. 학문의 특성상 분류학은 생명체 간의 선후는 다루지 않는다. 그저 이것과 저것이 어떻게 다른가 하는 점만을 연구한다.

진화계통수는 이렇게 유사하게 분류된 동물들에 대해 서로 4촌이고, 16촌이며, 친척이라고 말하는 이론이다. 실제 세상에 포유류란 것은 존재하지 않는다. 그저 사람들이 이런저런 특성을 가진 비슷한 동물들을 모아서 포유류라고 지칭하기로 정한 것뿐이다. 실제로는 포유류 내의 각 동물들도 상당히 다른 별개의 동물들이다. 진화론자들은 과거에 이들을 하나로 묶어주는 공통 조상 같은 실재가 있었다고 착각하고 있는 것이다.

4. 유전자 진화계통수

진화계통수에 중간 단계 화석이 없다는 문제가 발생하자 진화론자들은 외모가 아닌 유전자 변화를 통한 진화계통수를 만들고 있다. 그러나 유전자 변화가 발생했던 시점을 측정하는 유전자 시계는 하나도 정확하지 않고, 생물들 간의 유전자 차이는 매우 다양하게 나타나서 유전자 분석으로도 하나의 완벽한 진화계통수를 만드는 데 실패하고 있다. 진화론자들은 생물들의 진화 과정에 대해서 아직도 하나도 모르고 있다. 결국, 진화론자들은 진화 과정 화석이 없다는 것에 주목해서 진화가 어느 순간 갑자기 발생한다고 주장했으나, 그 실현 불가능성 문제로 인해 이 이론도 포기하고 말았다. 화석은 진화를 지지하는 증거가 아닌 것이다.

1. 종의 기원

진화론자들은 '동일 과정설'과 '지층 누증의 원리'를 토대로 화석이 동식물의 진화를 입증한다고 주장한다. 그러나 화석은 매우 긴 시간에 걸쳐 시대별로 다른 동식물들이 묻힌 것이라기보다는 대홍수로 인해 일시에 모든 동식물이 묻힌 것이다. 진화의 증거는 그 기초(화석의 지질학적 근거)부터 부실 공사였던 것이다.

이번에는 화석과 진화에 대한 지질학적 증거가 아닌 화석과 진화를 해석하는 생물학적 방법과 그 근거 및 논리에는 어떤 문제점들이 있는지를 살펴보겠다.

찰스 다윈은 그의 책 『종의 기원』에서 두 중심적 개념을 가지고 생명의 진화를 설명했다.

① 보편적 공통 조상
② 자연 선택

다윈은 모든 생명체는 먼 과거에 하나의 공통 조상으로부터 시작했으며, 그 후손들이 자연 선택이라는 방식을 통해 서로 점차 다르게 발전하여 오늘날처럼 복잡하고 다양한 생명체가 나타났다고 주장했다.

족보 혹은 가계도를 보면, 맨 처음에 가문의 시조가 나타나고, 아래쪽으로 피라미드처럼 자손들이 점점 늘어나는 것을 볼 수 있다. 이 가계도의 위아래를 바꾸면, 맨 아래에는 하나의 기둥을 두고 위로 갈수록 점점 나뭇가지가 갈라지는 형태의 나무 모양을 볼 수 있다. 다윈은 모든 생명이 하나의 원시 생명으로부터 나왔으므로, 모든 생명체의 가계도를 나무 모양으로 배치할 수 있다고 생각했다. 그 결과 소위 다윈의 '진화계통수'(진화의 계보[계통]를 보여 주는 나무) 혹은 '생명계통수'라는 개념이 나타났다.

2. 다윈의 진화계통수

진화계통수의 수직축은 가계도와 마찬가지로 시간의 흐름을 나타낸다. 그리고 수평축은 가계도에서 4촌이 8촌보다 더 가까이 있는 것처럼 진화의 정도에 따라 더 유사한 것들이 더 가까이 모이도록 배치된다. 다윈은 이러한 나무 모양이 생물들의 특성을 가장 잘 설명한다고 주장했다. 즉 생물들이 닮은 것은(예를 들어 사자랑 표범) 그들이 진화계통수에서 가까운 4촌이기 때문이다. 그리고 생물들이 다른 것은 그들이 너무 먼 친척이기 때문이다(예를 들어 사자랑 하마).

그렇다면 생명체들은 왜 서로 달라지게 되었을까?

가계도에서는 외부와의 결혼을 통해 후손들의 특징이 조상과 약간씩 달라지게 된다. 다윈에 따르면 진화계통수에서는 바로 자연 선택을 통해서 생명체들이 서로 다른 형태로 발전한다. 다윈은 갈라파고스제도에서 자연 환경에 따라 새들의 부리가 달라지는 것을 관찰하면서 생명체들이 환경에 의해 변화한다고 생각했다. 그리고 이 과정을 자연 선택이라고 이름 붙였다.

자연 선택은 크게 세 가지 요소를 통해 생물학적 변화를 일으킨다.

① 무작위적 변이: 다윈에 따르면 생명체의 변화는 의도와 상관없이 무작위적으로 일어난다. 키가 커지고 싶어서 커지는 것이 아니라, 누군가는 키가 커지고 누군가는 키가 작아진다.
② 생존 경쟁: 키가 큰 생명체와 키가 작은 생명체가 나무 하나를 두고 싸우면 결국 더 높은 곳의 나뭇잎을 먹을 수 있는 키가 큰 생명체가 살아남고, 키가 작은 생명체는 죽어 도태된다. 이 과정을 보통 환경에 더 잘 적응한 자가 살아남는다는 '적자생존'이라고 한다.
③ 변이들의 유전: 이제 키가 큰 생명체만 살아남게 되었다. 그리고 이 키 큰 생명체들이 후손을 낳으면 그 후손들은 조상의 새로운 속성, 즉 큰 키를 물려받게 된다.

즉 자연 선택은 '자연'이 이렇게 성공적인 변이들을 '선택'하면서 생명체들이 서로 다른 환경에서 서로 다르게 진화한다는 이론이다.

3. 매우 긴 시간

다윈은 생명체의 변이 중 유익한 것은 희귀하며, 그 변화의 정도가 그리 크지 않다고 했다. 형태에 있어서 큰 변이는 보통 기형과 죽음을 가져오기 때문이다. 오직 생존에 최적화된 기존 모습(적자생존)에서 약간의 변이만이 그 생명체의 생존을 보장해 주고 변이된 속성이 후대에 유전될 수 있는 것이다.

그렇다면 이러한 작은 변이가 다수 축적되어 기존과 완전히 다른 새로운 생명체가 나타나기 위해서는 얼마나 긴 시간이 필요할까?

가계도에서는 사람의 한 세대에 해당하는 20-30년마다 새로운 피가 수혈되면서 이전 세대와는 다른 외모를 가진 세대가 태어난다. 그러나 진화계통수에서 생명체는 외부의 새로운 유전자가 들어와 변하는 것이 아니라, 스스로 새로운 모습으로 변화해야 한다.

사람은 애완동물이나 식물에 대해 품종 개량을 한다. 최근 수 세기 동안 품종 개량을 통해 수많은 품종을 만들어 냈다. 다윈은 이처럼 자연도 수백만 년에 걸쳐서 무수한 작은 변이와 자연 선택을 통해 사람의 눈처럼 복잡한 구조들도 만들어 낼 수 있을 것이라고 생각했다. 자연 선택의 변이 자체가 그 규모가 매우 작기 때문에 자연 선택 자체가 매우 느린 과정이 될 수밖에 없고, 그 결과 진화계통수의 세로축 한 단계는 인간이 상상할 수도 없는 긴 시간이 필요하게 된 것이다.

4. 중간 단계 생명체

진화계통수는 작은 변이가 축적되기 위해 광대한 시간이 필요하다. 이렇게 작은 변이와 광대한 시간이 맞물린 진화계통수의 특징은 바로 수없이 많은 중간 단계 생명체다. 가계도를 살펴보면, 우리는 현재 생존해 있는 세대를 제외하고도 과거에 무수히 많은 중간 세대들을 만나게 된다. 나와 나를 약간 닮은 6촌 동생은 우리 둘을 닮은 증조할아버지가 있었음을 보여 주는 증거다.

이와 마찬가지로, 진화계통수에서도 현재 생존해 있는 생명체를 제외하고도 무수히 많은 중간 단계 생명체가 매우 긴 시간 동안 존재해 왔음이 틀림없다(예를 들면 사자와 표범 중간 정도의 조상에 해당하는 표범사자 같은 것들이 있었을지도 모른다). 따라서 이들은 분명히 어딘가에 자신의 흔적을 남겼을 것이다. 그리고 그 흔적들은 아마도 화석의 형태로 우리에게 전해질 것이다. 이제 남은 일은 중간 단계 생명체 화석을 찾아내는 일뿐이다. 수 없이 많은 중간 단계 생명체는 땅속에 무수히 많은 화석을 남겼을 것이다.

그리고 적어도 다윈 시대에는 이러한 중간 단계 생명체 화석이 전혀 발견되지 않았다. 화석이 보여 주는 것은 공통 조상의 흔적 같은 것이 전혀 없다가 어느 날 갑자기 다양한 생명체가 짠 하고 나타난 것이다. 다윈은 화석 기록에서 나타나야 할 점진적 변화가 전혀 보이지 않고 갑자기 매우 이른 시기에 다양한 동물이 나타난 것에 매우 곤란함을 느꼈다. 중간 단계 화석이 보이지 않는 것에 대한 최선의 해법은 '중간 단계 생명체는 화석화되기 어려운 특성을 가졌거나, 아직 우리에게 발견되지 않았다'라는 것이었다.

정말 그럴까?

다윈 이래로 충분히 많은 시간이 지났고, 과학이 발전했으며, 더 많은 화석이 발견되었다. 이제는 신비한 존재의 증거를 제대로 살펴볼 수 있을 것이다.

5. 분류학과 공통 조상

스웨덴의 린네는 분류학을 체계적으로 정립함으로써 학문의 수준으로 끌어올렸다. 그러나 기본적으로 동식물들의 서로 다른 특징을 기준으로 이뤄지는 분류 체계는 어떤 기준을 사용하는가 하는 문제에 있어서 사람의 판단이 개입할 수밖에 없는 한계가 있다. 분류는 특정 기준을 놓고 이 생명체는 이쪽, 저 생명체는 저쪽으로 완전히 집단이 나눠지기 때문에 어느 생명체도 분류 체계에서 동시에 두 집단에 속할 수는 없다. 그리고 여기서 바로 중간 단계 생명체가 무엇인가 하는 문제가 발생한다.

과거의 비교적 단순한 한 생명체가 훗날 진화한 두 생명체의 공통 조상이라고 생각해 보자. 이 생명체는 두 생명체의 조상이 되기 위해서 두 생명체가 서로 차이를 가지는 부분에 대해 특정 형태를 가져서는 안 된다. 예를 들어 좌우대칭 동물 중에는 딱딱한 껍질(외골격)을 가지는 절지 동물(곤충)과 말랑한 살 내부에 딱딱한 뼈(내골격)를 가지는 척추 동물(사람이나 다른 동물들)이 있다.

그런데 곤충과 척추동물의 공통 조상은 외골격과 내골격 중 무엇을 가져야 할까?

외골격을 가지면 척추동물의 조상이 될 수 없다. 반면, 내골격을 가지면 곤충의 조상이 될 수 없다.

뼈가 아예 없다면?

아마 곤충과 척추동물 모두 이런 이상한 화석은 자신의 조상이 아니라고 할 것이다. 아마 아주 아주 먼 조상일 수는 있겠다.

결론은 만약 어떤 생명체가 고도로 분화된 여러 동물의 공통 조상이 될 수 있으려면, 이 생명체는 반드시 매우 간단해야 하고, 후손들의 분류학적 특징을 하나도 가지지 못할 것이라는 점이다. 이 말은 매우 단순한 공통 조상으로부터 분리된 후손들은 긴 시간에 걸쳐 자신만의 분류학적 특징들을 하나하나 획득해야 한다는 뜻이다.

동물의 분류학적 특징은 머리, 관절, 겹눈, 내장, 항문, 더듬이, 촉수관 등 수많은 특징을 사용하므로, 진화계통수는 반드시 이런 특징들이 하나하나씩 더해지는 중간 단계 생명체를 가득 포함하고 있어야 한다. 즉 현재 존재하는 생명체와 비슷하지만 기능들이 지금보다 하나씩 하나씩 부족한 형태의 중간 단계 화석들이 무수히 많이 존재해야 한다. 우리가 찾는 진화계통수 상의 중간 단계 화석은 바로 이 생명체와 저 생명체의 중간에 걸친 화석이 아니라, 현 생명체와 유사하면서 기능과 형태가 몇 가지씩 부족한 점점 발전하는 모습을 보이는 화석인 것이다.

즉 우리가 발견한 화석들이 서로 완전히 구분되는 모습으로만 나타나고, 하나의 생명체가 점진적으로 발전하는 형태가 나타나지 않으면, 중간 단계 생명체 화석은 없다고 말할 수 있는 것이다.

6. 캄브리아기 대폭발

진화론에서 지질 시대는 현재부터 과거까지 신생대(조류, 포유류가 등장한 시대)-중생대(공룡이 번성하던 시대)-고생대(본격적으로 생명체가 등장한 시대)-원생대/시생대 등으로 나눠진다. 각 시대는 여러 개의 시기로 나눠지는데, 고생대에서 가장 오래된 시기는 캄브리아기다. 본격적으로 생명체가 등장한 것이 고생대-캄브리아기인 관계로, 캄브리아기 이전인 원생대/시생대를 생명체가 본격적으로 등장하기 이전인 선캄브리아기라고 부르기도 한다.

캄브리아기에는 생명체(화석)가 본격적으로 등장한다. 이 말은 그 이전에는 그저 공통 조상이라고나 할 수 있을 법한 매우 단순한 생명체들만 살았다는 뜻이다. 따라서 캄브리아기에 등장한 생명체들은 이전 생명체로부터 다양한 특징과 기능들을 하나하나 획득하는 중간 단계 생명체의 모습들을 보여줘야 한다. 그러나 캄브리아기 지층의 화석 특징은 이러한 우리의 기대를 배반하고 있다.

1) 버제스 동물 화석군

캐나다 남서부에 위치한 버제스산에서 찰스 월코트는 1917년까지 65,000개의 화석을 발굴했다. 이 화석들은 공상과학 만화에서나 볼 듯한 다양한 생명체로 그 어떤 중간 단계 생명체 없이 갑자기 등장했기 때문에 '캄브리아기 폭발'이란 용어가 쓰이게 됐다. 동물은 모두 36개 '문'으로 분류되는데, 이중 화석이 존재하는 동물 '문'은 27개다. 27개 중 3개는 선캄브리아기, 20개는 캄브리아기, 4개는 캄브리아기 이후에 화석으로 등장한다.

즉 정말로, 그 어떤 중간 단계 생명체 혹은 공통 조상의 흔적도 없이 갑자기 매우 다양한 발전된 형태의 20개 동물문이 캄브리아기에 등장한 것이다. 게다가 이 캄브리아기 폭발이 일어난 시기는 캄브리아기 5560만 년의 기간 중 겨우 500만 년 남짓에 불과하다. 즉 매우 짧은 기간에 다양한 생명이 동시에 나타난 것이다. 중간 단계 생명체는 흔적도 없이 말이다.

고생물학자들이 선캄브리아기-캄브리아기 화석 기록을 검토한 결과는 다음과 같다.

① 캄브리아기 동물 형태의 갑작스런 출현
② 캄브리아기-선캄브리아기 화석의 중간 단계 부재
③ 완전히 새로운 동물 형태의 등장
④ 종 내의 소규모 변이는 없고, 종 간의 형태에 있어서 급격한 차이(즉 캄브리아기에 폭발적으로 등장한 동물들은 그 어떤 중간 단계 생명체 없이 서로 완전히 구분되는 형태로 나타난 것이다).

참고로, 진화론을 지지한 월코트는 중간 단계 생명체 화석은 깊은 근해에 묻혀 있어 아직 발견되지 않았다고 주장했다. 이후 1940-60년대 연안 시추 기술 개발로 해양 퇴적층 조사가 가능해졌다. 그리고 오늘날까지 해양 퇴적층에서도 중간 단계 생명체 화석은 발견되지 않았다.

7. 선캄브리아기의 화석들

중간 단계 생명체 화석이 없다는 것이 정말로 중간 단계 생명체가 존재하지 않았다는 것을 입증하는 것은 아니다. 중간 단계 생명체가 정말로 화석화되기 까다로운 특징을 가졌을 수도 있으니까. 중간 단계 생명체 화석이 전혀 나타나지 않자, 진화론자들은 중간 단계 생명체들은 조직이 매우 부드럽거나 아주 작아서 화석이 될 수 없다고 주장했다.

정말 매우 부드럽거나 작은 생명체는 화석이 될 수 없을까?

고생물학자들은 이미 선캄브리아기 지층에서 미생물처럼 작고 부드러운 생명체를 발견했다. 또한, 버제스 화석군에는 매우 부드러운 몸체의 해파리 화석도 있었고, 65,000개의 화석 중 95%는 몸체가 매우 부드럽거나 골격이 매우 작은 생명체였다. 즉 중간 단계 생명체는 화석이 되지 못한 것이 아니라 실제 존재하지 않았다고 보는 것이 합리적이다.

작고 부드러운 생명체가 화석이 될 수 있는가에 대한 결정적인 증거는 중국 남부 쳉지앙 지역에서 발견되었다. 1984년 발견된 쳉지앙 화석군에서는 버제스 화석군보다 더 많은 화석이 발견되었는데, 이곳의 퇴적물은 매우 미세하고 작은 입자들로 구성되어 있어서 동물들의 부드러운 부분을 정교하고 정확한 모양으로 보존할 수 있었다.

여기서는 해파리처럼 매우 부드러운 동물들의 화석뿐만 아니라, 눈, 장기, 소화샘, 진피, 털, 입, 신경과 같은 조직들과 기관들이 보존된 화석도 발굴되었다. 그리고 결정적으로 세포 분열의 초기 단계, 즉 생명이 갓 시작한 시점인 배아 단계의 해면 화석도 발견되었다. 즉, 세포 수준의 매우 부드럽거나 작은 생명체도 충분히 화석이 될 수 있었던 것이다.

이 해면 배아 화석은 선캄브리아기 암석에서 발견되었는데, 이 지층 어디서도 캄브리아기 동물들의 명백한 조상 혹은 중간 단계 생명체의 어떤 흔적(화석)도 나타나지 않았다. 지리학자들에 따르면 선캄브리아기의 퇴적 환경은 캄브리아기보다 좋아서 중간 단계 생명체가 화석이 되지 못할 가능성은 없다. 즉 선캄브리아기는 세포 수준의 배아도 화석이 될 만큼 퇴적 환경이 좋았지만, 캄브리아기 폭발에 나타나는 다양한 생명체의 조상이나 중간 단계 생명체는 전혀 발견되지 않고 있다.

8. 선캄브리아기 소폭발

캄브리아기에는 갑작스럽게 다양한 생물이 등장하고, 선캄브리아기에서는 어떤 조상이나 중간 단계 생명체도 발견되지 않고 있다. 그런데 선캄브리아기 지층에서 캄브리아기 대폭발에 나타난 동물 중 일부가 발견되었다. 호주 남동부의 에디아카라 언덕에서 선캄브리아기 지층과 독특한 화석들이 다량으로 발견된 것이다.

이것은 캄브리아기 대폭발 이전에 존재했던 선캄브리아기 조상들의 흔적일까?

우선, 선캄브리아기에서 발견된 화석 중 해면과 킴버렐라라는 두 생명체를 제외하고는 그 어떤 생명체도 캄브리아기에 등장한 생명체와 뚜렷한 관계를 가지지 않는다. 즉 이들이 캄브리아기 동물들의 조상이라고 볼 근거가 없다는 것이다. 게다가 캄브리아기에 등장하는 것과 같은 동물 '문'에 속하는 생명체 화석도 사자와 표범이 다른 것처럼 서로 다른 특징으로 구분된다. 이것은 오히려 이 둘 사이에 어떤 중간 단계 생명체가 있었어야 함을 의미한다. 그러나 그런 중간 단계 생명체의 흔적은 전혀 없다.

게다가 에디아카라 화석군의 생명체 역시, 어떤 진화의 흔적 없이 갑자기 등장한다. 이것은 그저 갑작스런 생명체의 등장 중 일부를 캄브리아기에서 선캄브리아기로 이동시킨 것에 불과하다. 즉 어떤 조상이나 중간 단계 없이 갑작스럽게 등장하는 발달한 생명체의 문제가 오히려 진화의 시간이 부족한 더 이른 시기로 일부 옮겨진 것이다. 중간 단계, 생명체 문제 중 해결된 것은 아무것도 없는 것이다.

화석이 보여 주는 증거는 명백하다. 진화계통수상 존재했어야만 하는 중간 단계 생명체 혹은 공통 조상은 이 세상에 존재한 적이 없다.

9. 분류학과 진화계통수

그렇다면 진화계통수 이론은 대체 어디서 잘못되었던 것일까?

분류학은 생명체를 다양한 기준으로 서로 비슷한 것들끼리 모으고, 서로 다른 것끼리는 분리하는 학문이다. 학문의 특성상 분류학은 생명체 간의 선후는 다루지 않는다. 그저 이것과 저것이 어떻게 다른가 하는 점만을 연구한다.

분류학의 특징 중 하나는 무수히 많은 생명체를 나누는 데 여러 단계가 필요하다는 것이다. 즉 단 한 번에 수백만 종의 생명체를 분류할 수는 없다. 마치 스무고개처럼, 동물인가 식물인가, 동물이면 척추가 있는가 없는가, 척추동물이면 날개가 있는가 없는가, 하는 식으로 단계 단계마다 특정 속성이 다른 동물들을 솎아 내면서 마지막에 비슷한 동물들만 남도록 하는 것이다(이하 모든 생명체가 아닌 동물로 이야기를 한정하도록 하겠다).

이렇게 스무고개로 특성이 다른 동물들을 하나하나 빼고 나면, 일정 수준 이상 질문이 지날 경우 상당히 비슷한 동물들만 남게 된다. 이 상태에서 질문을 몇 개 더 해서 동물들을 좀 더 솎아내면, 정말로 4촌처럼 가까워 보이는 동물들만 남게 되는 경우도 발생한다.

그리고 여기서 핵심적인 질문이 나타난다.

4촌처럼 비슷해 보이는 동물들은 4촌일까, 4촌이 아닐까?

이 질문은 이렇게 확장된다.

16촌 정도로 비슷해 보이는 동물들은 친척일까, 친척이 아닐까?

최종적으로는 이 질문에 도달하게 된다.

모든 동물은 서로 친척일까, 친척이 아닐까?

이 질문의 핵심은 분류를 통해 비슷하게 솎아내는 작업은 그것들이 비슷한 이유를 전혀 설명해 주지 못한다는 것이다. 그것들이 4촌이든 아니든, 분류는 4촌처럼 비슷한 것들만 남겨놓는 작업이기 때문이다.

그리고 진화계통수는 이렇게 유사하게 분류된 동물들에 대해 서로 4촌이고 16촌이며, 친척이라고 말하는 이론이다.

10. 분류 나무의 가지와 마디

분류의 기본은 질문과 가지 나누기다. 분류 나무에서 실제로 세상에 존재하는 것들은 가장 끝에 위치한 개별 생명체들이다. 분류 작업은 맨 끝에 있는 생명체들을 특정 질문들을 통해 비슷한 것들끼리 모아서 배치하는 것이다. 따라서 맨 끝이 아니라 중간 즈음에 위치한 단계는 여전히 여러 이질적인 것이 섞여 있는 상태다.

척추동물은 어류(물고기), 조류(새), 포유류 등이 섞여 있고, 포유류는 사자, 개, 사람 등이 섞여 있다. 실제 세상에 포유류란 것은 존재하지 않는다. 그저 사람들이 이런저런 특성을 가진 동물들을 모아서 포유류라고 지칭하기로 정한 것뿐이다.

분류 나무에서는 특정 질문을 통해 이 집단과 저 집단을 나누기 때문에 이 집단과 저 집단에 서로 다른 이름을 붙일 수가 있다. 그러나 이름을 붙인다고 해서 실제 그런 이름을 가진 어떤 실재가 존재하는 것은 아니다. 그저 무수히 많은 것을 모아 놓고 이것저것이 모인 집단이라고 부르기 번거로우니 적당한 특징을 잡아서 이름을 붙였을 뿐이다. 이름이 있다고 실재가 있는 것은 아니다. 그러나 이름이 있으면 사람들은 무언가 그러한 실재가 있다고 생각하게 된다. 즉 그저 착각이 있을 뿐이다.

그리고 이러한 착각이 바로 진화계통수에서도 일어난다. 다시 동물로만 주제를 좁혀보면, 사람들은 동물을 이렇게 저렇게 분류하여 동물의 분류 나무를 만든다. 그리고 당연히 분류는 비슷한 것들끼리 모으기 때문에 분류 나무 맨 끝 가지의 한쪽 끝은 가장 단순한 종류의 동물들이 놓여지고, 다른 쪽 끝은 가장 복잡한 종류의 동물들이 놓여진다. 그리고 이렇게 나열된 실제 존재하는 동물들 목록 위(혹은 아래)로 나뭇가지들이 쭉 뻗어가다가 서로 합쳐지고, 마침내 끝에서는 하나로 합쳐져 동물이라는 하나의 분류로 모여진다. 그리고 이것이 바로 진화계통수가 된다.

문제는 분류 나무에서 나뭇가지들이 갈라지는 마디는 실제 존재하는 존재가 아니라는 것이다. 진화계통수의 마디는 사람들이 그 안에 속하는 생명체들을 하나로 부르는 이름/개념일 뿐이다. 그런데 진화계통수는 이 개념이 먼 과거에는 실재로 존재했었다는 주장을 하고 있는 것이다.

왜 그런가?

인접한 생명체들이 너무나 닮아 보이는 데다가, 생명체들이 약간씩 변하는 현상을 목격했기 때문이다. 그러니 먼 과거 언젠가에는 이 서로 다른 그러나 매우 비슷한 두 생명체가 하나로 합쳐져 있었던 그런 시절이 있었다고 착각하는 것이다.

11. 환상 속의 그대

이름을 불러주면 그 무엇이 비로소 우리 마음속에서 꽃이 될 수는 있겠지만, 이름을 불러준다고 없던 실재가 갑자기 세상에 존재하게 되는 것은 아니다. 그것이 실재할 수 있는가는 과학적으로 입증되어야만 하는 것이다. 그런데 진화계통수는 사람들에게 공통 조상, 중간 단계 생명체가 있었을 것 같은 착각을 심어주고 근거는 전혀 제시하지 않고 있다.

인접한 생명체가 너무 닮았을까?

사람과 원숭이가 정말 그렇게 닮았을까?

확실히 원숭이가 사자보다는 사람과 비슷하다. 그러나 사람들은 원숭이와 사람을 구별한다.

어느 정도 닮아야 너무 닮았다고 말할 수 있을까?

정확한 구분이 없는 기준은 과학적 기준이 아니다.

생명체가 변하고 있는가?

그래서 갈라파고스의 다양한 부리를 가진 핀치새가 핀치새가 아닌 적이 있었나?

사람의 얼굴이 다 다른데 누군가는 사람이 아닌가?

생명체가 얼마나 변하면 생명체가 완전히 변하는 것이라고 말할 수 있을까?

정말 그렇게 완전히 변할 수 있을까?

자전거와 오토바이는 닮았지만, 자전거와 배는 완전히 다르듯, 절대로 넘어설 수 없는 벽이 있는 것은 아닐까?

진화계통수의 문제는 빈약한 근거와 풍부한 상상력 속의 비약 그리고 비과학적인 추리를 통해 실재하지 않는 분류 나무상의 구분(개념/이름)이 과거에 실제 존재했었다고 주장하는 데 있다.

12. 유전자 시계

진화계통수 이론에 문제가 발생하자 진화론자들은 문제를 해결하기 위해 다른 대안을 제시했다.

공통 조상으로부터 진화를 통해 다양한 생명체가 분화되었다면, 이들 다양한 생명체는 서로를 구분하는 다양한 외모상의 특징뿐만 아니라, 이런 특징들이 나타나도록 만드는 유전자도 변화되었을 것이다. 따라서 외모상의 분류를 통해 진화계통수를 만드는 대신, 유전자의 유사성을 가지고도 진화계통수를 만들 수 있을 것이다.

유전자 시계의 기본 원리는 이렇다(표시된 숫자는 실제가 아니라 예시다).

1) 유전자 차이 계산

사자와 표범은 모두 포유류다. 게다가 고양이과 동물로 매우 닮았다. 진화론에 따라 과거 어떤 시기에 포유류 중 고양이과의 공통 조상 X가 나타났을 것이다. 우리는 X의 유전자는 알 수 없다. X가 살아있기는 커녕 화석도 발견되지 않고 있으니까. 우리가 알 수 있는 것은 사자의 유전자 D1과 표범의 유전자 D2다. 자, 이제 우리가 가진 두 유전자 D1과 D2의 차이 D_x(100개라고 가정하자)를 계산한다.

2) 유전자 차이 발생 시간 계산

우리는 시간이 지남에 따라 유전자가 돌연변이로 인해 변한다고 알고 있다. 게다가 사자와 표범은 매우 유사한 동물이므로 그 차이는 비교적 최근에 생성된 것임에 틀림없다. 즉 두 동물의 유전자 차이는 공통 조상이 나타난 후부터 현재까지의 시간 동안 발생한 것이다.

만약 우리가 공통 조상이 나타난 시점을 알 수 있다면, 유전자 차이 하나가 발생하는 시간을 계산할 수 있다. 예를 들어 고양이과 동물의 공통 조상 X가 T년(1000만 년이라고 하자) 전에 나타났다면, 사자와 표범의 유전자 차이 D_x는 T년 동안 발생한 것이고, 따라서 유전자 차이는 T/D_x년(10만 년)마다 한 건 꼴로 발생하는 것이다.

3) 공통 조상 발생 시간 계산

이제 우리는 사자의 유전자 D1과 메뚜기의 유전자 D3의 차이를 계산하면(예를 들어 1,000개라고 하자), 이 차이가 발생하기 위해 몇 년이 필요한 지 알 수 있다(10만 년 마다 1개의 차이가 발생하므로 1억 년이 걸린다). 따라서 사자와 메뚜기의 공통 조상이 등장한 시점(1억 년)도 알 수 있다.

즉 모든 생명체에 대해 그들의 공통 조상이 등장한 시점을 계산해낼 수 있는 것이다.

13. 맞지 않는 시계

그러나 유전자 시계는 각 단계마다 심각한 문제점을 가지고 있다.

① 생명체의 유전 정보는 염색체 안에 담겨 있다. 그런데 이 염색체의 수는 동물마다 다르다. 그리고 각 염색체의 길이도 각각 다르다.

염색체가 23쌍인 사람과 16쌍인 악어(앨리게이터)는 어떻게 비교해야 할까?
가장 비슷한 염색체를 골라서 비교해야 할까, 가장 다른 염색체를 골라서 비교해야 할까?
가장 긴 염색체끼리 혹은 가장 짧은 염색체끼리 비교해야 할까, 가장 짧거나 가장 긴 염색체를 모두 비교해야 할까?
사람의 염색체가 더 많으니 사람 염색체 두 개랑 악어 염색체 하나를 비교해야 할까?
현재 대부분의 연구는 서로 다른 동물에서 특정 유전자의 비슷한 길이를 가지는 일부분을 가지고 비교한다.
그런데 정말 그토록 방대한 유전자 중에서 이렇게 극히 미미한 일부의 차이가 두 동물 전체의 차이를 대변할 수 있을까?

② 분류 나무에서도 다루었지만, 두 동물은 개념상으로는 한 부류로 분류될 수 있어도 그 한 부류를 대표하는 공통 조상이 과거에 있었다고 말할 수는 없다. 그리고 그런 공통 조상이 발견된 적도 없다.

그런데 어떻게 우리가 두 동물의 공통 조상이 있었던 시점을 알 수 있을까?

이 시간 자체는 유전자 시계가 아니라 진화계통수를 통해 얻어낸 시간이다. 진화계통수가 틀려서 유전자 시계라는 방법을 마련하고 있는데, 시간을 맞추는 기준을 다시 진화계통수에 둔다면, 유전자 시계도 당연히 틀린 시간을 알려주게 될 것이다. 전형적인 순환논법의 오류다.

③ 사자, 표범, 메뚜기에서 모두 같은 속도로 유전자 변화가 발생했는지 알 수 없다.

즉 동물의 유전자 차이가(계산이 불가능하지만, 계산했다고 치고) 있을 경우, 어떤 동물은 유전자가 덜 변하고, 어떤 동물은 유전자가 더 변했을 수 있다. 종종 살아있는 화석이라는 표현이 쓰이는 데, 아주 먼 과거의 화석과 현재 우리가 만날 수 있는 동물이 완전히 똑같은 경우다. 이것은 현재 생존해 있는 동물의 유전자가 과거와 거의 변함없이 같을 수도, 상당히 다를 수도 있다는 뜻이다.

따라서 경우에 따라서 사자와 메뚜기의 유전자 차이가 사자와 표범의 유전자 차이보다도 더 적을 수도 있다. 결국, 이것은 사자와 표범의 공통 조상에게서 알아낸 유전자 변화 속도를 다른 동물들에 모두 적용하는 것이 불가능하다는 것이다. 모든 동물의 모든 유전자가 다 똑같이 변하는 것이 아니라, 어떤 동물은 거의 안 변하고, 어떤 동물은 약간 변하고, 어떤 동물은 많이 변하는 상황에서 이들간의 유전자 차이로는 어떤 시간도 계산해낼 수 없다.

참고로 캄브리아기 폭발에 대한 유전자 시계 연구 결과들을 정리하면, 이들의 공통 조상은 캄브리아기 폭발(5억 2천만 년 전) 이전 1-15억 년 전에 나타났다. 즉 6-20억 년 전 어느 시점에 공통 조상이 있었다는 얘기다. 요약하자면 공통 조상이 언제 나타났는지 모른다는 뜻이다. 심지어 어떤 연구 결과에서는 캄브리아기에 나타난 생물들의 공통 조상이 캄브리아기 대폭발 이후에 나타났다고 한다.

캄브리아기 대폭발의 연대가 틀린 것일까, 이 학자가 연구를 엉터리로 한 것일까, 이 연구 방법 자체에 문제가 있는 것일까?

14. 단 하나의 확실한 진화계통수

증거가 없다고 사실이 아닌 것은 아니다. 따라서 증거 같은 것은 좀 부족하더라도 진화계통수가 정말로 이론적으로 완벽하게 단 하나로 만들어질 수 있다면, 진화계통수의 설득력은 매우 높아질 것이다.

정말 학자들은 이론적으로 완벽한 단 하나의 진화계통수를 만들어 냈을까?

아니면 과학자들의 연구를 통해 향후 이런 완벽한 진화계통수가 만들어질 수 있을까?

오늘날 최첨단의 분자 분석 기술 덕분에 과거 동물을 외형들로 구분하는 해부학 대신 동물을 유전자로 구분하는 분자유전학이 등장했다. 그리고 분자유전학의 초기인 1990년대에 해부학적으로 만들어진 진화계통수가 분자유전학적으로는 틀리다는 연구들이 많이 나타났다. 해부학적 진화계통수의 가지 이곳저곳에서 가지가 갈라져 나간 순서가 분자 유전학적 순서와 다르다는 연구 결과들은 해부학적 진화계통수의 근거가 매우 부실함을 보여 준다.

심지어는 분자유전학적 연구결과들도 서로 다른 진화계통수를 보여 주기도 하고, 진화계통수를 만드는 것 자체가 불가능하다고 말하는 등, 진화계통수가 이론적으로 완벽하게 단 하나로 만들어지기 어렵다는 것을 보여 주고 있다. 만약 학자들이 제시하는 진화계통수가 단 하나가 아니라면, 진화계통수의 이곳저곳에서 가지들의 갈라지는 순서가 바뀐다면, 우리는 진화가 발생한 과정에 대해 우리가 아는 것이 하나도 없다고 말할 수 있다.

15. 단속 평형설과 공통 조상

"증거가 없다는 것이 증거다."

진화계통수와 점진적 진화를 입증하는 공통 조상 혹은 중간 단계의 생명체는 전혀 발견되지 않고 있다. 나일스 엘드리즈와 스티븐 제이 굴드는 이 '변화 자체의 부재', 즉 생명체가 변화하지 않는 '정체'가 가장 중요한 현상이라고 생각했다. 이들은 점진적인 진화를 거부하고, 생물들이 어느 시점에 갑자기 짠하고 변하면서 중간 단계의 생명체는 화석을 남기지 않는다고 주장했다. 이들의 이론을 '단속 평형설'(장기간의 안정적 상태[평형]가 생명체들이 급격한 변화를 겪는 짧은 시기에 의해 중간 중간 끊어진다[단속]는 이론)이라고 한다.

하지만 단속 평형설도 비록 그 숫자는 줄어들지만 어쨌든 진화계통수처럼 중간 단계의 생명체 화석을 필요로 한다. 수백만 종의 생명체들이 동시에 공통 조상으로부터 한 번에 진화된 것이 아니라면, 공통 조상으로부터 몇 번의 중간 공통 조상을 거쳐 오늘날 존재하는 생명체들이 나타나야 하고, 이것은 적어도 진화계통수상 후손들이 갈라지는 중요한 마디에서 중간 단계의 생명체가 여러 안정적인 시기에 존재했었다는 뜻이 된다.

진화계통수 이론에 따르면 이 공통 조상에서 현 생명체까지 하나의 가지 중간 중간에도 형태가 약간씩 변하는 중간 단계 생명체가 있어야 한다. 단속 평형설은 이 가지 중간에 걸쳐있는 중간 단계 생명체는 필요없지만, 가지가 갈라지는 마디의 공통 조상은 필요하다. 그러나 이러한 중간 공통 조상 화석도 전혀 발견된 바가 없다.

단속 평형설의 가장 큰 문제는 짧은 기간의 돌연변이로는 새로운 특성이 생성될 수 없다는 것이다. 다윈은 고민 끝에 새로운 형질을 얻기 위해 돌연변이에게 충분한 기회, 즉 매우 긴 시간을 제공했다. 그러나 단속 평형설은 이러한 변화의 기회, 즉 긴 시간을 제거하면서 스스로 변이가 누적될 기회를 없애버렸다. 새로운 형질들이 어디서 나타나는가에 대한 지속적인 질문으로 인해 굴드는 결국 새로운 형질의 기원이 다윈의 자연 선택에 기인한다고 인정했다. 다윈은 그 시기의 한정된 지식으로 최선의 답안을 찾았던 것이고, 굴드는 더 많은 지식으로도 잘못된 답안을 제시했다가 철회한 것이다.

마이어에 따르면 이제 진화생물학자 중에 단속 평형설이 생명체의 형태와 특징의 기원이 될 수 있다고 생각하는 사람은 거의 없다(그러나 이러한 학계의 정보는 전혀 알려지지 않고, 대부분은 단속 평형설이 매우 유력한 학설이라고 배우고 있을 것이다).

발전된 분자유전학은 공통 조상의 출현 시기를 찾는 데 실패했으며, 이론적으로 완벽한 하나의 진화계통수를 만들어 낼 수도 없다. 진화가 갑자기 이뤄진다는 단속 평형설은 이론적으로도 틀렸을 뿐만 아니라, 진화계통수가 제시한 중간 단계 화석이 없다는 사실을 인정함으로써 오히려 진화계통수를 부정하고 있다. 화석은 진화를 증거하고 있지 않다.

참고 문헌

스티븐 C. 마이어. 『다윈의 의문』, 이재신 외 역. 서울: 겨울나무, 2013/2015.
- 제5부 제2장은 이 책의 제1부 "사라진 화석들의 신비"(제1-6장)를 참고했다. 구체적인 인용과 사례들은 이 책에서 따온 것이다.

제3장

생명체는 변화하고 있을까?
창조 vs. 진화

• 요약

1. 동일 생물의 다양한 모습

같은 종류의 동물도 자세히 보면 매우 다양한 모습을 하고 있다. 다윈은 이러한 차이를 보고 생명체들이 환경에 따라 변화하며, 그 변화가 축적되어 생명체가 새로운 종이 된다고 생각했다. 실제 우리가 일반적으로 지칭하는 동물은 그 안에 매우 다양한 모습의 종들을 같이 포함하는 경우가 많다. 또 화석 기록속에 멸망된 종들을 포함하면 그 동물은 더 다양한 모습을 가진 종들로 이루어진다. 어쨌든 같은 종류의 생물들이 매우 다양한 모습을 갖고 있는 것은 사실이다.

2. 환경 차이와 유전자 발현

그런데 이런 다양한 모습의 차이는 유전자 자체적인 기능으로, 유전자는 같은 종의 동물들도 환경에 따라 서로 다른 다양한 모습을 갖도록 만들어 준다. 환경에 따라 생명체가 변한다는 라마르크와 다윈의 주장이 아주 근거가 없는 것은 아니었다. 다만 환경에 따른 유전자의 작동 방식은 유전자가 환경에 맞추어 새로 만들어지는 것이 아니라, 부모로부터 물려받은 유전자가 환경에 따라 유전자 주석이 표시되거나 표시되지 않으면서 작동하거나 작동하지 않는 것에 불과하다. 동일한 생물의 다양한 모습은 환경에 의해 새로운 유전자가 만들어져 발생한 것이 절대 아니다.

3. 돌연변이와 유전자 퇴화

화석상의 동물들은 진화론적으로 매우 먼 과거에 존재했음에도 현존 생물들과 큰 차이가 없는 경우가 많다. 생명체의 유전 정보는 복구 시스템에 의해 관리되어 변화가 발생할 수 없다. 그러나 모든 시스템에는 한계가 있고, 유전자도 돌연변이로 인해 점점 약간씩 손상되고 있다. 그러나 이는 생명체가 진화하기 보다 기능을 잃어가면서 퇴화하고 있음을 보여 준다. 즉 새로운 유전자가 만들어지는 것은 아니다.

4. 아날로그와 디지털

유전자는 아미노산이 3차원 구조로 연결될 수 있도록 적절한 순서로 아미노산을 나열한 3D 설계도일 뿐만 아니라(아무렇게나 아미노산을 연결하면 서로 꼬이면서 단백질 생성이 안 된다), 아미노산이 연결되면서 3차원으로 차곡차곡 접히는 시간을 고려하여 중간 중간 조립이 잠시 멈추는 시간도 기록되어 있는 생산 매뉴얼이기도 한다. 심지어 세포의 변이, 각 생체의 변이, 종의 변이 등의 모든 것도 생명의 다양성을 위해 이미 유전자 내에 다 들어있던 것이다.

다윈은 아날로그적으로 생명체의 변화가 결국 종의 변화, '진화'를 일으킨다고 생각했지만, 오늘날 발전된 디지털 문명은 생명체와 정보의 변화는 지성의 개입, 즉 '창조' 없이는 불가능함을 보여 준다.

1. 변화의 가능성

진화계통수가 주장하는 공통 조상 혹은 중간 단계의 생물은 실제로 존재했던 적이 없다.

그렇다면 진화계통수의 아이디어를 제공한 현상, 즉 생명체가 약간씩 변화한다는 사실은 어떻게 설명되어야 할까?

실제로 생명체가 변화한다면, 진화계통수는 사실이 아니더라도 생명체가 진화하는 것은 사실일 수도 있다.

캄브리아기 대폭발의 증거들을 봤을 때, 진화계통수의 가장 아랫부분(나무기둥, 즉 공통 조상)은 사실이 아닐 수도 있다. 하지만 생명체는 너무나 다양하고, 비슷한 동물들도 많기 때문에 진화계통수의 윗부분(나뭇가지)은 사실일 수도 있을 것이다. 현존하는 생명체와 매우 유사한 화석들은 사실은 중간 단계 생명체 화석일 수도 있으니까.

정말 생명체는 변화하고 있을까?

2. 다양한 모습의 생물

'악어'라고 하면 다들 떠오르는 모습이 있을 것이다. 악어는 다 비슷하게 생겼다. 그런데 실제 악어를 오늘날 분류 체계로 분류하면 무려 23종의 악어가 존재한다.

이 23종의 악어는 크게 3종류로 구분이 가능한데, '앨리게이터', '크로코다일', '가비알'이다. 우리가 사자, 표범 등 비슷한 종의 동물들을 고양이과 동물이라고 묶어서 부르듯이, 23종의 악어도 비슷한 종류끼리 묶어서 앨리게이터과 크로코다일과 가비알과라고 부른다. 앨리게이터과에는 모두 8종의 악어가 속해 있고, 크로코다일과에는 모두 14종의 악어가 속해 있으며, 가비알과에는 단 한 종류의 악어만 속해있다.

진화계통수 분류에 따르면 크로코다일 악어의 일부는 가비알과 가깝고, 나머지 일부는 앨리게이터와 가깝다. 즉 가비알-크로코다일-앨리게이터 순으로 가비알과 앨리게이터의 차이는 비교적 큰 것으로 나타난다.

앨리게이터 악어 중 하나인 아메리칸 앨리게이터는 16쌍의 염색체와 총 25억 개의 염기 서열을 가지고 있다. 가비알은 16쌍의 염색체에 약 20-30억 개의 염기 서열을 가진 것으로 추정된다. 그리고 크로코다일 악어 중 하나인 바닷물 크로코다일은 17쌍의 염색체에 총 28억 개의 염기 서열을 가지고 있다. 염색체 수로는 가비알과 앨리게이터가 오히려 더 가깝게 나타나고 있다.

이 3개과 23종의 악어는 우리가 모두 악어로 구분할 수 있지만, 각각의 모습은 약간씩 다르다. 우리가 단순히 악어라고 부를 때, 실제로는 매우 다양한 여러 종의 악어를 통칭해서 부르는 것이다. 사실 이건 우리에게 악어가 동물원 동물일 뿐이기 때문이고, 악어가 친숙한 곳에서는 적어도 크로코다일과 앨리게이터는 구분해서 부를 것이다. 그렇다 하더라도, 그 사람들이 앨리게이터의 8종 악어를 완전히 구분해서 부를 것으로 생각되지는 않는다.

어쨌든 우리가 일반적으로 칭하는 이름은 상당히 포괄적이며, 그 안에 매우 다양한 모습의 생명들을 같이 포함하는 경우가 많다.

3. 더 다양한 모습의 화석들

학자들은 수많은 악어 화석을 분류하면서 상당히 많은 화석을 현재 멸종된 악어종으로 구분했다. 앨리게이터과 악어는 현재 4개 속(과 아래의 중간 분류다)에 총 8개 종의 앨리게이터가 있지만, 화석에서는 무려 17개 속의 악어가 멸종된 것으로 나타나고, 현재 존재하는 4개 속에서도 무려 7개 종이 멸종된 것으로 분류된다. 즉 학자들의 분류에 따르면 앨리게이터 악어는 무려 32개 종(화석 1속을 1종으로 분류할 경우)이나 존재했었는데, 24종이 과거에 멸종하고, 현재는 8개 종만 생존해 있는 것이다. 마찬가지로, 크로코다일과 악어는 과거 10개 종이 멸종하고, 현재 14개 종이 생존해 있으며, 가비알과 악어는 무려 24개 종이 멸종하고, 현재 1개 종만 생존해 있다. 재밌는 점은 이들 멸종한 악어들은 같은 과의 현재 생존한 종과 상당히 유사한 모습을 가지고 있다는 점이다.

그렇다면 이렇게 많은 악어 종의 수와 상당수 종의 멸종 그리고 과거(매우 먼 공룡 시대)로부터 현재까지 거의 유사한 모습은 무엇을 말해주는 것일까?

4. 과거의 나는 내가 아니다

칼 베르너는 전 세계 박물관을 돌아다니면서 수많은 화석을 찾아보고, 다수의 화석을 사진에 담았다. 그리고 현존 생물과 화석들을 비교하면서 얻은 결론을 다음과 같이 인터뷰에서 말했다.

> 어떤 과학자가 백악기(공룡 시대 말기) 지층에서 오늘날 살아있는 퍼플하트 성게와 거의 비슷하게 생긴 성게 화석을 발견했을 경우, 홀스터라고 하는 전혀 새로운 속으로 분류합니다. 만약 바다에서 살아있는 이 생물을 본다면 분명히 스파탱거스속의 퍼플하트 성게라고 생각할겁니다. 서로 다른 이름을 부여한다는 것은 성게가 시간이 지나면서 변화되었다는 것을 의미하는 것인데, 이는 진화를 설명하기 위해 일부러 만들어낸 잔꾀인 것입니다.

다시 악어의 예로 돌아가 보자. 학자들은 악어 화석을 현존하는 악어의 뼈와 열심히 비교하면서 어떤 차이가 있는지 연구한다. 새로 발견되는 화석들이 기존 화석과 같은지 다른지도 연구한다. 더 정밀한 연구들은 기존에 같은 종류였다고 말하는 화석들 간에 이러저러한 차이가 있으며, 따라서 서로 다른 종으로 구분하는 것이 적합하다고 주장하기도 하고, 널리 받아들여지기도 한다. 이러한 분류에 따라서, 현재 악어 화석 중 다수는 크로코다일, 앨리게이터, 가비알에 속한 과거에 멸종된 종류 중 하나로 분류되기도 하고, 일부 화석들은 악어이기는 하지만, 크로코다일, 앨리게이터, 가비알이 아닌 전혀 새로운 형태의 악어로 분류되기도 한다.

베르너의 말처럼 크로코다일, 앨리게이터로 분류되는 화석 중 몇 개는 아마 현존 크로코다일, 앨리게이터와 큰 차이가 없을 수도 있다. 한국인을 여럿 모아도 머리 골격이 서로 다른 사람들을 찾을 수 있듯이(예를 들어 남방계 골격과 북방계 골격), 크로코다일과 앨리게이터의 화석도 묻힐 당시 존재하던 크로코다일과 앨리게이터의 여러 골격 중 일부가 묻혔을 뿐이고, 현재의 크로코다일과 앨리게이터의 골격도 선택된 몇 마리의 골격일 뿐이다. 이들의 차이가 정말 종의 차이인지 일부 개체의 차이인지를 확인하는 것은 어려운 일이다.

또한, 아무리 정밀한 연구로 화석뼈와 현존 악어의 뼈 사이에 다양한 차이를 발견해도, 그 화석 역시 크로코다일이고 앨리게이터라는 것은 변하지 않는다.

5. 종을 나누는 기준

가장 큰 문제는 학자들이 찾아낸 이런 미묘한 차이들이 정말로 종을 나누는 기준이 될 수 있는가이다. 일반적으로 종을 나누는 기준은 번식의 가능성인데, 이미 멸종된 악어가 현존 악어와 번식이 가능한지 알 방법이 없다. 이들이 현존 악어와 종이 다른 이유는 뼈의 구조가 약간 다르다는 것과 생존했던 시대가 다르다는 것뿐이며, 전자는 종을 나누는 기준으로 충분하다는 근거가 부족하고, 후자는 지질학적으로 사실이 아닐 가능성이 크다.

앨리게이터, 크로코다일, 가비알이 아닌 다른 종류의 악어 화석들은, 중간 단계 화석이라던가 공통 조상이라기보다는 전 지구를 뒤덮은 대홍수가 실제 다양한 종류의 생명체들을 멸종시켰을 가능성이 크다는 점에서 그저 멸종된 악어 중 하나라고 해석할 수 있을 것이다.

화석 증거상 과거에는 멸종된 동물들을 포함하여 좀 더 다양한 동물이 살았을 가능성이 있다. 그러나 일부 화석은 현존 동물과 큰 차이가 없음에도 살던 시대가 다르고 약간의 차이가 있다는 점이 부각되어 현존 악어와 다른 종으로 분류 되고 있을 가능성도 높다.

6. 후천적 형질과 유전자

라마르크는 1809년 '동물 철학'에서 종의 분류와 진화에 관한 이론을 정리하면서, 동물이 자꾸 사용하는 기관은 발전하고, 덜 사용하는 기관은 퇴화한다는 '용불용설'을 주장했다. 가장 흔히 소개되는 예시는 기린이 더 높은 곳의 나뭇잎을 먹기 위해 자꾸 목을 쭉 뻗다보니 목이 길어졌다는 것이다(오늘날 진화론에서는 목이 긴 기린만 살아남아서 기린의 목이 길어졌다는 설명으로 바뀌었다). 오늘날 쉽게 접할 수 있는 예시로는 야구 선수 중 공을 던지는 역할의 투수는 던지는 팔의 근육이 반대쪽 팔의 근육보다 더 발달해 있다는 것이다.

그런데 이 용불용설은 유전학이 등장하면서 과학계에서 퇴출당했다. 즉 유전자 변화 없이 발생하는 형태적 변화는 후대에 전해지지 않기 때문이다. 기린이 목을 뻗어서 목이 길어졌든, 투수가 공을 던져서 한쪽 팔이 길어지고 근육이 발달하든, 그것은 유전자에 아무런 영향을 주지 못한다. 그리고 기린과 투수의 후손이 물려받는 것은 부모가 기른 근육과 골격이 아니라 유전자이기 때문에 새끼 기린의 목이 더 길어져서 태어난다던가, 자녀의 한쪽 팔이 더 긴 채로 태어난다던가 하는 일이 일어나지 않게 된다. 즉 유전자로 인해 선천적으로 갖고 태어난 형태가 아니라, 삶의 방식과 습관으로 인해 후천적으로 발달한 형태(후천적 형질)는 자녀에게 전해지지 않았던 것이다.

여기서 중요한 점은 선천적인 유전자와 상관없이, 후천적으로 변하는 요소가 있다는 점이다. 비록 선천적인 차이보다 못할 수는 있지만, 생명체의 형태는 아주 약간이나마 후천적으로 변할 수 있는 것이다.

7. 돌연변이와 자연 선택

다윈이 『종의 기원』을 1859년에 출간한 후, 점진적인 변이와 자연 선택은 생명체가 변화하는 주요 작동 방식으로 인식되었다. 다윈은 다양한 생명체의 변이(갈라파고스 핀치새가 가장 유명하다)를 보면서, 생명체가 환경에 맞춰 약간씩 형태를 바꾸고, 그 중 주어진 환경에서 가장 잘 살아남는 생명체만 후손에게 자신의 발전한 모습을 물려준다고 생각했다. 이 당시 다윈의 이론 중 생명체의 변이는 라마르크의 용불용설과 큰 차이가 없었다고 보아도 무방하다.

그러나 1900년대 이후 유전학이 발전하면서, 다윈이 주장한 생명체의 점진적인 변이는 과학의 발전을 수용하여 돌연변이라는 분자 수준의 작동 방식으로 이뤄지는 것으로 변경되었다. 이제 과학자들은 유전자가 돌연변이로 변하면서 생명체의 모습이 약간씩 변하고, 그 중 환경에 가장 잘 적응하는 생명체만 살아남아 유전자를 후대에 전해준다고 다윈의 진화론을 개선했다.

따라서 생명체의 다양한 모습은 진화론에 따르면 유전자가 돌연변이로 변화했기 때문에 발생하는 현상이다.

그런데 정말 그럴까?

사람의 키가 누구는 150cm고 누구는 170cm, 누구는 210cm인 것이 돌연변이 때문일까? (잘 먹고 못 먹고의 영향이 물론 크겠지만, 유전의 영향도 무시하지 못할 것이다).

사람의 턱뼈가 누구는 좁고, 누구는 넓은 것도 돌연변이 때문일까?

누구의 손은 네 번째 손가락이 두 번째 손가락보다 길고, 누구는 같고, 누구는 반대인 것이 돌연변이 때문일까?

이런 미묘한 차이가 다 사람마다 돌연변이로 유전자가 다르기 때문에 발생하는 현상일까?

돌연변이에 따른 유전자 차이도, 생활 습관에 따른 변화도 아닌, 생명체를 다양하게 만드는 작동 방식이 존재하고 있는 것은 아닐까?

8. 유전자 재조합

마이클 베히는 『다윈의 블랙박스』에서 우리 몸의 면역 체계가 무수히 많은 침입자(세균)들에 대항해 다양한 모양의 무기(항체)를 만드는 과정을 간단히 설명해 준다. 각 침입자는 약점이 있는데, 이 약점을 공격하여 침입자를 무찌르기 위해서는 그 약점에 꼭 들어맞는 정확한 모양의 무기가 필요하다. 그런데 침입자의 모양은 억 단위를 넘어설 정도로 다양한데, 이 모든 모양에 대비한 무기를 우리 몸에 모두 준비한다는 것은 거의 불가능하다. 그래서 우리 몸의 면역 체계는 모든 모양의 무기를 하나씩 갖고 있기 보다는 어떤 모양의 무기(항체)도 만들어 낼 수 있는 시스템을 지니고 있다.

이 항체 시스템에서 우선 작게 조각난 유전자 조각 250개 정도가 1집단에 모여있고, 그것과 연결되는 10개 정도의 유전자 조각이 2집단에, 다시 2집단과 연결되는 유전자 조각 6개가 3집단에 모여 있다(그리고 4번째 집단에 유전자 조각이 8개 더 있다). 이제 각 집단에서 유전자 조각을 하나씩 뽑아서 연결하면 항체가 된다. 그 결과 300개도 안되는 유전자 조각으로 무려 250 x 10 x 6=15,000개의 항체 부품을 만들 수 있게 된다.

게다가, 이렇게 4조각을 연결할 때, 연결 부분을 꽉 끼우는 것이 아니라 약간 느슨하게 하면서 모양이 변형되는 경우도 100가지 경우에 이른다. 즉 300개도 안 되는 유전자 조각으로 150만 개의 항체 부품이 만들어지는 것이다. 항체를 구성하는 또 다른 부품은 이와 유사한 방식으로 약 1만 개 정도의 다양한 모습을 갖는다. 이 두 부품을 합치면, 유전자 단 400개로 100억 개(150만 x 1만=150억)가 넘는 모양의 무기(항체)를 만들어 낼 수 있다.

게다가, 침입자가 들어온 뒤 그에 꼭 맞는 항체를 발견하고, 항체 생성 세포(면역계 B세포라고 한다)가 이 항체를 다량으로 만들어내기 시작하면, 항체 생성 세포는 의도적으로 두 부품을 연결하는 부분에 돌연변이를 일으킨다. 그 결과 처음에 만들어진 항체보다 좀 더 침입자를 잘 공격하는 항체가 만들어진다.

즉 유전자는 경우에 따라 적절히 해체되고 재조립될 수 있다. 그러나 유전자 재조합에서 이렇게 다양한 변이를 만드는 경우는 항체 생성 정도로 한정되고, 보통 일반적인 유전자에서는 이런 일이 발생하지 않는다.

그렇다면 유전자의 변이는 어떻게 발생하는 것일까?

9. 유전자 복제-횟수-변이
(CNV: copy-number variation, 단위 반복 변이)

사람의 유전자 정보를 품고 있는 DNA는 정밀한 설계도다. 경우에 따라 DNA에서 단 하나의 글자(염기)만 틀려도, 암이나 정신병의 발병 인자가 될 수 있다는 연구들도 나오고 있다고 한다. 그런데 사람마다 DNA가 상당히 큰 차이가 나타나는 경우가 있다. 대략 글자 1천 개-1백만 개 정도 되는 뭉터기가 어떤 사람은 없고, 어떤 사람은 1번만 있는데, 어떤 사람은 여러번 중복되어 붙어 있는 경우가 발견된 것이다. 이렇게 특정 글자 덩어리가 사람마다 나타나는 횟수가 다른 현상을 복제(copy)-횟수(number)-변이(variation), 'CNV'라고 한다. 우리말 번역은 '단위 반복 변이'라고 되어 있다.

대략 사람 전체 유전자의 최대 10% 정도까지가 이 CNV로 이뤄져 있다고 한다. 만약 이러한 변이가 글자 하나만 틀려도 심각한 문제를 초래하는 부분에서 발생할 경우, 생존에 큰 위협이 된다. 그러나 다행히 CNV는 핵심적인 부분에서 벗어나 주로 면역 체계와 관련된 지역에서 발생한다고 한다. 앞의 항체 이야기와 일맥 상통하는 부분이다. 그리고 이 CNV의 차이에 따라 특정 질병의 발병 비율이 달라진다는 연구들이 있다. 특정 유전자의 CNV 차이로 인해 누군가는 특정 질병에 좀 더 강한 모습을 갖게 된다는 것이다.

어쨌든 특정한 유전자 덩어리를 몇 번 반복해서 가지고 있느냐에 따라 사람의 특정 속성이 변하게 된다.

그런데 이 작은 유전자 덩어리는 전체 유전자 중에서 아무데나 임의로 골라진 것일까, 딱 변이가 필요한 부분만 골라서 반복되어진 것일까?

CNV의 정확한 역할은 언제 밝혀질 수 있을지 궁금하다.

10. 유전자에 달린 주석 정보 (DNA 메틸화)

DNA는 매우 중요한 정보를 가지고 있어서 단 한 글자의 변화도 매우 위험할 수 있다. 그래서 DNA의 변이를 위해 DNA 자체를 변화시키기보다 일종의 주석을 달아서 변화시키는 방법이 존재한다. 이것을 DNA 메틸화라고 한다.

메틸은 수소 원자 3개랑 탄소 원자 1개가 연결된 것인데, 이 4개 원자 덩어리인 메틸이 DNA의 특정 글자(4개 글자 중 2개 글자에만 붙을 수 있다)에 와서 딱 달라붙는 것이 DNA 메틸화다.

알려진 바로는 이렇게 DNA의 특정 글자 배열에 메틸이 와서 붙으면, 그 붙은 형태에 따라 DNA로 인해 나타나는 속성이 약간씩 변형된다. 즉 생명체의 변이가 유전자 자체의 변이가 아니라 유전자에 달라붙은 주석의 변이에 의해 발생하게 되는 것이다(엄마 뱃속에서 분열되는 세포에 대해서 어떤 세포는 간 세포에 해당하는 부분의 유전자에 주석을 붙이고, 어떤 세포는 위 세포에 해당하는 부분의 유전자에 주석을 붙이면, 각각 간 세포와 위 세포가 되고, 이로부터 분열되는 세포들이 모두 간 세포, 위 세포가 되는 것이랄까. 이것은 이해를 돕기 위한 예시일 뿐으로 사실이 아니다. 위키백과에 따르면 사람의 췌장은 이런 형태로 발생한다고 한다).

11. 생물의 외모 차이를 야기하는 유전자 주석

그런데 유전자 메틸화(DNA 메틸화)는 이런 중요한 기능적 차이만 만들어 내는 것은 아니다. 식물의 경우, 동일한 애기장대에서 만들어낸 애기장대 변종 80개의 유전자를 살펴본 결과, 겉모습이 약간씩 다른 이들 80종의 유전자는 거의 동일하고, 오직 유전자 메틸화만 다르다는 것이 밝혀졌다.

동물의 경우, 약 5종의 갈라파고스 핀치새의 유전자를 살펴본 결과, 진화계통수의 거리(즉 유사하게 생긴 정도)는 CNV 차이보다는 메틸화의 차이와 관계가 크다는 연구도 있다. 즉 같은 종 생물들의 미묘한 생김새의 차이는 유전자 자체보다는 아마 유전자 메틸화의 차이(변이)가 영향을 주는 것일 수 있다.

특히, 유전자 메틸화 발생 확률은 환경에 따라 달라진다고 한다. 부모로부터 물려받은 유전자 메틸화의 차이에 자라나는 환경에 따른 확률적 변화가 더해지면 환경에 따라 유전자 메틸화 차이가 더 다양해질 수 있다. 즉 환경과 부모의 유전이 모두 작용하면서 지역별로 각각의 개체는 빠르게 서로 다른 모습으로 변하게 된다.

환경에 따라 생명체가 변한다는 라마르크와 다윈의 주장이 아주 근거가 없는 것은 아니었던 것이다. 유전자 주석(메틸화)은 유전자와 함께 후대에 전해지기까지 한다. 그러나 그 작동 방식은 환경에 따라 유전자가 완전히 새롭게 바뀌는 것이 아니라, 부모로부터 물려받은 유전자가 환경에 따라 제대로 작동하도록 미리 설계된 주석이 표시되거나 표시되지 않는 것에 불과하다. 유전자의 변이(CNV)도 새로운 유전자가 생기기보다는 기존 유전자의 일부가 더해지거나 빠지는 것에 불과하다.

일부는 이것을 후천적 형질이 유전되는 것이라고 해석한다. 그러나 그 후천적 형질은 그저 이미 있던 유전자에 주석이 붙거나 떨어지는 것에 불과하다. 생명체가 전에 없던 새로운 기능을 얻게 된 것이 아니다. 라마르크와 다윈이 봤던 각 생명체 종의 미묘한 변이들은 이미 생명체 내에 유전자로 존재했던 것이지, 환경에 맞춰 새로운 유전자 정보가 만들어진 것은 아니다.

12. 진화가 발생해야만 하는 기나긴 시간

그렇다면 정말 유전자가 변하면서 생명체가 변하게 되는 경우는 없는 것일까?

진화론에 따르면 지질 시대의 순서는 과거부터 선캄브리아기, 고생대, 중생대, 신생대로 나눠진다. 고생대의 첫 시기인 캄브리아기에는 본격적으로 수많은 생명체가 등장한다. 중생대는 대략 2억 5천만 년 전부터 6500만 년 전까지 약 2억 년 정도에 해당하는데, 이 시기에 공룡들이 나타났다가 멸종되었다고 한다. 그리고 신생대에 이르러 본격적으로 조류와 포유류가 늘어나면서 번성하게 되었다.

그런데 6500만 년 만으로도 진화에 의해 조류와 포유류가 본격적으로 등장하게 되었다면, 그 이전인 중생대의 2억 년은 실로 엄청난 변화가 발생한 시간이라고 볼 수 있다.

엄청나게 긴 기간 동안 지구의 자연 환경이 수없이 많이 바뀌고, 많은 동물이 돌연변이를 통해 변화하고 있는 와중에, 전혀 변화하지 않는 동물이 있다면 이를 어떻게 해석해야 할까?

돌연변이는 모든 생물에서 무작위로 발생하고, 적자생존을 위한 생존경쟁은 누구에게나 공정하며 환경은 계속 변하고 있기 때문에 변화하지 않고 존재하는 생물의 수는 극히 적어야 정상이다.

만약 어떤 현존 동물이 중생대에도 거의 변함없이 그대로 존재했다면, 이것은 이 동물이 엄청난 기간동안 하나의 진화도 없이 생존했다는 뜻이다. 또한, 이런 진화하지 않은 동물들의 수가 엄청나게 많다면, 지구의 환경 변화가 거의 없었거나, 동물들이 진화 없이도 살아남을 수 있었다는 뜻이다. 진화가 전혀 필요없다는 것이다.

마지막으로, 거의 모든 동물이 별다른 변화가 없다면, 이것은 진화가 전혀 발생하지 않았다는 뜻이 될 것이다. 그리고 이것은 과거에 멸종한 동물들이 현존하는 생물과 반드시 다른 종류로 구분되어야만 하는 것을 의미한다. 같은 종류로 분류된다면 진화가 발생하지 않았다는 증거가 될 테니까 말이다.

13. 살아 있는 화석

그런데 종종 이렇게 멸종된 화석들과 매우 유사한 현종 생물이 발견된다. 이들을 보통 '살아 있는 화석'이라고 부른다. 살아 있는 화석은 현존하는 생물 종 가운데 화석으로만 발견되는 종과 닮았으면서 비슷한 모양의 현존하는 다른 친척종이 없는 것을 지칭한다. 즉 진화로 친척들이 분화되다가 급작스러운 사건으로 친척종은 모두 멸종하여 화석이 되고, 딱 자기 자신만 살아남은 종이 되어 '살아 있는 화석'이 되었다는 것이다. 살아있는 화석의 예로는 은행나무, 메타세콰이어, 투구게, 실러캔스, 상어, 악어 등이 있다.

즉 이것들은 매우 드문 경우에 해당하기 때문에 살아있는 화석이라는 이름으로 기념되며, 이들을 제외한 나머지는 모두 변화하고 있다는 느낌을 준다. 이들이 어떻게 그 긴 시간(수천만-수억 년) 동안 진화없이 같은 모습을 유지할 수 있었는가 하는 점은 큰 의문이다.

하지만 이보다 중요한 의문은 이런 살아 있는 화석 외에도 수많은 조류와 포유류가 실제로 공룡 시대 지층에서 화석으로 발견되었다는 사실이다. 지질 시대 구분에 따르면 중생대에는 조류와 포유류가 존재하기는 했지만, 극히 일부의 단순한 종들만 존재 했었다. 그러나 실제 박물관에는 중생대 지층에서 발굴된 수많은 포유류와 조류의 화석이 전혀 전시되지 않은 채 보관되어 있다.

'살아 있는 화석'의 저자 칼 베르너에 따르면 약 100종의 완벽한 포유류 뼈들이 공룡 시대에서 발견되었지만, 자신은 박물관에서 단 두 점만을 볼 수 있었다고 말하고 있다. 그리고 칼 베르너는 다른 인터뷰에서 현재까지 중생대 지층에서 공룡의 종 수 만큼 많은 432종의 포유류 화석이 발견되었지만, 이 화석들이 어느 박물관에도 전시되어 있지 않다고 얘기하고 있다.

또한, 현재 살아있는 수많은 새는 역시 공룡 시대 지층에서 발견되었음에도 이 화석들이 전혀 공개되지 않고 있다고 말한다(진화론에 따르면 이렇게 다양한 포유류와 조류는 중생대에 존재해서는 안된다. 최근 진화론의 한 논문은 이러한 현상을 인정하면서, 포유류의 폭발이 공룡 시대 말기에 같이 일어났다고 말하고 있다. 여기에 대해서는 아직 진화론자들 사이에 의견 불일치가 있는 것으로 보인다).

살아 있는 화석은 정말로 드문 예일까, 아니면 현존하는 모든 생물이 실제로는 다 살아있는 화석일까?

진화는 정말로 발생하고 있는 것일까?

14. 변하지 않는 유전자

 2015년 노벨 화학상은 'DNA 복구 원리'를 밝힌 세 명의 과학자, 스웨덴의 토마스 린달, 미국의 폴 모드리치, 터키의 아지즈 산자르에게 수여되었다. 이들은 1970-80년대에 DNA가 지속적인 손상 위협 속에서 어떻게 원래 모습을 유지할 수 있는지에 대해 연구했다. 세포의 70%는 물인데, DNA는 물에서 쉽게 파괴된다. 이들은 DNA가 후대로 전해지기 위해서는 지속적으로 DNA의 고장난 부분을 수리해 주는 복구 과정이 필수적이라고 생각했다. 린달은 DNA가 보관되는 세포핵은 물과 달리 DNA를 잘 보호해 주는 환경임을 입증했다.

 DNA 복구 과정 중 하나는 다음과 같다.

 복구 효소들이 DNA의 이중 나선에 잔뜩 달라 붙는다. 그리고 서로 전자를 쏘아 보내면서 신호(전하 교환)를 주고 받는다. 만약 DNA가 정상이면 순식간에 모든 효소가 신호를 주고 받고, 이들은 정상적인 DNA에서 바로 떨어져 나간다. 그런데 DNA가 어디선가 고장나 있으면, 이 신호가 제대로 다음 효소로 전달되지 않는다. 즉 상처난 DNA의 양 옆에 있는 효소 둘에서는 신호를 주고 받을 수 없는 것이다. 이것은 DNA의 어디가 고장났는지를 알려 주고, 빠르게 고칠 수 있도록 도움을 준다.

 어쨌든, 이렇게 세 명의 과학자 이후 하나의 학문 분야로 발전한 DNA의 복구 과정은 돌연변이나 진화 같은 유전자의 변화가 현실적으로 불가능함을 보여 준다. 사소한 변화는 복구 과정에 의해 원상 복구가 될 것이다. 커다란 변화는 복구가 불가능하지만, 역으로 DNA 자체가 제대로 작동하지 못하게 될 가능성이 높다. 즉, DNA의 놀라운 복구 과정은 진화론자들이 진화 과정을 설명함에 있어서 더 큰 제약으로 작동하게 되었다.

15. 돌연변이

그러나 이런 놀라운 복구 기능에도 불구하고, 실제 돌연변이는 발생하고 있다. 어떤 연구에 따르면 사람 한 세대당 유전자의 32억 개 염기 중 돌연변이가 약 44건 발생한다고 한다. 문제는 이러한 돌연변이가 거의 대부분 해롭다는 것이다. 또 다른 연구에 따르면 단백질을 생성하는 특정 염기 서열의 돌연변이(6,515명 대상)를 분석한 결과, 75%가 최근 5천-1만 년 사이에 나타난 것으로 분석되었는데, 유럽 출신 미국인들의 경우 이러한 돌연변이 중 85%가 해로운 것으로 보인다고 한다.

다른 연구는 14,002명의 유전자를 분석하면서 돌연변이를 세 부류로 나누었는데, 중립적, 손상 가능성, 손상으로 나누었다. 실질적으로 돌연변이가 유익한 경우는 없다고 볼 수 있는 것이다.

겨우 염기 몇 개가 바뀌는 돌연변이 정도로는 어떠한 기능적 변화도 일으키지 못할뿐더러, 그저 기존의 기능이 작동하지 못하도록 망가뜨리지 않으면 다행인 것이다. 그렇다고 염기 수백-수천 개를 순식간에 통째로 바꿔서 완전히 새로운 기능이 나타나도록 만드는 것은 수학적으로 불가능하기도 하지만, 그런 거대한 변화가 DNA 복구 과정을 뚫고 살아남을 수 있을지도 모를 일이다.

2013년 개최된 '생물의 정보: 새로운 관점'이라는 심포지움에서 마이클 베히는 새로운 기능을 이끌어 낸다는 돌연변이 논문들을 검토했다. 돌연변이는 기능의 획득 혹은 기능의 상실이라는 두 가지 방식으로 작동하는데, 분자 생물학의 발전으로 기능의 획득과 상실은 동물의 외형적 형태가 아니라 유전자 정보로 판단되어야 함이 명백해졌다. 베히는 유전자 정보상 기능의 획득과 상실이 발생하는 확률을 계산하여 실제 실험에서 나타난 현상(돌연변이에 따른 생물의 변화)이 기능의 획득과 상실 어디에 속하는지 판단하는 모형을 제시했다.

분석 결과 대부분의 돌연변이는 실제로는 기능의 손실이었다. 예를 들어 독에 반응하는 기능이 손실된 생명체는 그 독에 면역이 되어 생존이 가능해 지는 것이다. 그러나 이것은 실제로는 독에 살아남는 기능이 추가된 것이 아니라, 그저 독에 반응하는 기능(유전자)이 상실된 것에 불과하다. 즉 돌연변이를 통한 생존성 증가는 실제로는 유전 정보의 손실에 의해서 발생한다는 것이다.

돌연변이는 일차적으로 유전자 복구에 의해 제거되고, 복구를 피한 일부는 오히려 유전 정보를 제거하며, 그 결과 대부분은 유전자의 기능을 손상시켜 해를 입히게 된다. 세대를 지나면서 축적되는 돌연변이의 누적은 중립적이던 돌연변이도 결국에는 유전자의 기능을 마비시키면서 해로운 돌연변이가 되게 만들 것이다. 종종 특정 기능이 마비된 생명체가 특정 환경에서 생존에 더 유리할 수는 있지만, 그것이 돌연변이가 생명체를 진화시키는 것이라고 볼 수는 없다.

지속되는 돌연변이의 누적으로 인해 생명체는 진화하기보다는 오히려 퇴화하고 있다고 보는 것이 합당할 것이다.

16. 3차원 구조를 고려한 유전자 단어(코돈)

유전자는 4개의 글자(염기)를 사용한다. 이 4개의 글자는 3글자씩 모여서 하나의 단어(아미노산)를 의미하게 된다. 그리고 수십-수백 개의 아미노산이 모여서 중요한 단백질들이 형성된다. 4개의 글자를 3글자씩 모으면 모두 4x4x4=64개의 단어(코돈)를 만들 수 있다. 그런데 우리 몸에서 실제 사용되는 단어는 단지 23개에 불과하다. 23개의 단어는 1개의 시작 표시(아미노산), 1개의 끝 표시, 21개의 아미노산으로 구성된다. 과학자들이 밝혀낸 바에 따르면 유전자의 64개의 단어(코돈)는 무조건 이 실제 사용되는 23개 단어(아미노산+시작/끝)중 하나에 해당한다.

따라서 특정 아미노산을 만드는 코돈은 1-4개 혹은 최대 6개(단 한 종류만)까지도 존재한다. 초기 학자들은 이렇게 하나의 아미노산을 만들기 위해 몇 개의 코돈이 있는 이유를 쓸데없는 변이라고 해석하기도 했다. 하나의 아미노산을 제외하고, 같은 아미노산을 만드는 코돈은 앞의 두 글자는 같고 뒤의 한 글자만 다르기 때문이다.

그러나 최근 연구 결과들에 따르면 이런 해석은 그저 순서대로 나열된 글자만 보는 무지에서 비롯된 것임이 밝혀졌다. 단백질을 만들기 위해서 설계도인 DNA의 복사본이 세포핵에서 리보솜이라는 단백질 제조 공장으로 옮겨진다. 리보솜은 DNA 복사본에 적힌 순서대로 아미노산을 만들고 쭉 연결해서 단백질을 만든다. 그런데 단백질은 길다랗고 흐늘흐늘한 실 모양이 아니라, 매우 복잡한 덩어리 형태의 3차원 모습을 갖는다.

리보솜은 아미노산을 연결하는 중간중간 연결 작업을 잠시 중지한다. 그리고 이 휴지기 동안 일렬로 쭉 연결된 새로운 아미노산들은 적절한 각도를 유지하도록 이리저리 꺾이고 접히면서 단백질의 3차원 모습을 갖추게 된다. 그리고 이렇게 새로 만들어지는 단백질이 제대로 접히는 과정에는 또 다른 여러 효소가 도움을 준다.

그런데 같은 아미노산을 만들어 내는 서로 중복되는 코돈들이 바로 이 리보솜의 생산 정지 시간을 서로 다르게 결정하는 데 사용된다는 것이 발견되었다. 즉 단순히 쓸데없는 변이라고 생각했던 코돈의 세번째 글자가 단백질이 접히는 데 걸리는 시간에 따라 리보솜이 적절히 생산을 중지하도록 만들어 주는 생산 시간 지시 글자였던 것이다. 그저 글자와 순서만 보던 과학자들은 이 세상이 3차원 세상이라는 점을 전혀 생각도 하지 못했던 것이다.

유전자는 아미노산이 3차원 구조로 연결될 수 있도록 적절한 순서로 아미노산을 나열한 설계도일 뿐만 아니라(아무렇게나 아미노산을 연결하면 서로 꼬이면서 단백질 생성이 안 된다), 아미노산을 연결하여 단백질을 실제 생산하는 과정에서 필요한 작업 시간이 적혀 있는 생산 매뉴얼이기도 한 것이다.

17. 원활한 활용을 위한 유전자 이동

　유전자 메틸화라는 유전자에 달라붙는 주석은 해당 부분의 유전자가 작동할 것인가 말 것인가를 결정한다. 그 결과 다양한 생명체의 변이를 가능하게 해 준다. 실제 유전자는 복구 과정에 힘입어 변하거나 고장나지 않고 원래 모습을 유지한다.
　그런데 종종 유전자는 시간과 장소에 따라 모습(위치)을 바꾸기도 한다!
　간 내에 위치한 간세포들은 여러 종류가 있는데, 서로 다른 간세포들은 서로 다른 수의 염색체(유전자를 꼭꼭 눌러 담은 일종의 책)를 갖는다. 간은 대사 및 해독을 위해 특정 종류의 단백질을 만들어야 하고, 이를 위해 특정 유전자가 필요하다. 그리고 이 유전자는 간에서 많이 사용된다. 효율적인 작업을 위해 간세포는 무수히 많은 염색체 중에 간에서 사용되는 특정 유전자 위주로 염색체를 골라 담는다. 간에는 이렇게 해당 작업만 열심히 수행할 수 있는 간세포가 다수 복제된다. 전체 염색체(를 가진 세포)를 복사하는 것보다 훨씬 효율적이다.
　또한, 뇌세포들은 서로 다른 유전자 변이를 갖는다. 우리 유전자에는 '트랜스포존'이라는 유전자가 있는데, 이 유전자들은 신기하게도 염색체 내에서 이곳저곳 자리를 바꿔가며 붙어있을 수 있다. 그리고 실제로 이 유전자들은 뇌세포들 간에 서로 서로 완전히 다른 곳에 위치한다. 이러한 변이는 뇌의 발달에 매우 중요한 역할을 하는 것으로 알려져 있다.
　위치를 이동하는 유전자가 아무 곳에나 무턱대고 발을 들이미는 것은 아니다. 유전자 메틸화처럼, 특정 장소에서 특정 시점에 필요한 유전자를 정확히 작동시키기 위해서 위치를 이동하는 유전자가 스스로 위치를 바꾸는 것이다(위키 백과에 따르면 사람 유전자의 45%가 이렇게 위치를 이동하는 유전자라고 한다).
　상황에 따라 스스로 재조립할 수 있는 설계도!
　그리고 이러한 변화 속에서도 전혀 혼돈 없이 제대로 작동하는 설계도!

그것이 바로 생명체와 비생명체를 가르는 본질, 유전자인 것이다.

단 하나의 세포(수정란)로부터 수많은 다양한 세포(뇌세포, 간세포, 생식세포 등등)가 분화되고, 이 수많은 세포가 각각의 장소에서 필요한 역할들을 수행한다. 그리고 이 모든 변이는 부모로부터 물려받은 단 하나의 DNA 설계도로부터 시작된다(DNA를 사용하기 위한 복잡한 체계도 같이 물려받는다. 그리고 이 복잡한 체계들도 DNA안에 만드는 방법들이 기록되어 있다).

세포의 변이, 각 생체의 변이, 종의 변이 등의 모든 것은 DNA 내에 이미 모두 들어있던 것이다.

18. 디지털 vs. 아날로그

세상은 아날로그다. 사람의 키는 밀리미터(mm), 어쩌면 그보다 더 작은 마이크로미터(㎛) 단위로 사람마다 차이가 나고, 사람의 무게는 그램(g) 또는 밀리그램(mg) 단위로 사람마다 차이가 난다. 사람의 키가 150, 151, 152 센티미터(cm) 처럼 딱딱 끊어져서 나타나지 않고 연속적으로 나타나기 때문에 어찌 보면 아날로그가 세상의 본질적 속성인 것처럼 보인다. 그러나 사실 아날로그는 세상의 본질이 아니다.

오늘날 TV, 휴대폰 등의 화면은 우리가 점 하나하나를 구별하기 어려울 정도로 촘촘한 점들로 만들어진다. 그래서 화면 속의 그림들은 아날로그처럼 매끄럽다. 그러나 우리가 돋보기를 화면에 갖다 대는 순간, 이 아날로그처럼 보이는 매끄러운 그림의 실체가 네모난 점들로 이뤄진 디지털이란 것을 알게 된다.

네모난 레고 블록으로 공을 만들 때, 더 크게 만들면 만들수록 더 둥그렇게 만들어지듯이, 60조 개 이상의 세포로 이루어진 사람은 엄청 매끄럽게 보이는 것이다. 또 각각의 세포는 수많은 단백질로 만들어지고, 이 단백질들은 4개의 글자만 사용하는 DNA 설계도대로 만들어진다. 생명체의 본질은 아날로그가 아니라 디지털이다.

물리, 화학과 같은 자연과학적 법칙들은 아날로그의 세계다. 이 자연과학의 세계는 연속적인 숫자들과 그 숫자들의 수식으로 구성된다(사실 양자역학을 봤을때, 자연과학의 세계도 디지털적 속성이 있다고 볼 수 있다). 그러나 생명체의 법칙들은 완전히 디지털의 세계다. 단 4개의 서로 구분되는 글자를 사용한 DNA가 생명체의 본질을 구성한다.

다윈은 디지털을 모르던 시절에 생명체의 현상들을 보면서 아날로그적으로 생각하고 생명체가 연속적으로 조금씩 점진적으로 변한다고 생각했다. 그러나 디지털 세상에서 변화는 결코 점진적으로 발생하지 않는다. 미묘한 몇 밀리미터(mm)의 변화와 단순한 기능의 변화도 수많은 연계된 프로그램과 장비가 동시에 변해야만 전체가 제대로 작동하게 되는 것이다. USB가 micro-USB가 되기 위해서는 전 산업계가 표준을 선정하고 OS에 새로운 프로그램을 삽입하고 장비들도 대거 교체해야 하고, 30핀 커넥터가 라이트닝 커넥터가 되기 위해서도 제조사에서 새로운 작동 방식을 준비하고 장비를 마련해야 하는 것이다.

디지털 세상에서 '공짜 정보는 없다'는 것은 상식이다. DNA, 유전 정보를 가진 생명체에게 있어, 정보야말로 생명체의 본질이다. 생명체의 디지털 정보는 아날로그적인 자연 법칙으로는 생성되지 않는다. 따라서 생명체의 새로워 보이는 변이도 처음부터 유전자 내에 프로그래밍된 것에서 벗어날 수 없다. 가끔 유전 정보의 상실로 퇴화되는 생물이 나타날 수는 있지만, 이것은 명백히 새로운 정보 생성을 통한 진화가 아니다.

우리는 언제나 아날로그 시대적인 '진화' 이론에서 벗어날 수 있을까? 언제나 디지털이 본질인 생명체가 정보를 생성할 수 있는 지성에 의해 '창조' 되었음을 인정하게 될까?

참고 문헌

Lynne Kelly. "*Crocodile: Evolution's Greatest Survivor*". Allen & Unwin, 2006.
- 악어 종의 분류에 대해서는 이 책을 참고했다. 최근 분류 경향과 화석의 분류 등에 대해서는 영문 위키피디아를 참고했다. (형태상 크로코다일과에 속해 있던 1종에 대해 최근에는 가비알로 분류되어야 한다고 주장하는 연구들이 나오고 있다. 일단 가비알과는 이 책을 참고하여 1종이라고 했다.)

St. John et al.(총 48명). "Sequencing three crocodilian genomes to illuminate the evolution of archosaurs and amniotes". *Genome Biology*, 2012, 13(1).
- 악어의 유전자 수는 이 논문을 참고했다.

Don Batten interview with Carl Werner. "Living fossils: a powerful argument for creation" Creation.com.
- 칼 베르너의 인터뷰는 이 글의 한국창조과학회 번역본을 인용했다.

Elizabeth Pennisi. "Evolution Heresy? Epigenetics Underlies Heritable Plant Traits". *Science*, 06 Sep 2013: Vol. 341, Issue 6150, p. 1055.
- 유전자 메틸화의 식물 사례는 이 논문에서 재인용했다.

Michael K. Skinner 외 7인. "Epigenetics and the Evolution of Darwin's Finches". *Genome Biology and Evolution*, July 2014.
- 유전자 메틸화의 동물 사례는 이 논문을 참고했다.

Brian Thomas. "Chimps and People Show 'Architectural' Genetic Design" ICR.
- CNV에 대한 설명은 ICR 홈페이지의 이 글과 영문 위키백과 등을 참고했다.

Lee and Beck. "Mammalian Evolution: A Jurassic Spark". *Current Biology*. vol 25(17), 2015.
- 공룡 시대인 중생대에 나타난 다양한 포유류를 인정한 논문이다. 중생대에 나타난 수많은 포유류와 조류에 대한 자료는 http://kgov.com/432-mammal-species-in-dinosaur-layers를 참고하기 바란다.

Eriksen. "Location of DNA damage by charge exchanging repair enzymes: effects of cooperativity on location time". *Theoretical Biology and Medical Modelling*. 2005(2).
- DNA의 손상된 부분을 찾는 방법은 이 논문을 참고했다.

DeJong and Degens. "The Evolutionary Dynamics of Digital and Nucleotide Codes: A Mutation Protection Perspective". *The Open Evolution Journal*, 2011(5).
- DNA복구로 인한 진화의 제약 사항에 대해서는 이 논문을 참고하기 바란다.

"Human genetic variation recent, varies among populations". *Science News*. 2012, Nov.28.
- 6,515명에 대한 돌연변이의 유익/유해성 분석 결과는 이 글에서 재인용했다. 14,002명에 대한 분석은 한국창조과학회의 글에서 재인용했다(http://www.kacr.or.kr/library/itemview.asp?no=5443).

Michael Behe. "Getting There First: An Evolutionary Rate Advantage for Adaptive Loss-of-Function Mutations". *Biological Information*. pp. 450-473, 2013.
- 돌연변이로 인한 생명체의 기능 획득이 유전자 수준에서는 기능의 상실로 모형화 할 수 있다는 마이클 베히의 심포지움 발표 논문이다.

Jeffrey Tomkins. "Dual Gene Codes Defy Evolution … Again" ICR.
- 코돈의 3차원적 기능에 대해서는 ICR의 이글을 참고했으며, 한국창조과학회의 번역본(http://www.kacr.or.kr/library/itemview.asp?no=6003)도 참고했다.

Robert Carter. "The four dimensional human genome defies naturalistic explanations" Creation.com.
- 유전자 이동에 대해서는 Creation.com의 이 글을 참고했으며, 한국창조과학회의 번역본(http://www.kacr.or.kr/library/itemview.asp?no=6468)도 참고했다.

제6부

인류의 격변

제1장 원시인은 누구인가? 화석 속의 고대 인류

제2장 인류의 조상은 누구일까? 아담과 노아

제1장

원시인은 누구인가?
화석 속의 고대 인류

• 요약

1. 진화론 속 원시인 이야기

원숭이가 점점 일어서더니 사람이 되는 그림처럼, 인류는 여러 단계를 거쳐 진화한 것으로 이야기되고 있다. 약 440만 년 전 사람의 조상으로 추정되는 원숭이에 더 가까운 형태의 아르디피테쿠스가 등장하고, 이후 여러 종의 인류 조상으로 보이는 원숭이 형태 종들이 등장한다. 약 180만 년 전에는 처음으로 사람처럼 보이는 호모 에렉투스라는 고대 인류가 등장하고, 이후 여러 종의 인류 조상이 나타났다가 현대 인류는 약 20만 년 전에 등장한 것으로 이야기된다. 진화론 이야기에서 우리가 확인해야 하는 것은 새로운 인류가 진화하면서 가지게 된 기존 인류와의 차이, 새로운 인류가 등장한 시점 그리고 새로운 인류가 기존의 인류를 몰아내고 세상을 점령한 과정이다.

2. 다양한 인종의 특징

역도 선수와 농구 선수처럼 같은 인종의 사람들 가운데에서도 신체 골격의 형태와 특징이 다른 경우가 쉽게 나타난다는 점을 기억할 필요가 있다. 고대 인류 중 신체 골격이 명백히 사람으로 보이는 호모 에렉투스, 하이델베르그인, 네안데르탈인의 두개골 형태와 뇌 용적량은 현생 인류의 범주 안에 충분히 들어오고 있어 이들이 (서로 번식이 불가능한) 다른 종이라는 근거가 희박하다. 반면, 그 이전의 원숭이를 닮은 원시인들은 사람이라고 보기 어렵다. 원숭이를 닮은 사람이 아니라, 그저 원숭이의 한 종류일 가능성이 높다.

3. 신인류 등장 시기

고대 인류의 등장 시점과 기존 인류와의 생존 경쟁을 살펴보면, 이들은 모두 동시기에 그것도 최근까지 상당히 오랜기간 같이 존재했음을 확인할 수 있다. 즉 어떤 원시 인류도 다른 고대 인류의 조상이 될 수 없다. 진화론은 새로운 종족이 빠르게 환경에 적응하면서 다른 종을 몰아내고 승리자가 된다고 하는데, 고대 인류들은 이론과 다르게 상당히 오랜 기간 같이 존재해 왔던 것이다.

오히려 과거 약 1만 년 동안 동일 지역에서 인류의 골격이 변한 것을 살펴보면 상당히 큰 변화가 있었음을 확인할 수 있는데, 외형의 변화는 수십만 년의 긴 시간이 필요한 것이 아님을 알 수 있다.

지층 연대, 고대 인류의 외형 변화, 문명의 흔적, 그 무엇도 고대 인류의 연대 차이를 정확히 제시하지 못한다.

4. 고대 인류 화석의 문제점

고대 인류 화석은 조작, 사기 등 상당한 문제를 가지고 있다.
고대 인류는 진화론자들이 만들어 낸 허상에 불과하다.

1. 인류의 진화 계통도

지구의 나이가 1만 년이 되지 않고, 인류가 불과 수천 년 전 등장한 것이라면, 수십-수백만 년 전에 등장했다는 고대 인류들은 과연 누구일까? 단순히 연대가 잘못 측정된 것에 불과할까?

일반적으로 알려진 인류의 진화 순서를 구성하면 다음과 같다.

1) 우선 440만 년 전 사람과 원숭이 둘 중 하나로 나눈다면 원숭이류(영장류)로 볼 수 있는 아르디피테쿠스(속)가 등장한다. 우리의 직계 조상 후보 중 하나다.

2) 그 뒤를 이어 역시 원숭이류로 볼 수 있는 오스트랄로피테쿠스(속)가 420만 년 전에 등장해서 약 200만 년 전까지 생존한다. 이 오스트랄로피테쿠스에 유명한 최초의 인류 화석 '루시'가 포함된다(오스트랄로피테쿠스는 엄밀히 말하면 사람보다는 원숭이류이므로 루시를 인류 화석이라고 말하기는 어렵다. 다만 루시를 우리의 조상이라고 생각하는 진화론자들 입장에서는 고대 인류 화석이라고 말할 수도 있다).

3) 오스트랄로피테쿠스를 뒤이어 역시 원숭이류인 파란트로푸스(속)와 사람류인 호모(속)가 등장한다. 파란트로푸스는 250만-140만 년 전에 존재했다가 멸종되었다. 그리고 누가 봐도 사람이라고 구분할 수 있는 호모(속)도 250만 년 전에 등장했다. 파란트로푸스는 우리의 직계 조상은 아니지만 먼 친척이라고 할 수 있겠다.

4) 본격적으로 사람의 모습을 한 호모는 이후 여러 종으로 분화된다. 최초의 호모인 호모 하빌리스는 250만-180만 년 전에 등장했다가 사라졌는데, 호모 속에서 유일하게 사람이 아닌 것(즉 원숭이류)으로 보인다.

5) 호모 하빌리스에 이어 호모 에렉투스가 180만년 전에 등장한다. 중국의 북경인과 인도네시아의 자바인이 여기에 속한다. 호모 에렉투스는 현생 인류가 번창하는 4만년 전까지 생존했다.

6) 그리고 마지막으로 호모 사피엔스가 15만 년 전 아프리카에서 등장한다. 호모 사피엔스는 4촌격인 네안데르탈인 그리고 다른 방계인 하이델베르그인 그리고 직계 조상인 호모 에렉투스 등을 약 3-4만 년 전에 멸종시키고 현재까지 유일하게 생존한 인류다.

이러한 진화 순서가 압축된 그림이 바로 유명한 원숭이에서 사람으로 변화하는 그림이다.

2. 인류 진화의 작동 과정

이 인류의 진화 순서에서 중요한 요소는 세 가지다.

1) 새 인류가 등장하고 전 인류가 멸종하는 인류 진화 과정
2) 각 인류의 차이
3) 각 인류 진화 단계의 시점

진화론에 따르면 모든 생명체는 변한다. 그리고 이러한 무작위적인 변이 중에서 어떤 좋은 특성을 얻은 생명체는 기존의 다른 생명체에 비해서 더 생존에 유리하게 된다. 한정된 지구의 자원을 가지고 생명체들이 경쟁을 하다 보면, 당연히 생존에 더 좋은 변이를 얻은 새로운 종이 살아남고, 기존의 종은 멸종하면서 생명체의 세대 교체, 즉 진화가 일어나게 된다.

이 진화의 핵심 작동 원리는 다음과 같다.

첫째, 돌연변이 – 새로운 종의 탄생
둘째, 적자생존 – 낡은 종의 멸종

그리고 이 원리는 기본적으로 인류에게도 동등하게 적용된다. 즉 오스트랄로피테쿠스가 등장하면, 조상인 아르디피테쿠스는 얼마 지나지 않아 멸종되는 것이고, 호모가 등장하면, 얼마 지나지 않아 오스트랄로피테쿠스가 멸종하는 것이다. 인류도 적자생존의 원칙에 따라 진화한다면 이것은 당연한 것이다.

또한, 돌연변이 법칙에 따라서 당연히 이런 세대 교체는 그리 길지 않은 시간 안에 발생한다. 어떤 생명체도 새로 등장하는 새로운 종을 압도할 수는 없고, 그 결과 그리 길지 않은 시간 안에 멸종해야 한다. 즉 서로 다른 고대 인류 종이 장기간 공존하는 현상은 일반적인 진화 이론과는 맞지 않는 현상이라고 볼 수 있다.

3. 인류의 분화

이러한 진화 이론에 따른 세대 교체는 각 세대 간 명확한 차이, 즉 종의 분리가 있다는 가정이 필수적이다. 만약, 조상종과 자녀종이 서로 교배가 가능하다면 즉 같은 종이라면, 이 둘은 경쟁하는 것이 아니라 서로 교배하면서 같이 공존해 버릴 수 있다. 그리고는 결국 서로 유전자가 섞여서 분화가 없던 일이 되어버린다. 두 종이 서로 교배가 불가능할 때에만 서로 경쟁하다가 한 종이 멸종할 수 있다. 즉 진화에서 변이에 따른 종의 차이는 생식이 불가능한 수준까지 이뤄져야만 한다(물론 유럽인들이 생식이 가능한 아메리카 원주민을 거의 멸종시킨 경우라던가, 남미의 원주민들을 거의 멸종시킨 경우 등도 있다).

진화 이론상에서 분류되는 각 종은 서로 분리되어야만 한다. 그러나 화석상의 인류가 서로 생식 가능한지는 그 누구도 알 수 없다. 하지만 적어도 고대 인류 각 종이 서로 교배 불가능할 정도의 큰 차이를 보이는지에 대해서는 검토할 필요가 있다.

4. 진화의 시점

각각의 고대 인류 종이 서로 충분히 차이가 나려면, 하나의 종이 등장한 후, 일정 시간이 지나고 나서 자녀 종이 등장해야 한다. 만약 두 종의 등장 시기가 서로 비슷하다면 돌연변이가 발생할 시간이 모자라기 때문에 이러한 분화가 불가능하다.

따라서 직계 조상 종으로 알려진 종은 후손 종에 비해 진화가 발생할 수 있는 충분한 시간을 앞서 등장해야 한다. 또한, 적자생존의 원칙 때문에 충분히 번창한 후손 종이 등장하면, 조상 종은 멸종해야 한다. 만약 그렇지 않다면 그것은 둘 사이가 경쟁 관계에 있는 조상 종과 후손 종 관계가 아니라 그저 교배가 가능한 같은 종에 불과한 것이다. 따라서 조상 종은 어떤 종이든 간에 후손 종이 나타나면 조만간 현장에서 멸종되어야 한다.

마찬가지로 서로 다른 후손 형제 종이 거의 동시에 같이 나타나면, 이들은 빠르게 다른 종들을 멸종시키고 한 종만 살아남아 진화의 승자가 되어야 한다. 만약 서로 다른 종이 같은 지역에서 공존한다면, 이들은 서로 다른 종이 아니라 교배 가능한 같은 종에 불과하다(같은 종인 인류끼리도 인종 청소를 저지르기도 하지만…). 따라서 적어도 (대륙 단위의) 특정 지역에서는 진화에 따른 세대 교체가 명백히 짧은 시간 내에 이뤄져야 한다. 평화로운 공존 같은 것은 있을 수 없는 일이다. 즉 화석의 등장 연대는 이러한 진화 시점에 맞게 나타나야 한다.

하지만 최근의 진화 이론은 순차적인 변화보다는 가지치기처럼 하나씩 분화하는 설명을 선호한다. 이 경우 뒤에 나타난 종이 앞에 나타난 종을 멸종시키지 않을 수도 있다.

그렇다면 이것이 돌연변이+적자생존을 핵심 기반 이론으로 하는 진화론이라고 할 수 있을까?

왜 그 수많은 다양한 동물 중 고대 인류만 빠르게 멸종되지 않고 후손 종과 함께 장기간 생활할 수 있었을까?

5. 인류를 관찰하는 우주인

인류 진화의 각 단계는 정말 진화했다고 할 만큼 명백한 종의 차이를 가지고 있을까?

먼 우주에서 지구인이 우주로 보낸 신호를 감지한 우주인이 지구에 사는 지성적인 존재에 대해 궁금증을 가지고 탐사선 두 대를 지구로 보냈다. 한 탐사선은 역도 선수권 대회에서 경기중인 역도 선수들을, 다른 탐사선은 농구 시합에서 경기중인 농구 선수들을 납치했다. 납치 과정에서의 불상사로 인해 납치된 선수들은 모두 죽고, 우주인들은 큰 피해를 입고 운동선수 시체들만 가지고 자신들의 고향으로 급히 돌아갔다. 이제 우주인들에게 남은 것은 역도 선수와 농구 선수 시체뿐이다.

이들은 지구인(시체)을 열심히 조사한다. 그리고 지구에는 두 가지 종족이 산다는 것을 밝혀낸다. 한 종족은 키가 작고 특히 상체 근육이 매우 두꺼운 '작은 지구인', 다른 종족은 키가 크고 하체 근육이 튼튼한 '큰 지구인'으로 밝혀졌다. 두 종족의 키는 서로 거의 겹치지 않고 완전히 다르기 때문에 서로 같은 종족일 수가 없는 것이다. 게다가 근육의 형태도 완전히 다르기 때문에 더더욱 두 종족은 서로 다른 종족으로 인정 받게 되었다.

이 우주인들이 지구인 두 종족이 사실은 같은 종족이라는 것을 알게 될 날이 올 수 있을까?

6. 세분파와 병합파

분류학자들은 성향에 따라 세분파와 병합파로 나눠진다. 약간의 형태 차이로도 서로 다른 종이라고 말하며 분리해야 한다는 입장이 세분파이고, 전체적으로 비슷하면 약간의 차이는 무시하고 같은 종으로 합쳐야 한다는 입장이 병합파이다. 일반적으로 진화론자들은 지속적으로 종이 진화하면서 기존과 다른 새로운 종이 등장해야 하기 때문에 세분파가 될 가능성이 높다. 반면, 창조론자들은 유사한 생물의 형태적 차이는 그저 유전자 발현의 차이로 판단하므로 병합파가 될 가능성이 높다.

이것은 오늘날 각종 화석이 약간의 차이만으로도 기존 종들과 전부 다른 종으로 분류되는 이유를 효과적으로 설명해 준다(앞에 진화 이야기에서는 별 차이가 없어도 시대가 달라 서로 다른 종으로 분류되는 경우도 말한 적이 있다). 실제 종의 분류는 보통 생식 가능성으로 판단되어야 하지만, 화석에서는 생식 가능성을 판단할 수 없기 때문에 오직 외모(형태학적 특징)만으로 분류를 하기 때문에 심각한 문제가 발생한다.

따라서 화석 종들이 보이는 서로 간의 형태적 차이가 오늘날 생존해 있는 종 내부에서도 발견되는지를 조사하는 것은 세분파와 병합파 중 어느 쪽이 더 적절한 설명을 제공하는지를 판단하는 근거가 될 수 있다.

7. 고대 인류의 분류

고대인을 분류하는 주요 특징은 머리뼈(두개골, 안면부, 턱 등)의 특징과 뇌 용적량 그리고 전체적인 신체 골격과 키 등이다. 신체 골격과 키는 전반적으로 고대 인류가 사람인가 아닌가를 판단하는 기준이 된다. 고대 인류 중 오직 호모속만이 명확히 (현재와 동일한) 사람으로 분류될 수 있으며, 오스트랄로피테쿠스 및 다른 고대 인류는 신체 골격상 사람이 아닌 것으로 명확히 알 수 있다.

원숭이류로 구분되는 고대 인류의 키는 성인이 되어도 최대 1m 수준에 불과하다(진화론자들은 이것은 여자라서 작고, 남자는 크다고 주장하지만, 온전한 골격의 남자 화석이 나온 적이 없다). 반면, 키가 오늘날 성인 키와 비슷한 호모 속에서 세부 인종을 서로 구분하는 기준은 주로 머리뼈의 형태와 뇌 용적량이다. 지능이 진화하기 위해서 뇌 용적량이 클수록 진화한 종으로 분류되며

(그러나 오늘날 사람들에서 뇌의 크기와 지능과의 관계는 알려진 바 없다), 머리뼈의 형태는 원숭이와 유사한 아프리카, 호주 원주민 등의 두개골 형태가 더 원시적인 것으로 판단된다(이러한 이론은 인종차별의 주요 근거로 사용됐다).

8. 네안데르탈인

네안데르탈인(발견된 지역을 본 딴 이름이다)은 호모 속 고대 인류 중 가장 진화한 종족으로 20만 년 전에 등장해서 3만 년 전에 멸종한 것으로 알려져 있다. 네안데르탈인은 1856년 처음 발견된 이래로 현재까지 475개의 화석이 발굴되었고, 전체 골격이 온전히 발굴된 화석도 다수 존재한다. 네안데르탈인은 유럽과 중동에서만 발굴되며, 아프리카에서는 발굴되지 않았았다. 현생 인류가 15만 년 전 아프리카에서 등장한 것으로 알려져 있기 때문에, 네안데르탈인은 현생 인류의 조상보다는 4촌 정도로 인식되고 있다.

네안데르탈인의 골격은 현대인에 비해 팔다리가 짧고 몸통이 굵으며 뼈가 굵고 단단하다. 보통 추운 지방에 사는 사람의 골격 특징을 가지고 있다. 이들이 쓰던 도구들은 제대로 사용하기 위해 강력한 힘이 필요한데, 오늘날 일반인들은 힘이 모자라 사용하지 못한다. 즉 네안데르탈인은 매우 강건한 족속이었다.

이들의 뇌 용적량은 1,200-1,650cc, 평균 1,450cc인데, 현생 인류의 뇌 용적량은 700-2,200cc로 네안데르탈인의 뇌 용적량은 현생 인류의 범위 안에 포함된다. 네안데르탈인의 두개골은 아프리카인들의 두개골처럼 이마가 수직보다는 약간 경사진 형태의 모습을 하고 있다. 워낙 현생 인류의 두개골 형태가 인종마다 다양하기 때문에, 네안데르탈인의 특징이라는 것들은 현생 인류의 두개골을 벗어나지 못하는 것이다. 이것은 모든 호모 속에서 동일하게 발생하는 현상이다.

9. 하이델베르그인

1907년 처음 발견된 하이델베르그인(역시 발견된 지역을 본딴 이름이다)은 60만 년 전에 등장해서 20만 년 전에 멸종한 것으로 알려져 있다. 이들은 한때 호모 사피엔스(즉 현생 인류)의 한 부류(고대 호모 사피엔스)로 분류되다가(매우 유사하게 생겼다는 뜻이다) 따로 분리되었다. 네안데르탈인과 달리 하이델베르그인의 화석은 대부분 머리뼈로만 구성되어 있다. 앞에서 얘기한 것처럼 두개골의 차이는 사실상 구분하기 힘들기 때문에, 하이델베르그인 화석들이 호모 에렉투스인지, 네안데르탈인인지, 정말 하이델베르그인인지 지속적인 논쟁이 있으며, 정확한 분류가 불가능한 상황이다.

하이델베르그인을 포함하는 고대 호모 사피엔스(네안데르탈인, 호모 에렉투스를 제외한 대부분의 고대 인류를 포함한다)의 뇌 용적량은 880-1,480cc로 현생 인류의 뇌 용적량 범위 안에 포함된다.

10. 호모 에렉투스 (자바인, 북경인)

1891년 인도네시아의 자바섬에서 자바인이 발견된 이후, 자바인, 북경인 등이 포함된 호모 에렉투스(서 있는 인간이란 뜻이다) 화석이 현재까지 280여 점 발견되었다. 호모 에렉투스는 180만 년 전에 등장해서 4만 년 전까지 존재했고, 일반적으로 현생 인류의 직계 조상일 가능성이 높은 것으로 알려져 있다. 처음 발견된 자바인의 두개골은 당시 학자들에 의해 네안데르탈인과 유사하다고 판단되었으나, 자바인을 발견한 듀보이는 끝까지 이것이 새로운 종이라고 주장했다. 그러나 그의 아마추어적인 발굴 방식으로 인해 새로운 종이라는 근거를 뒷받침할 수는 없었다.

이후 1923-1937년에 걸쳐 북경에서 좀 더 다량의 화석(북경인)이 발굴되면서 자바인과 북경인의 두개골이 비슷하다는 결론을 얻을 수 있었다.

자바인과 북경인의 두개골은 호주 원주민과 비슷한 모양이었으며, 뇌 용적량은 자바인은 900cc 정도, 북경인은 1,225cc 정도로, 호모 에렉투스의 뇌 용적량은 780-1,225cc 정도의 범위를 갖는다. 현생 인류의 뇌 용적량은 700-2,200cc로 역시 호모 에렉투스도 현생 인류의 형태와 뇌 용적량 범위를 벗어나지 못하고 있다.

한편, 1984년 케냐에서 발견된 호모 에렉투스의 키는 성인이 될 경우 180cm에 이를 것으로 추정되면서(12-13세, 165cm) 호모 에렉투스의 키가 현생 인류보다 작았을 것이라고 추정했던 진화론자들을 놀라게 했다.

아프리카판 호모 에렉투스라고 할 수 있는 호모 에르가스터는 190만 년 전부터 160만 년 전까지 존재했다. 호모 에르가스터는 처음에는 호모 에렉투스로 분류되었으나 머리뼈에 약간의 차이가 있어 따로 분리되었다. 이들의 뇌 용적량은 804-910cc 정도로 역시 현생 인류의 범주 안에 들어간다.

11. 호모 하빌리스

마지막으로 호모 하빌리스(손을 쓰는 사람이라는 뜻이다)는 1960년대 루이스 리키가 아프리카 탄자니아에서 발견한 화석을 기반으로 분류된 종으로 250만 년 전 등장해서 180만 년 전 멸종한 것으로 알려져 있다. 발견 당시 사람류인 호모 에렉투스의 키는 180cm로 매우 큰데 비해, 원숭이류인 오스트랄로피테쿠스의 키는 1m에 채 미치지 못하면서 둘 사이의 간격이 매우 컸기 때문에 진화론자들은 이 둘 사이를 메워줄 화석을 찾고 있었다.

리키, 토비아스, 네이피어는 네이쳐지에 이 호모 하빌리스가 오스트랄로피테쿠스와 호모 속을 이어주는 중간 단계라는 논문을 발표했으며, 이후 호모 하빌리스는 호모 속으로 분류되었다. 그러나 호모 하빌리스의 뇌 용적량은 500-800cc 정도로 사람보다 확연히 적으며, 1986년 발굴된 유일한 전체 골격 뼈에 따르면 키가 105cm에 불과하고, 팔이 다리보다 확연히 길어 그저 원숭이류에 불과한 것으로 밝혀졌다.

그러나 진화론자들은 이 뼈는 (키가 상대적으로 작은) 여성의 것이며 성인 남성의 키는 더 클 것이라고 주장하면서 여전히 호모 하빌리스를 사람류인 호모 속으로 분류하고 있다(이후에도 여러 화석이 호모 하빌리스로 분류되는데, 오늘날 분류되는 호모 하빌리스는 오스트랄로피테쿠스와 다른 호모 속의 화석이 섞인 것으로 추정된다. 사람의 흔적[도구]은 호모 하빌리스에 섞여 들어간 호모 속의 활동에 의한 것이다).

12. 고대인과 현대인의 차이

원숭이류인 호모 하빌리스를 제외하고, 고대 인류인 호모 에렉투스(에르가스터 포함), 하이델베르그인(고대 호모 사피엔스), 네안데르탈인 모두 두개골의 형태와 뇌 용적량이 현생 인류의 범주 안에 들어온다. 그리고 신체 골격 역시 명백히 사람으로 구분된다. 점점 많은 진화론자는 호모 에렉투스와 현생 인류가 구분되는 종인지에 대해 의문을 제시하고 있다. 게다가 일부 학자들은 네안데르탈인을 후기 에렉투스로 분류하고 있다. 즉 호모 에렉투스, 네안데르탈인, 현생 인류 간에는 명백한 차이를 찾아내기 어려운 것이다. 이러한 차이들은 다 유전자 발현 차이 안에서 충분히 하나의 종으로 수렴 가능한 것들이다.

현재 이들을 다른 종으로 구분하는 것은 생식 가능성 혹은 명백한 형태적 차이가 아니라 오직 이들이 등장한 연대뿐인 것이다.

그런데 정말 이들이 등장한 연대가 수십만 년씩 차이가 나는 것일까?

13. 네안데르탈인의 등장 시기

 그렇다면 이 고대 인류들은 정말 진화의 순서에 맞춰 등장하고 멸종된 것일까?

 네안데르탈인은 20만 년 전에 등장해서 3만 년 전에 멸종한 것으로 알려져 있다. 그런데 실제로는 네안데르탈인이 무려 40만 년 전에도 존재했었고, 6천 년 전에도 존재했었다는 흔적이 있다. 우선 네안데르탈인의 멸종 시기에 대해 살펴보자면, 네안데르탈인이 발견된 한 지층은 방사성 동위원소 연대 측정에 따르면 5,710년 된 지층이었다. 뻔하게도 이 연구 결과는 시료가 오염되었다는 이유로 폐기되고, 다른 연대 측정 방식을 통해 해당 지층의 연대는 27,000-28,000년으로 결정되었다.

 한편 또 다른 네안데르탈인 화석들에서는 각각 26,500년, 17,600년의 연대가 나타났다. 특정 종의 화석이 생성되기 위해서는 특정 종의 수가 상당히 많아야 한다. 그래야 화석이 될 극히 낮은 확률을 뚫고 화석이 될 수 있기 때문이다. 만약 네안데르탈인이 3만 년 전에 멸종했다면, 멸종 당시에는 네안데르탈인의 수가 얼마 되지 않았을 것이다. 따라서 화석이 발견될 가능성은 거의 없다고 봐야한다. 그런데 6,000년, 18,000년, 27,000-28,000년 전에도 화석이 나온다는 것은 이 당시 네안데르탈인이 정말 멸종되기 직전이라고 말하기 어렵게 만드는 것이다.

 1992년 스페인의 유명한 동굴에서 후안 아르수아가가 이끄는 발굴팀이 3구의 온전한 화석을 발굴했다. 이 동굴은 매우 유명하여 수많은 아마추어가 마구잡이로 발굴하면서 수백점의 화석이 나왔던 동굴인데, 그 발굴의 난잡함으로 인해 발굴된 화석의 연대를 알 수 없었다. 그런데 아르수아가는 동굴 속에서 사람들이 전혀 건드린 적 없는 지역을 찾아내 화석을 발굴하였고, 마침내 이들의 연대가 40만 년 전이라고 추정할 수 있었다. 그리고 그 이후 최소 33건의 화석이 더 발굴되었다.

발굴 결과에 따르면 이 스페인 동굴은 호모 에렉투스, 고대 호모 사피엔스, 네안데르탈인 모두를 포함하고 있던 무덤이었던 것이다. 즉 고대 인류는 모두 동시기에 존재했던 것이고, 네안데르탈인은 무려 40만 년 전에도 존재했었던 것이다. 물론 진화론자들은 이 화석에 네안데르탈인은 없다고 주장한다.

14. 고대 호모 사피엔스의 등장 시기

하이델베르그인 등을 포함하는 고대 호모 사피엔스는 네안데르탈인과 호모 에렉투스로 분류되지 못하는 대부분의 고대 인류를 포함한다. 이들은 70만 년 전에 등장해서 5천 년 전에 멸종했다. 이들의 뇌 용적량은 보통 호모 에렉투스보다 크고 네안데르탈인보다 작다. 이들이 따로 분류되지 못한 기타 항목이라는 것은 개개 화석들의 모양이 각자 완전히 다르다는 것을 의미한다.

그 결과 어떤 학자가 어떤 화석을 가지고 설명하느냐에 따라 완전히 특징이 다르게 나타난다. 말 그대로 기타 항목이다. 이들의 연대는 네안데르탈인의 연대를 완전히 포함한다.

둘 사이의 관계는 과연 무엇이었을까?

15. 호모 에렉투스의 등장 시기

이 책에서는 태터솔의 설명을 토대로 호모 에렉투스의 연대가 180만-4만 년 전이라고 하였지만, 일반적인 진화론자들은 호모 에렉투스의 연대를 150만-40만 년 전으로 추정한다. 실제로는 280여개의 화석 중 절반 가량인 140개 이상이 40만 년 이내의 화석, 32개의 화석이 150만 년 이전의 화석으로 추정된다.

가장 극적인 문제는 인도네시아 자바섬에서 발견되는데, 자바인이 발견된 한 지층의 연대는 181만 년, 또 다른 지층의 연대는 불과 27000-53000 년으로 추정된 것이다. 게다가 호모 에렉투스 화석 중 3만 년 이내의 것으로 추정되는 화석은 최소 78기나 존재하며, 가장 최근의 것은 6천 년 전으로 추정된다.

또한, 가장 오래된 호모 에렉투스 화석은 195만 년 전으로 추정된다. 호주의 아주 최근 지층에서도 호모 에렉투스가 발견되고 있는데, 이 지층이 너무 최근이라는 이유로 이들은 진화론자들에 의해 호모 사피엔스(즉 그냥 현생 인류)로 분류되고 있다.

사실 한 종이 거의 같은 모습으로 1백만 년 이상 존재한다는 것은 진화론에 매우 부담스럽다. 살아있는 화석이라는 말처럼 지속적으로 새로운 종이 등장하고 적자생존으로 진화한다는 이론에서 같은 종이 변화없이 장기간 살아있는 것은 매우 예외적인 경우에 해당하기 때문이다.

어쨌든 호모 에렉투스의 연대는 고대 호모 사피엔스와 네안데르탈인의 생존 연대를 모두 포함한다. 그리고 이들은 모두 4-5만 년 전이 아니라, 불과 수천 년 전까지 현생 인류와 같이 생존했다.

16. 순차적 진화 vs. 분화되는 나뭇가지

정말로 호모 에렉투스로부터 고대 호모 사피엔스가 분화되어 나오고(70만 년 전), 고대 호모 사피엔스로부터 네안데르탈인이 분화되어 나왔으며(40만 년 전), 호모 에렉투스로부터 현생 인류가 분화되면서(20만 년 전), 현생 인류가 이 고대 인류 모두를 4만 년 전에 멸종시킨 것일까?

어떤 식으로 해석하던지 고대/현생 인류가 모두 동시기에 존재했다는 점에서(20만 년 전-4천 년 전까지), 적자생존에 의해 순서대로 진화한다는 진화 이론은 고대 인류에 있어서는 사실과는 거리가 멀다.

그리고 가장 의아스러운 점은 형태적으로 큰 차이가 없는 이 모든 고대/현생 인류가 아주 최근까지도 동시기에 존재했다는 점이다.

이들이 정말 서로 교배가 불가능한 다른 종이었을까?

현생 인류가 정말 고대 인류들을 멸종시킨 것일까?

어떤 환경 변화가 적자생존을 통해 고대 인류가 살아남지 못한 상황에서 현생 인류만 살아남게 만든 것일까?

우리는 이미 진화론자들이 추정하는 연대가 사실과는 다르다는 것을 알고 있다. 동시기에 지구에 존재하던, 훈련된 전문가도 분류에 어려움을 겪는 미묘한 차이를 가진 사람들을 진화로 인해 분화된 서로 다른 종이라고 볼 수는 없을 것이다.

사람들의 골격 형태는 실제로 매우 단기간에 빠르게 변한다. 약 1만 년 전으로 평가되는 북미와 남미의 화석들은 현재 미주 원주민들에 비해 더 좁고 길죽한 두개골 형태를 가지고 있다.

또한, 북미 원주민들은 혈통상 더 가까운 아시아인보다 오히려 호주인과 아프리카인과 두개골이 더 비슷하다.

이런 두개골 변화가 겨우 8천 년 만에 일어나는 것이 가능한 것일까?

진화론자들은 이것이 가능하다고 말하고 있다.

그렇다면 고대 인류의 그렇게 미미한 형태학적 차이가 그렇게 오랜 기간(수십만 년)에 걸쳐 일어날 이유가 있을까?

고대 인류의 연대가 그렇게 길게 나타날 이유는 전혀 없다.

17. 고대 인류의 도구들

종종 고인류학자들은 고대 인류가 사용한 도구를 이용해서 고대 인류의 연대를 평가한다. 이것은 사람이 사용한 도구가 시간에 따라 발전했다는 것이 사실이라면 좋은 분석 방법이 될 수 있다.

예를 들면 호모 하빌리스는 가장 원시적인 석기를 사용하고 호모 에렉투스는 초기 구석기 스타일 석기를 사용하며 네안데르탈인은 중기 구석기 스타일 석기를 사용했다. 가장 발전된 석기는 크로마뇽인과 현생 인류가 사용했다고 알려져 있다. 문제는 오늘날 모든 종류의 석기가 모든 고대 인류에게서 다 발견된다는 것이다. 특정 고대 인류가 도구 발달에 따라 특정 도구만 사용한 것이 아니다. 심지어 오늘날 현생 인류도 오지의 일부 부족은 이러한 석기를 사용하고 있다.

사람들은 석기를 점차 발전시킨 것이 아니라 처음부터 그저 가장 효율적인 석기를 필요에 따라 모두 다 만들어 사용했던 것이다. 그리고 효율적인 도구는 당연히 시대를 넘어 사용될 수 있는 것이다.

고대 인류의 등장 연대를 추정하는 데 있어 문명의 흔적인 도구는 아무런 도움도 되지 않는 것이다. 그러나 우리는 여전히 구석기 시대, 신석기 시대 하면서 도구를 통해 고대 인류의 연대를 말한다. 고정 관념은 쉽게 변하지 않는 것인가 보다.

18. 인류의 조상은 원숭이, 그런데 원숭이의 조상은?

고인류학자들은 침팬지, 고릴라의 화석 조상이 없는 것에 의문을 품고 있다. 실제로 현재까지 알려진 고대 영장류 화석은 전혀 없다.

인간의 조상이라는 영장류 화석은 그렇게 많은데, 왜 진짜 영장류의 고대 화석은 없는 것일까?

애꿎은 침팬지는 화석이 된 자신들의 친구들을 인류의 조상으로 빼앗겨 버린 것이 아닐까?

사람들의 조상으로 분류되는 화석 중에 사람과는 확연히 다른 원숭이류는 사람보다는 영장류의 조상이었던 것은 아닐까?

정말로 이들이 고대 생물의 화석이라면 말이다.

19. 논란의 자바인

1856년 자바인을 발견한 듀보이는 실제 발굴 현장에서 발굴을 지휘한 것이 아니라 편안한 본부에서 발굴 작업자들이 가져온 두개골을 살펴보기만 했다. 두개골 발견 1년 후, 그의 인부들이 다시 발굴한 넓적다리뼈는 두개골 발굴 장소에서 15m 떨어진 곳에서 발견되었다. 듀보이는 둘 다 자바인의 뼈라고 주장했다. 그런데 1938년 자바인과 두개골이 유사한 북경인이 발견되었다. 그리고 이 북경인은 넓적다리뼈를 가지고 있었다. 북경인과의 비교를 통해 자바인의 넓적다리뼈는 자바인의 뼈가 아니라 현생 인류의 뼈라고 밝혀지게 되었다. 즉 자바인은 호모 에렉투스 머리뼈+현생 인류 넓적다리뼈로 구성된 가짜였던 것이다.

1907년 독일의 동물학자 셀렌카는 듀보이를 지지하는 16명의 각 분야 전문가들(진화론자들이다)과 함께 자바섬을 방문하여 대대적으로 발굴에 착수했다. 본격적으로 각 분야의 전문가들(고동물학자, 고식물학자, 고인류학자, 지질학자 등등)이 모여 집단 발굴을 하기 시작한 것은 1970년대로 이들은 60년이나 더 이른 시기에 최첨단 발굴 방법으로 철저하게 발굴을 시행하고 보고서를 작성했던 것이다.

그런데 그 결과는 자바인과 현대인은 동시기에 살았으며, 자바인은 현대인의 진화와 아무 관계가 없다는 것이었다. 이 보고서는 완전히 학계에서 묻혀버려서 이제는 아무도 알지 못하는 책이 되었다(*Die Pithecanthropus-Schichen auf Java*, Selenka and Blanckenhorn, 1911).

듀보이는 자바섬에서 와자크인의 화석도 발굴했다. 그런데 이 와자크인의 연대는 일반적으로 5만-1만 년 정도로 평가되고 있다. 듀보이는 이 뇌가 큰 와자크인과 뇌가 작은 자바인이 동시에 공개되면, 자바인이 새로운 고대 인류로 분류되지 않을 것임을 알고 와자크인 화석을 몰래 숨겼다. 듀보이는 1890년 발굴한 와자크인 두개골을 1920년에야 발표했는데, 당시는 현대인과 유사한 네안데르탈인이 고대 인류로 인정 받은 시기였다. 즉 와자크인을 발표해도 자바인이 고대 인류가 아니라고 지적받을 일이 없어진 다음에야 두개골을 공개한 것이다.

20. 가장 빠르게 늙어버린 로데시안인

하이델베르그인 중의 하나인 로데시안인은 1921년 아프리카 잠비아의 한 광산에서 채광 중에 발굴되었다. 발굴이 목적이 아니었기 때문에 로데시안인은 연대를 측정할 방법이 없었다. 이 화석을 연구한 첫 논문(「네이쳐」에 수록되었다)은 로데시안의 두개골이 다소 원숭이처럼(원시적으로) 생겼지만, 같이 발굴된 동물 화석들이 현재도 동굴 근처에서 거의 동일하거나 큰 변화 없이 생존하고 있다는 점에서 연대를 11,000년 전 정도로 추정했다.

참고로 아프리카에서 발견된 살다나 두개골은 형태학적으로 로데시안인과 비슷하게 야만적으로 생겼지만(아프리카 사람이나 원숭이같은 형태라는 뜻이다), 완전히 현대인으로 평가받고 있다. 로데시안인의 뇌 용적량도 1,280cc로 현대 인류의 뇌 용적량으로 볼 수 있다. 뼈가 광물화/화석화되기 쉬운 광산에 있었음에도 화석화가 진행되지 않았고, 현대 인류가 사용하는 뼈도구를 사용했으며, 광산에서 고대 호모 사피엔스와 현생 인류뼈와 같이 나오는 등 이들의 연대를 짧게 볼 근거들은 충분했다.

그런데 불과 수십 년 만에 로데시안인은 나이를 수십만 년이나 먹게 된다. 1962년 쿤은 로데시안인이 발굴된 광산이 아닌 다른 아프리카 화석 발굴지 지층을 방사성 동위원소 연대 측정으로 조사하고, 로데시안과 유사한 살다나 화석 발굴지와 비교하면서 로데시안인의 연대를 4만 년으로 재추정했다. 1973년 클라인은 로데시안인과 함께 발굴된 생물 중 현재 멸종된 5개 종을 재조사하고, 로데시안인과 함께 발굴된 아프리카 석기의 연대를 재추정했다. 또한, 살다나 화석과의 비교 등을 통해 로데시안인의 연대를 다시 12.5만 년 이상으로 재추정했다.

1999년 태터솔은 아프리카에서 20만 년 전 현생 인류가 진화하기 위해서는 조상이 될 수 있는 원시 인류가 존재해야 한다고 생각했다. 그래서 그는 로데시안인의 연대를 별다른 근거 제시 없이 30-40만 년 전으로 추정했다.

21. 희대의 사기극 필트다운인

필트다운인은 1912년 영국 필트다운 지역에서 발굴된 유인원으로 50만 년 전에 나타났던 것으로 알려졌다. 그러나 실제로는 유인원 화석이 유럽 대륙에서 계속 발견되는 데 비해 영국에서는 전혀 발견되지 않자, 영국인들이 조작한 가짜 화석이었다. 조작 흔적이 1953년 확인될 때까지 심지어 조작이 확인된 이후에도 필트다운인은 상당히 오랜 기간 고대 인류로 선전되었다.

22. 인류의 조상이 된 오랑우탄 라마피테쿠스

라마피테쿠스는 '다음 백과사전'에 따르면 현생 인류의 직계 조상 중 가장 초기의 존재로 추측된다고 쓰여져 있다. 그러나 『생명과학사전』에 따르면 오랜 논란 끝에 오랑우탄 계열의 유인원으로 결론이 내려졌다고 쓰여져 있다. 라마피테쿠스가 처음으로 언급된 것은 1930년대이고, 논문의 저자가 오랑우탄으로 인정한 것이 1970년대임에도 불구하고(온전한 라마피테쿠스 화석이 1975-76년에 발굴되었다), 오늘날에도 상당수의 비전문적 사전에서는 라마피테쿠스가 인류의 조상이라고 선전되고 있다. 현재는 오랑우탄의 고대 조상으로 여겨지고 있다.

23. 오스트랄로피테쿠스의 걸음걸이

진화 단계에 따르면 네 발로 다니던 원숭이류가 두 발로 다니게 되고, 두 발로 다니면서 점점 몸이 커져서 현생 인류가 등장하게 된다. 그리고 두 발로 다니면서 아직 온전히 인간이 되지 못한 중간 단계로 일컬어지는 것이 바로 오스트랄로피테쿠스다. 오스트랄로피테쿠스(원숭이류)에 속한 루시는 직립 보행한다는 주장들이 있었으나, 여러 진화론자에 의해서 4족 보행을 했을 것이라고 반박되면서 지속적인 논쟁이 있었다.

리치몬드와 스트레잇은 1백 년 이상 2족 보행에 대해 연구가 있었음에도 불구하고 화석 기록은 2족 보행의 기원에 대해 알려 주는 것이 거의 없으며, 2족 보행 이전 인류 조상의 보행 방식에 대해서도 아무런 일치된 견해가 없다고 말한다. 리치몬드와 스트레잇에 따르면 인류의 조상인 고대 인류(오스트랄로피테쿠스)는 침팬지처럼 손목을 사용해 보행을 했을 가능성이 높으며, 2족 보행은 손목 보행에서 파생된 것으로 해석하고 있다. 어쨌든, 루시는 원숭이처럼 네 발로 다녔다는 것이다. 물론 이것도 확실한 결론은 아니다.

24. 전체를 보여 주는 파편들

전반적으로 수많은 고대 인류 화석은 두개골 일부, 턱 일부, 이빨 몇 개, 신체 어디 부분 뼈 약간, 이런 식으로 매우 적은 수의 뼈만 발견된다. 심한 경우 이빨 단 두 개 만을 가지고 고대 인류 상상도가 그려진다. 이 뼈가 정말 인간의 뼈인지 아닌지 알 수 없는 경우도 매우 많으며, 수많은 해부학자로부터 다른 동물의 뼈일 가능성도 높다고 지적되는 경우들이 있다. 또한, 실제 발견되지 않은 대부분의 뼈 위치와 구조가 단 몇 개의 뼈 조각을 기초로 너무 자의적으로 만들어졌다는 지적들을 받기도 한다. 이렇게 몇

구의 온전하지 않은 화석이 정말 전체 집단을 대표할 수 있는지도 알 수 없는 일이다.

    진화론은 하나의 종이 불변하는 것이 아니라, 계속 변해가면서 환경에 더 잘 적응하는 새로운 종으로 교체된다고 말한다. 그러나 실제 증거들이 보여 주는 것은 매우 오랫동안 변하지 않고 존재하는 종들과 그들과 동시기에 함께 존재하는 다양한 모습의 종들이다. 이것은 오히려 조상 하나로 시작해서 유전자가 허용하는 범위 내에서 후손들이 다양해지는 모습을 설명하는데 더 적합한 현상이다.

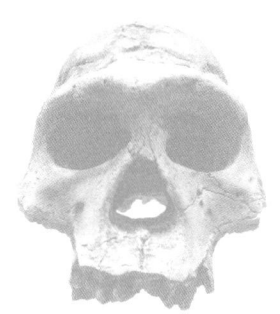

참고 문헌

Marvin Lubenow. *Bones of Contention*. Baker Books, 2004, revised edition.
- 제6부 제1장의 내용과 각종 인용은 이 책과 아래의 책을 참고로 하여 작성되었다. 본문의 고대 인류 연대는 이 책의 18장에서 재인용한 것이다.

Richard Fuerle. *Erectus Walks Amongst Us*. Spooner Press, 2008.
- 위의 책이 창조론의 입장에서 저술된 책이라면, 이 책은 진화론의 입장에서 쓰여진 책이다.

"Prominent Hominid Fossils" talk.origins archive.
- 여기서는 화석과 관련된 다양한 내용을 확인할 수 있다. 링크는 다음과 같다.
http://www.talkorigins.org/faqs/homs/specimen.html.

제2장

인류의 조상은 누구일까?
아담과 노아

• **요약**

1. 아담과 이브

 엄마, 아빠의 유전자가 반씩 섞여 전해지는 DNA와 달리 엄마의 유전자만 자녀에게 전해지는 미토콘드리아 DNA란 것이 있다. 이 미토콘드리아 DNA를 조사하면 인류의 조상인 최초의 여성을 추적할 수 있다. 이와 반대로 남자에게만 전해지는 DNA 속의 Y-염색체를 조사하면 인류의 조상인 최초의 남성을 추적할 수 있다. 유전자 연구에 따르면 인류의 조상은 처음 등장한 한 명의 남자 혹은 한 명의 여자로부터 시작된 것이다.

2. 세 명의 이브

 최초의 인간은 배우자와 함께 등장했다. 만약 최초의 인간이 배우자를 발견하지 못했다면, 인류는 단 한 세대 만에 멸종했을 것이기 때문이다. 즉 인류의 조상은 처음에 남·여가 동시에 등장한 것이다. 유전자 분석 결과에 따르면 이들 부부의 후손 중 약 3-5명의 여성 조상이 나타난다. 이 여성 조상들은 지역 이주에 따른 분화로 해석될 수도 있고, 모종의 사건에 의해 살아남은 세 명의 조상이라고 보는 설명도 가능하다.

3. 아담과 노아

우주와 생명의 기원, 대홍수와 지구의 격변이 기록된 창세기에 따르면 최초의 인간 부부는 아담과 하와이고, 대홍수 이후 살아남은 인류의 여성 조상 세 명은 노아의 세 며느리다. 이것은 유전자 분석 결과에 완벽하게 부합한다. 전 지구를 뒤덮은 대홍수로 극소수의 사람만이 살아남았다. 이런 인류의 감소와 지구 환경 변화에 따른 유전자 변이 증가는 홍수 이전 천 살에 가깝던 인류의 수명이 현재 수준으로 급격히 감소하도록 만들었다.

4. 대홍수와 인간

홍수 직후 인류는 유전자 변이에 따른 퇴화가 본격화되기 전까지 오늘날 기술로는 설명할 수 없는 놀라운 고대 유적들을 만들었다. 이런 고대 유적들을 가능하게 했던 것은 거인처럼 거대했던 인간들의 막대한 힘과 그들의 긴 수명 동안 축적된 기술이었다. 그러나 유전자 변이로 후손들의 수명이 급격히 줄어들고 체격이 작아지면서 인류는 놀라운 힘과 기술을 상실하게 되었다. 인류가 다시 막대한 힘과 기술을 얻기까지는 과학 혁명·산업 혁명 시대까지 실로 엄청난 시간이 필요했다.

1. 최초의 인간: 루시 혹은 아담

우주에 시작이 있었듯이 인류에게도 시작이 있었을까?
최초의 사람은 한 명이었을까?
혹시 여러 명은 아니었을까?
성경에서는 최초의 인간을 남자인 '아담'이라고 말하고 있다. 그리고 하나님께서 아담에게 배우자인 '하와'(이브라고도 한다)를 만들어 주셨다.

진화론자인 고인류학자 도널드 조핸슨은 그의 저서 『루시, 최초의 인류』(Lucy: the beginnings of humankind)에서 세계 최초의 인류 화석을 발견하고 해석해 가는 과정을 기록했다. 이 화석의 발견 시점은 1974년인데, 조핸슨이 붙인 이름을 따라 이후 일반적으로 최초의 인류를 루시라고 부르고 있다(오늘날 루시는 인류보다는 원숭이, 침팬지와 같은 영장류로 분류되고 있다). 루시 이후 지속적인 유인원 화석의 발견으로 진화론에서도 루시가 최초의 인류라는 인식은 다소 희석되고 있지만, 그래도 '루시'는 최초의 인류라는 상징성을 가진 이름이라고 할 수 있다.

아담이든, 루시이든, 첫 사람의 흔적을 찾기 위해 과학자들은 다양한 연구를 했다.

2. 미토콘드리아 DNA

레베카 칸, 마크 스톤킹 그리고 앨런 윌슨은 1987년 「네이처」(Nature)에 「미토콘드리아 DNA와 인류 진화」라는 6쪽의 논문을 게재했다. 이들은 5개 대륙에 사는 147명의 여성에게서 미토콘드리아를 채취하여 분석하였는데, 모든 유전자는 20만 년 전에 아프리카에 살았던 여성에게서 비롯된다고 주장했다. 최초의 인류, 그중 여성을 미토콘드리아를 통해 찾아냈다는 점에서 이 최초의 인류로 추정되는 여성을 '미토콘드리아 이브'라고 부른다.

보통 우리가 알고 있는 DNA는 세포핵 속에 있는 DNA를 말하는데, 사람의 DNA는 총 30억 개의 글자(염기쌍)가 약 2-2.5만 개의 주제(유전자)를 다루며, 46권의 책(염색체, 두 권씩 총 23쌍으로 구성) 형태로 구성되어 있다. 그런데 세포 내에서 발전소 역할을 하는 미토콘드리아 안에는 세포핵의 DNA와는 전혀 다른 DNA가 들어 있다.

사람의 미토콘드리아 DNA는 총 16,569개의 글자(염기쌍), 37개의 주제(유전자)로 구성되어 있다. 재미있는 점은 세포핵 DNA는 아빠와 엄마의 유전자를 반씩 섞어서 물려받지만, 미토콘드리아 DNA는 엄마의 유전자만 자녀에게 전해진다는 것이다. 미토콘드리아 DNA는 엄마로부터만 전해지므로, 아빠와 엄마의 유전자가 섞여 세대마다 다양한 변화를 겪는 세포핵 DNA와 달리(자녀는 부모와 한편으로는 매우 닮았으면서도, 한편으로는 매우 다르다. 이는 부모의 유전자가 섞여서 자녀의 특징이 부모와 약간씩 달라지기 때문이다) 세대 간 변화가 매우 미미하다.

즉 돌연변이와 같은 문제 외에는 거의 변화가 없기 때문에 미토콘드리아 DNA를 통해 쉽게 모계 가계도를 구축해 낼 수 있다. 게다가 그 문자 수가 세포핵 DNA에 비해 매우 적기 때문에 분석도 상대적으로 쉽다.

3. 최초의 여성: 미토콘드리아 이브

칸, 스톤킹, 윌슨의 복잡한 분석을 간단히 설명하자면 다음과 같다.

최초의 여성이 있었고, 그 후손들은 돌연변이로 인해 미토콘드리아 DNA에 서로서로 약간씩 차이가 생긴다. 이 중 일부의 여성은 다른 지역으로 이주해 가게 되었고, 이 이주한 여성들의 후손들은 다시 자신들의 조상 미토콘드리아 DNA로부터 돌연변이로 인한 차이를 갖게 된다. 일단 한 여성이 이주하면, 이주한 지역의 여자들은 이주한 지역의 첫 여성의 미토콘드리아 DNA를 물려받고 다른 지역 여성들의 미토콘드리아 DNA는 물려받지 못하게 되므로, 모두 공통된 특징을 갖게 되어 하나의 혈통으로 묶일 수 있다. 이주한 여성은 이주한 지역의 유일한 첫 공통 조상이 되는 것이다.

그런데 첫 여성(미토콘드리아 이브)이 살던 지역의 여자들은 원래 여기서 살던 여자들의 미토콘드리아를 보유하고 있기도 하지만, 여기서 떠나간 이주자 여성과 비슷한 미토콘드리아를 가진 여자들도 살고 있기 때문에 더 다양한 미토콘드리아 DNA를 갖게 된다.

칸, 스톤킹, 윌슨은 이러한 분류를 통해 총 다섯 지역에서 최초의 여성들(공통 조상)이 있었으며, 그중 하나가 진정한 최초의 여성이고 나머지 네 명은 이주자들이라고 주장했다.

저자들은 아프리카 여성들의 미토콘드리아 DNA가 서로 간의 차이가 크고 가장 다양했기 때문에 최초의 여성이 등장한 지역은 아프리카이며, 아프리카로부터 아시아, 호주, 유럽, 뉴기니(동남아시아)로 네 명의 여성이 이주해 후손들이 번성한 것으로 추정하고 있다.

미토콘드리아 DNA의 돌연변이는 일정 시간마다 일정량 발생하는 것으로 알려져 있기 때문에 후손들의 미토콘드리아 DNA 차이를 통해 최초 여성들의 이주 시점과 진정한 '이브'의 등장 시점도 계산할 수 있다. 북미에는 약 12000년 전, 뉴기니는 약 3만 년 전, 호주는 약 4만 년 전에 최초의 여성이 이주했으며, 가장 최초의 여성 아프리카 '이브'는 약 9-18만 년 전에 등장한 것으로 추정된다.

4. 최초의 남성: Y 염색체 아담

여자에게 미토콘드리아 DNA가 있다면, 남자에게는 Y-염색체가 있다. 사람의 세포핵 DNA는 모두 23쌍, 총 46개의 책(염색체)으로 이루어져 있는데, 이 중 한 쌍, 두 개의 염색체가 사람의 성별을 결정한다.

사람의 성별 염색체는 X-염색체와 Y-염색체가 있는데, 두 개의 염색체가 XX일 경우 여자, XY일 경우 남자가 된다. 즉 Y-염색체는 남자에게만 존재하는 염색체다. 남자의 Y-염색체는 약 5,700만 개의 글자(염기쌍)로 구성되어 있으며, 사람의 염색체 중에 글자가 제일 적은 축에 속한다(46개 중 5번째). 반면, X-염색체는 약 1억 5,600만 개의 염기쌍으로 구성되어 있으며 매우 큰 편에 속한다.

로버트 도릿, 히로시 아카시, 월터 길버트는 1995년 「사이언스」(Science)에 Y-염색체 아담에 관한 논문을 출판했다. Y-염색체는 다른 염색체들과 달리 유전자가 자유롭게 변이되는 유전자 재조합이 대부분의 구역에서 발생하지 않는다. 따라서 미토콘드리아 DNA처럼 가계도를 연구하는 데 매우 유용하다. 이 연구는 전 세계 남성 38명의 Y-염색체 중 일부분(729개의 염기쌍)의 변이들을 분석하였는데, 38명 모두에게서 해당 부분이 그 어떤 변이도 없이 똑같았다. 이들은 대조를 위해 침팬지, 고릴라, 오랑우탄의 Y-염색체 DNA(의 일부)도 분석하였는데, 사람과 이들 사이에는 명확한 차이가 존재했다.

진화론에 따르면 Y-염색체는 종이 진화하면서 변화한다.

그런데 사람들의 Y-염색체는 (적어도 특정 구간에서) 똑같다.

이것은 무엇을 의미하는 것일까?

저자들은 논문의 말미에 이러한 분석 결과는 인류가 여러 지역에서 동시에 발생했다기보다는 한 지역에서 발생해 여러 지역으로 퍼져나갔다는 가설을 지지한다고 언급하며 논문을 마친다. 만약 최초의 인간이 진화를 통해 여러 지역에서 여러 쌍으로 등장했다면, 이들은 서로 다른 Y-염색체를 가졌을 것이다. 그러나 처음에 인류의 조상으로 단 한 명의 남성이 등장했기 때문에 모든 인류의 Y-염색체가 동일하다는 것이다.

저자들은 이 남성의 출현 연대를 약 27만 년 전(하지만 범위로는 0에서 80만 년 - 즉 정확한 시점은 알 수 없다는 뜻이다)으로 추정했다. 이후 지속적인 연구들이 더 많은 남자의 Y-염색체를 더 자세히 분석하면서 남자들의 가계도를 구성해 내고 있으며, 그 끝에는 항상 Y-염색체 아담이 위치하고 있다. 현재 Y-염색체 아담도 미토콘드리아 이브처럼 아프리카에서 등장한 것으로 받아들여지고 있다.

5. 최초의 인간들: 루시 혹은 아담과 그 배우자

성경의 아담이든 진화론의 루시든, 인류의 시작에는 이들을 포함해 반드시 두 명 이상의 인간이 존재해야 한다. 왜냐하면, 인간은 남·여가 짝을 이루어 후손을 생산하는 유성 생식 동물이기 때문이다. 만약 첫 인류가 남자 혹은 여자이고, 생식 가능한 배우자가 없는 상태라면, 인간은 단 한 세대 만에 멸종하였을 것이다.

혹시 이 첫 번째 인간이 배우자 없이 후손을 생산할 수 있었다면, 이 인간은 더 이상 인간이 아니라 외계인 같은 전혀 다른 종이라고 볼 수 있다. (종의 구분은 교배 가능성이고, 현재 인류와 후손 생산 방식이 다르다면, 이들은 현재 인류와 서로 교배할 수 없기 때문에 더 이상 인간이 아니다.)

즉 어떤 방식(창조, 진화)으로 인간이 처음에 나타났든지, 성별이 다른 두 명의 인간이 동시에 같은 지역에 나타나야 한다. 이 두 인간은 생식기적 특성(혹은 성적 특성)만 서로 다르고 나머지 특성은 완전히 같아야 하며, 생식기적 특징은 둘이 서로 결합할 수 있도록 꼭 맞는 형태로 서로 다르게 나타나야 한다.

창조론의 '아담'과 '하와'는 하나님이 만들었다. 유명한 닌텐도 게임 '포켓몬스터'는 보통 두 가지 버전으로 판매되는데, 두 버전은 다른 것은 모두 같고, 궁극의 포켓몬만 서로 다르다. 최초의 인류가 남·여로 만들어졌다는 설명도 동일한 설계자가 이런 식으로 기본 구조는 같고 일부만 서로 호환되도록 만드는 방식이라고 이해할 수 있을 것이다. 이 경우 남·여가 동시에 같은 장소에 존재하는 것에 아무런 문제가 없다.

6. 유성 생식: 제곱으로 어려운 우연

최초의 인류 '루시'(실제로 루시든 다른 최초의 인류든)는 진화로 이전 종들과 다른 형태로 등장했다. 만약 이전 종들과 다른 형태가 아니고 생식이 가능하다면 루시는 이전 종과 다른 종이 아니고 따라서 최초의 인류가 아니게 된다. 최초의 인류 루시는 필연적으로 이전 종들과 생식이 불가능하다. 그런데 진화론에 따르면 이러한 변화는 유전자 돌연변이에 의해서만 가능하다. 루시는 무작위적인 유전자 돌연변이로 인해 이전 종들과 다른 최초의 인류가 된 것이다.

그런데 최초의 인류 루시가 무작위적인 유전자 돌연변이로 등장했다면, 그와 생식이 가능한 최초의 남자 '잭', '존', 혹은 '제임스'는 과연 루시가 등장한 시간에 루시가 등장한 지역에서 무작위적인 유전자 돌연변이 진화로 루시와 똑같은 형태로 진화할 수 있었는가 하는 점이 심각한 문제가 된다. 게다가 성적 특징은 완전히 다르되 서로 꼭 맞아 생식이 가능한 형태로 말이다.

한 개체의 돌연변이도 수학적으로 불가능한 상황에서 두 개체가 돌연변이로 진화에 성공해야 할 뿐만 아니라, 둘이 거의 완전히 똑같으면서 성적 특징만 다르게 그러나 성적인 결합이 가능하도록 진화해야 하고, 그것도 전 지구의 역사를 통틀어 같은 시기에 같은 지역(둘이 서로 만날 수 있도록 정말 지척에)에 진화가 일어나야 한다는 문제는 진화론을 끝없이 괴롭히는 '유성 생식 진화의 문제점'이다. 바로 이 문제 때문에 인류가 비슷한 시기에 여러 지역에서 다발적으로 진화했다는 이론보다는 한 지역에서 한 번 진화했다는 이론이 일반적으로 널리 받아들여지고 있다.

최초의 인류가 아담이든 루시든 누구였든 간에, 그는 반드시 배우자와 같은 지역에서 동시에 나타나야 한다. 이 한 쌍의 부부가 바로 인류의 조상이다.

7. 5명 혹은 3명

우리는 미토콘드리아 이브를 찾는 과정 중에서 인류가 여러 번 이주하면서 여러 대륙으로 흩어졌다고 추정하는 연구 결과가 있다는 점을 확인했다.

정말로 인간들은 여러 대륙으로 이주하면서 서로 분화된 것일까?

창조론자인 나다니엘 잔슨은 828명의 여성 미토콘드리아 DNA를 분석한 연구(Carter, Criswell, Sanford, 2008)를 토대로 기존의 가계도와는 약간 다른 형태의 관계도를 그렸다. 칸, 스톤킹, 윌슨의 미토콘드리아 이브 그림이 일종의 가계도라면, 이번 것은 일종의 SNS 관계망 지도라고 볼 수 있다. 관계망 그림에서는 가계도처럼 여성들의 변이 정도 순서를 나타낼 수는 없지만, 누가 누구와 얼마나 가깝고 먼지를 좀 더 한눈에 직관적으로 알 수 있다.

잔슨에 따르면 여성은 크게 3개 집단으로 구분될 수 있다. 각 집단은 그 밑에서 명백한 몇몇 분화를 보여 주기도 하지만, 이 세 개 집단은 누가 누구의 위라고 구분하기 어려운 형태로 명확히 나눠진다. 칸, 스톤킹, 윌슨이 1명의 진짜 이브와 4명의 추가적인 공통 조상으로 여성의 조상을 구분했다면, 잔슨은 3명의 동등한 여성 공통 조상이 있었다고 말하고 있는 것이다.

8. 어떻게 인류의 조상이 되었는가?

칸, 스톤킹, 윌슨은 유전자의 분기점을 각 지역으로 이주한 각 지역의 선조 여성으로 판단했다. 그러나 인구 증가에 따른 인구 집단의 분화와 이주는 대부분 일정 수 이상의 사람들로 구성된다는 점에서 이 이론은 설득력이 떨어진다. 적지 않은 수의 이주민 집단 내 모든 여성이 동일한 공통 조상의 후손만으로 구성된다고 보기 어렵기 때문이다. 그렇다고 이 유전자 분기점이 서로 다른 경로로 진화한 여러 명의 이브라고 볼 수도 없다. 이 공통 조상 간의 유전자 차이는 후손과 공통 조상 간 유전자 차이보다 미미하며, 생식이라는 측면에서 서로 다른 종이라고 보기보다는 하나의 종이라고 보는 것이 더 합당하기 때문이다.

그래서 나다나엘 쟌슨은 세 명의 공통 조상이 동일한 조상으로부터 유래되었지만, 모종의 이유로 이 세 명만 남고 나머지는 모두 멸종되면서 다시 한번 모든 인류의 여성 조상이 되었다고 해석한다. 실제로 진화론에서는 멸종으로 인해 특정 (유전자를 가진) 종들만 남는 현상들이 있을 것이라는 설명을 종종 채택한다. 이런 상황이 인류에게서도 가능하다는 것이다.

쟌슨은 아프리카에서 좀 더 많은 유전자 변이가 일어나는 현상에 대해서 한 분기에서 더 많은 후손이 나타나는 것은 다음과 같은 이유 때문이라고 주장한다.

첫째, 정말 그 지역의 역사가 더 오래되었기 때문이다.
둘째, 역사는 비슷하지만 후손이 좀 더 잘(?) 번영했던 것이기 때문이다.

유럽이나 아시아에 비해 아프리카에서 좀 더 세대 간 간격이 짧았을 수 있다(예를 들면 현재 선진국에서는 30대에 아이를 낳는 비율이 매우 높지만, 다른 나라에서는 20세 전후에 아이를 낳는 비율이 높고, 이것은 유전자 변이[보통 한 세대마다 일정 수가 발생한다]가 선진국에서 덜 일어난다는 것을 의미한다).

다시 한번, 공통 조상의 수로 돌아가 보자.

칸, 스톤킹, 윌슨은 지역별로 유전자 차이를 구분했다. 그래서 공통 조상의 수가 5명이 되었다. 그러나 쟌슨은 관계망 그림을 통해 서로 분화되는 유전자 집단마다 특정 지역의 사람들이 많기는 하지만, 그것이 지역으로 완전히 구분되는 것은 아니라고 주장한다. 순수하게 그림만으로 살펴보았을 때, 공통 조상은 3명으로 압축된다는 것이다.

9. 인류의 조상

진화론과 창조론은 공통 조상의 수, 분화의 원인, 유전자 변이 수의 차이에 대해 서로 다른 해석을 제시하고 있다.

1) 진화론

아프리카에서 이브가 등장하고, 사람이 많아지면서 일부의 사람들이 다른 지역으로 이주할 때마다 그 지역의 공통 조상 여성이 등장하며, 이렇게 지역별로 총 5명의 공통 조상이 등장했고, 역사가 가장 오래된 아프리카에서 유전자 변이가 가장 많이 일어났다.

2) 창조론

먼 옛날 한 명의 이브와 후손들이 있었으나, 모종의 이유로 모두 멸종하고 단 세 명의 공통 조상만 살아남았으며, 이들의 후손들이 비교적 끼리끼리 모여 살았으나 종종 다른 조상의 후손도 섞여서 살게 되었고, 세대 간 간격이 짧은 아프리카에서 유전자 변이가 더 많이 발생했다.

무엇이 더 믿을 만한 진술인지는 알기 어렵지만, 한 가지 확실하게 알 수 있는 것은 여성들의 유전자는 대략 3-5명 정도의 공통 조상으로 집결된다는 것이다.

먼 옛날 최초에 한 명, 아니 한 쌍의 부부가 등장했다. 그리고 먼 훗날 모종의 이유로 약 세 명의 여성을 빼고 후손을 남길 수 있는 여성 모두가 멸종되었다. 아마 여기서 익숙한 이야기가 떠오르는 분도 계실 것이다.

10. 모아지는 단서들

우주가 시작된 시점은 137억 년이나 될 필요가 없다. 이론적으로 수천 년 정도로도 충분히 가능하다. 그리고 이쪽이 더 합리적인 최선의 설명이다. 생명의 복잡한 구조와 정보 체계는 진화될 수 없는 성질의 것으로 지적 존재가 만들었다는 것이 최선의 설명이다.

지구의 흔적들은 지구에 대홍수라는 대격변이 발생했었음을 보여 준다. 지구의 나이가 수십억 년이 되었다는 주장은 이러한 흔적을 잘못 해석한 것이고, 지구의 나이는 불과 수천 년에 불과한 것으로 보인다.

생물들의 변이는 돌연변이에 의한 진화보다는 대부분 그저 유전자에 있는 대로 다양한 모습을 보이고 있는 것에 불과하다. 유전자 분석 결과에 따르면 인류에게는 두 명의 조상이 있었고, 모종의 이유로 그 후손 중 여성은 단 세 명을 남기고 멸종되었다. 과학적으로 최선의 설명들인 이 모든 단서가 조합된 인류의 기록이 마침 하나 있다.

첫째, 지적 존재인 신이 우주와 지구와 생명체와 인류를 만들었다.
둘째, 우주를 펼쳐서 만들었다.
셋째, 인류의 조상으로 한 쌍의 부부를 만들었다.
넷째, 모든 동물을 그 종류대로 만들었다.
다섯째, 이 창조는 약 6천 년 전의 일이다.
여섯째, 창조 1,656년 후 대홍수가 일어나 전 지구를 뒤덮었다(지금부터 약 4,400년 전이다).
일곱째, 대홍수로 한 쌍의 부부 및 그들의 세 아들과 세 며느리, 총 8명을 빼고 모두 죽었다.

이 모든 내용이 기록된 책은 모세 이후로 유대인들이 기록하고 보존해 온 구약성경이다.

성경에 따르면 홍수 이후 노아와 그의 아내는 더 이상 후손을 만들지 않았고, 대홍수 이후 모든 인류는 세 며느리로부터 시작되었다. 그리고 세 아들은 모두 아버지의 Y-염색체를 물려받고 있다. 결과적으로 남자의 조상은 첫 남자(아담)-대홍수 시기의 남자(노아)로 이어지는 하나의 라인으로 좁혀지며, 여자의 조상은 첫 여자(이브)-대홍수 시기의 세 여자(노아의 세 며느리)로 이어지는 세 갈래 라인으로 분화된다.

11. 대홍수와 인류의 수명 감소

노아는 아담의 9대손이다. 아담이 만들어지고 1,056년이 지난 후에 노아가 태어났다. 대략 한 세대당 100년이 넘는 간격이다. 성경 기록에 따르면 대홍수 이전에 사람들은 900세 이상 장수하며 살았다. 유대인 전승에 따르면 이들은 긴 생애 동안 각자 수십 명 이상의 자녀들을 낳았다.

오늘날 연간 인구 증가율 1.1%를 사용할 경우(아담과 하와가 100년간 약 6명의 자녀를 낳는 속도다). 1,600년간 인류는 7,400만 명 정도로 늘어나며, 몇몇 연구자는 인구 증가율이 이보다 더 높아서 대홍수 직전에 최대 10억 명 정도의 사람이 살았을 것으로 추정하기도 한다. 어쨌든, 대홍수는 이렇게 장수하던 수억 명의 사람을 단 8명만 남기고 몰살시켜 버렸다.

그런데 대홍수 이후 성경의 수명 기록을 보면 특이한 현상이 발생한다. 노아는 조상들과 마찬가지로 900세 이상 살았지만(950세), 노아의 아들들부터 수명이 급격히 감소하는 것이다. 노아로부터 아브라함까지 이어지는 가계도의 수명을 살펴보면 노아의 아들(1대손)은 600세, 손자(2대손)는 438세, 증손자(3대손)는 433세, 고손자(4대손)는 464세, 5대손은 239세, 6대손도 239세, 7대손은 230세, 8대손은 148세, 9대손은 205세다. 그리고 노아의 10대손 아브라함이 175년을 살았다.

산포드, 팸플린, 루프는 성경에 나오는 사람들의 수명을 보면서 이것이 생물학에서 빈번히 등장하는 '생물학적 감소 곡선'에 해당한다는 사실을 인지하게 되었다. 생물학적 감소 곡선이란 감소 속도가 초기에 급격히 가파르다가 그 기울기가 점점 완만해지는 '지수함수 곡선'을 의미한다.

이들은 서로 다른 시대에 쓰여진 성경의 여러 책(모세가 쓴 창세기, 다윗 전후의 열왕기 등등)이 제시하는 인류의 수명을 토대로 하나의 지수함수를 추정했다. 추정 결과는 지수함수가 성경에 기록된 인류의 수명을 매우 잘 설명한다는 것이었다. 이것은 인류의 수명이 실제 '생물학적 감소 곡선'의 형태로 감소했을 가능성이 매우 높은 것을 의미한다.

12. 돌연변이와 수명 감소

그렇다면 이렇게 초기에 급속히 수명이 감소하다가 이후로 완만하게 감소하는 것은 유전자로 어떻게 설명될 수 있을까?

여러 연구 결과에 따르면 인류 한 세대가 다음 세대를 낳을 때까지 대략 수십 개의 유전자(염기)가 돌연변이로 변하는 것으로 알려져 있다. 이러한 돌연변이들은 세대가 지날수록 누적되고 후손들은 유전자에 더 많은 문제를 갖게 되며 그 결과 수명이 감소할 가능성이 높아진다. 그런데 이 돌연변이의 누적 효과는 초기 세대에 더 치명적이다.

예를 들어 노아에게 생긴 돌연변이는 이후 모든 인류에게 전해진다. 그러나 노아의 세 아들 중 한 명에게 생긴 돌연변이는 인류의 1/3에게만 영향을 미치게 된다. 그리고 오늘날 우리에게 생긴 돌연변이는 인류의 76억명 중 겨우 1-2명에게만 영향을 미치게 된다. 즉 오늘날 발생하는 돌연변이는 생각만큼 인류 전체에 큰 영향을 미칠 수 없는 것이다. 이것이 뒤로 갈수록 수명 감소 속도가 느려지는 이유다. 그러나 만약 수명에 매우 치명적인 돌연변이가 노아의 아들 중 하나에게 생겨 버리면 인류의 1/3이

이 유전자를 물려받게 되면서 인류의 평균 수명이 급격히 하락하게 되는 것이다.

　홍수 직후 지구 환경의 급변으로 인류 유전자의 돌연변이가 급증(한 세대당 수십 개보다 훨씬 더 많이 발생)하면서 젊은 세대인 노아의 아들들부터 수명이 빠르게 감소하기 시작해서 그들의 자녀들 몇 세대에 걸쳐 빠르게 수명이 감소하고, 인구가 일정 수 이상으로 늘어나면서 인류의 수명이 비교적 안정적인 속도로 천천히 감소하는 것으로 볼 수 있을 것이다.

　세포 안의 염색체에는 '텔로미어'(Telomere)라는 자폭 시계가 장착되어 있다. 이 텔로미어는 구슬이 붙어 있는 줄과 같은데, 세포가 분열될 때마다 구슬이 조금씩 떨어져 나가고 구슬이 다 떨어지면 더 이상 분화하지 못하며, 그 결과 늙고 노쇠하게 된 세포는 더 이상 분열을 통해 세포를 생성할 수 없게 된다. 그렇게 사람과 동물은 늙어 죽게 된다. 이 텔로미어는 생식세포, 줄기세포, 암세포에서는 오히려 반대로 늘어나는 것으로 알려져 있다.

　어떤 연구는 초파리의 유전자를 뒤섞는 실험으로 초파리의 수명을 현저히 늘렸다. 인류도 텔로미어 조작을 통해 수명을 크게 늘릴 수 있을지도 모른다. 그리고 과거 아담과 노아는 이 텔로미어가 현저히 길어서 900년 이상을 살았을지도 모를 일이다.

13. 놀라운 고대 유적들

　이러한 인류 수명의 감소는 인류 사회에 어떤 변화를 가져오게 되었을까?
　대홍수 직후 다시 번성한 인류는 매우 놀라운 건축물들을 만들었다. 이집트에서 가장 큰 피라미드는 4왕조 쿠푸왕의 피라미드로 그 높이는 147m다. 쿠푸왕의 아들 카프레의 피라미드는 두 번째로 높은 피라미드로 높이가 144m다. 쿠푸왕의 피라미드는 230만 개의 돌로 만들어졌는데, 돌의 평균 무게는 2.5톤에 달하며, 큰 돌의 무게는 무려 15톤이나 된다.

2.5톤짜리 작은 돌들은 가로, 세로, 높이가 1m 정도 되는 육면체인데, 높이는 매우 일정하지만, 가로 세로는 약간씩 차이가 있다고 한다.

고대 그리스 역사가 헤로도토스는 이 피라미드가 20년 만에 지어졌다고 기록했는데, 만약 이 말이 사실이라면, 하루 12시간씩 작업이 진행될 경우, 2분마다 2.5톤짜리 돌을 제 자리에 옮겨 넣을 수 있어야 한다. 오늘날 발전된 건축 기술로도 이런 작업 속도는 경이로운 것으로 피라미드는 정말로 놀라운 건축물이라고 할 수 있다. 그러나 이렇게 거대한 피라미드는 쿠푸왕과 그의 아들 카프레의 피라미드 단 두 개뿐이고, 이들의 후대에서는 60-70m 정도로 높이가 절반 이상 축소된(그에 따라 부피는 1/8 이하로 줄어든) 피라미드들이 있을 뿐이다(쿠푸왕의 아버지가 만든 피라미드들이 높이 100m 정도 된다).

무엇이 이렇게 거대한 피라미드의 축조를 가능하게 만든 것일까?

피라미드가 막대한 양의 돌로 그 규모를 자랑한다면, 돌의 수는 많지 않지만 개별 돌의 무게는 피라미드를 능가하는 유적들이 존재한다. 흔히 이를 거석(커다란 돌) 유적이라고 하는데, 가장 유명한 것으로는 영국의 '스톤헨지'가 있다. 영국 런던에서 서쪽으로 130km 정도 떨어진 솔즈베리평원에 동그랗고 야트막한 언덕과 도랑이 있다. 이 언덕 중심에 돌무더기들이 동그란 원 모양으로 점점이 기둥처럼 세워져 있고 이 기둥 위에는 약간 휘어진 형태로 다듬어진 돌들이 얹어져서 하나로 연결되는 모습이 된다(현재는 기둥과 위쪽의 원형 돌들이 일부분만 남아 있다).

이 원 모양으로 놓여진 기둥 돌의 무게는 각각 4톤가량으로 피라미드의 보통 돌에 비해 두 배가량 무겁다. 그리고 이 원 안쪽에는 5개의 고인돌 형태 돌들이 말발굽 형태로 세워져 있다. 안쪽에 세워진 고인돌 모양의 돌들은 각각 두 개의 기둥과 하나의 지붕돌로 만들어졌는데, 이 돌들은 그 무게가 가벼운 것은 30톤, 무거운 것은 50톤이나 된다.

비단 스톤헨지뿐만 아니라, 영국 스코틀랜드 서북쪽 섬에 위치한 칼라니쉬 열석 등, 대서양에 맞닿은 유럽 지역 곳곳에서 많은 거석 유적이 발견되었다. (그리고 우리는 고인돌에 매우 익숙하다. 전 세계 고인돌의 대부분은 고조선 영역-한반도-에 위치한다. 전북에 있는 한 고인돌의 덮개돌은 그 무게가 170톤이라고 한다. 고인돌의 특징은 보통 돌들이 다듬어지지 않은 형태로 얹어져 있다는 것이다.)

그리고 터키의 괴베클리 테페 유적은 스톤헨지보다 더 오래되었다고 평가받는 거석 유적이다. 심지어 레바논 바알벡 지역의 신전에는 무려 1,200톤짜리 거석이 놓여 있다. 이 무거운 돌은 오늘날 기술로도 현재 위치에 옮겨 쌓을 수 없다. 오늘날 크레인 하나가 옮길 수 있는 최대 무게는 18톤에 불과하다.

누가 이렇게 거대한 돌들을 원하는 위치에 옮겨 놓을 수 있었을까?

14. 사라진 거인들

고대 역사 기록들을 보면 심심치 않게 거구의 인물들이 등장하는 것을 볼 수 있다. 오늘날에도 농구 선수처럼 일반인들에 비해 훨씬 큰 사람들을 볼 수 있다. 그런데 이런 거구 수준을 넘어서서 거인들이라고 불릴 정도로 거대했던 사람들이 살았던 흔적이 있다.

리처드 듀허스트는 어린 시절 성장기에 갑자기 키가 커지기 시작했다. 그런데 그의 단짝 친구는 상당히 왜소했고, 그래서 둘은 '꺽다리와 작다리'로 불리게 되었다. 결국, 두 친구는 서로 멀어지게 되었고, 듀허스트는 거인들에 대해서 관심을 갖게 되었으며, 훗날 『미국을 지배한 고대의 거인들』이라는 책을 쓰게 되었다. 인터넷과 미디어의 발달로 미국의 과거 신문을 모조리 검색해 볼 수 있게 되면서, 듀허스트는 거인과 관련된 미국의 신문 기사들을 모조리 조사했다.

논문이나 책자에 비해 신문은 단신 형태로라도 거인의 뼈를 발견했다는 기사와 그림, 사진이 수록될 수 있기 때문에 저자는 미국의 다양한 거인 발굴 현장을 확인할 수 있었다. 그는 키 2-3m를 가뿐히 넘어가는 해골들에 대한 신뢰할 만한 기사들이 매우 많다는 점을 확인했는데, 기사들에 따르면 이들의 매장 시기는 상당히 고대로 추정되었다. 대략 미국에만 알려진 봉분(거대한 무덤)이 십만 개가 넘는데, 과거 미국에서는(신문 기사들에 따르면) 이 봉분들에 거인들이 묻혀있다는 것이 일반적인 상식이었다.

무덤뿐만 아니라 이러한 거인들이 살던 마을들의 흔적 등을 살펴보면서, 저자는 과거 미국에 인디언이 아닌 거인들도 살고 있었고, 그들이 복잡하고 놀라운 문명을 가지고 있었다고 주장한다.

그 외 각종 역사 기록도 심심치 않게 거인들에 대해 기록하고 있다. 성경에는 유명한 골리앗이 나오고, 창세기에는 네피림이라는 거인들이 나온다. 유대인 역사가 요세푸스는 과거 이스라엘 지역에 살던 거인들의 뼈를 요세푸스 당시에도 발견할 수 있었다고 기록했다고 한다. 『한서』에도 진시황 시절에 거인족을 보았다는 기록이 있다고 한다.

또한, 실제로 종종 발견되는 거인들의 뼈는 그 규모가 정말 상상을 불허할 정도로 크다(키가 무려 5m에 달하는 거인의 뼈도 발견되었다). 그리고 다양한 동물 화석은 종종 과거에 오늘날과 유사한 동물들이 훨씬 더 거대한 크기로 존재했다는 것을 보여 준다. 과거에 거대했었던 것은 인간만이 아니었다.

15. 인류의 퇴보

엄청난 규모의 건축물을 만들기 위해서는 두 가지가 필요하다. 하나는 막대한 힘이고, 다른 하나는 뛰어난 기술이다. 힘만 있으면 조악한 수준의 건축물 이상을 만들 수 없다. 돌을 무너지지 않게 높이 쌓으려면 기술이 필요한 것이다. 또한, 기술만으로는 상상하는 구조물을 현실에 구현할 수 없다. 사용 가능한 도구와 그 도구를 활용할 수 있는 충분한 힘이 받쳐주지 않는다면, 설계도는 그저 망상에 불과할 뿐이다.

오늘날 인류는 막대한 공학적 지식과 내연 기관(엔진)의 힘 덕분에 엄청난 규모의 건축물을 만들 수 있다. 그러나 그 실체는 상대적으로 작은 부품들을 잘 연결하는 것에 불과하다. 철근을 올려서 용접으로 붙이고, 녹아 있는 시멘트를 부어서 돌처럼 굳히는 것이다. 그러나 고대인들은 아예 엄청난 규모의 암석을 거대한 규모의 돌로 다듬어서 이것을 통째로 옮겨 건물을 만들었다.

고대인들의 힘과 기술의 원천은 과연 무엇이었을까?

대홍수 이후 인류의 수명은 급격히 줄어들었다. 이전의 사람들이 900년 이상 살면서 엄청나게 축적하고 후대에 물려 주던 지식들은 급격한 수명 감소로 후대에 제대로 전해지지 못하게 되었을 가능성이 크다. 노아 이후 인류의 수명 감소 곡선을 적용해 보면, 홍수 후 10세대 만에 인류의 수명이 200세 이하로 줄어들고, 20세대 만에 100세 수준으로 감소한다.

그리고 각 세대의 태어나는 시점과 수명을 조합하면 대략 홍수 후 400년 정도 지난 시점에 4세대부터 9세대까지 200세 이상 살던 사람들이 거의 동시기에 죽게 된다. 이것은 매우 심각한 문제를 인간 사회에 일으키게 된다. 대홍수 직후 인류는 아직 인류의 수명이 급속히 감소하고 있단 사실을 잘 몰랐을 것이다. 노아와 그 아들들이 홍수 이전의 인류가 축적한 지식들을 후손들에게 잘 전해주었다 하더라도, 대략 4-9세대까지 잘 전해지던 인류 문명의 정수는 이들이 갑자기 동시에 죽어 나가면서 후대에 제대로 전해지지 않게 된다. 8-9세대는 이렇게 젊은 나이에 자기가 죽게 될 줄은 전혀 몰랐을 것이기 때문이다.

대홍수 이전 척도로는 한참 어린 나이인 10세대 이후 세대는 갑작스러운 선대의 퇴장과 함께 인류 문명의 몰락을 겪게 될 것이다. 급격한 인류의 수명 감소가 인류의 기술 이전을 차단하면서 인류 문명이 급격히 퇴보하게 된 것이다.

또한, 수명 감소와 함께 신체적 능력이 쇠퇴한 것도 인류 문명의 퇴보에 큰 영향을 미치게 되었을 것이다. 대홍수 이후 빙하기가 닥치면서 생존을 위해 더 많은 에너지가 쓰이게 되고, 이것은 몸집이 거대한 거인들에게 불리하게 작용하였을 것이다.

돌연변이와 생존에 불리한 환경으로 인해 인류와 동물의 신체적 능력이 쇠퇴하게 되고(오늘날에도 생육에 좋은 환경에서는 동물들이 거대한 크기로 자라는 경우가 나타난다), 이는 과거 거인이었던 선조들이 창안해 낸 기술들을 후손들이 사용하지 못하게 만드는 제약 조건이 되었을 수 있다. 막대한 힘을 자랑하는 내연 기관(엔진)이 없다면, 현대 문명이 제대로 유지되지 못하는 것과 같다(다행히 오늘날에는 전기 에너지가 상당히 발전해 있지만, 여전히 내연 기관이 중요한 역할을 하는 경우가 많다).

아담으로부터 노아 시대까지 인류의 힘과 기술이 어느 정도였는지는 정확히 알 수 없다. 그러나 인류가 수명 감소와 신체적 능력 쇠퇴로 완전히 몰락하기 직전까지 조상들의 정수를 물려받았던 대홍수 이후 초기 인류가 만든 고대 유적들은 우리에게 많은 것을 생각하게 해준다. 위대한 힘과 기술을 가졌던 인류는 격변을 겪으면서 몰락했지만, '지적 설계'에 따라 지성을 부여받은 인류는 오늘날 다시 위대한 힘과 기술을 획득했다. 인류의 발전에 기여한 모든 위대한 인물에게 경의를 표한다.

참고 문헌

Haskett, Dorothy R. "Mitochondrial DNA and Human Evolution"(1987), by Rebecca Louise Cann, Mark Stoneking, and Allan Charles Wilson. *Embryo Project Encyclopedia*. (2014-10-10). ISSN: 1940-5030.
- 미토콘드리아 이브에 대해서는 원문을 구하기가 어려워서 원문을 정리한 이 글을 참고했다. 링크는 아래와 같다. http://embryo.asu.edu/handle/10776/8225.

Robert L. Dorit, Hiroshi Akashi, Walter Gilbert. "Absence of polymorphism at the ZFY locuson the human Y chromosome". *Science*. Vol. 268, 1995-05-26, pp.1183-1185.
- Y-염색체 아담에 관련된 첫 논문이다. 사람의 염색체 정보는 다음을 참고했다. http://asia.ensembl.org.

Nathaniel T. Jeanson. "Mitochondrial DNA Clocks Imply Linear Specification Rates Within 'Kinds'". *Answers in Genesis*. June 3, 2015.
- 미토콘드리아 DNA 분석을 통한 세 명의 여성 조상을 찾는 내용은 이 글을 참고했다.

Sanford, J., J. Pamplin, and C. Rupe. "Genetic Entropy Recorded in the Bible?". *FMS Foundation*. 2014, Posted on kolbecenter.org, July 2014.
- 인류의 수명 감소는 이 글을 참고했다. 현재는 원문 링크가 깨져서 찾아볼 수 없으며, 구글 캐시를 통해 읽을 수 있다.

Marshall Brain, "How Tower Cranes Work?-How much weight can they lift?" how stuff work.
- 오늘날 크레인이 옮길 수 있는 최대 무게(18톤)는 이 글을 참고했다. 링크는 다음과 같다.
  https://science.howstuffworks.com/transport/engines-equipment/tower-crane2.htm.

Richard J. Dewhurst. "The Ancient Giants Who Ruled America". *Bear & Company*. 2014.
- 듀허스트는 이 책에서 100여 년 이전부터의 미국 과거 신문들을 검색해 거인에 대해 언급된 기사들을 정리했다. 이 책은 북미 대륙의 거대한 무덤들에 거인이 매장되어 있었다는 것이 100여 년 전에는 상식이었다고 주장한다.

Galyn Wiemers. "Quotes from Josephus concerning Giants". *Generation Word*.
- 요세푸스가 언급한 거인의 뼈에 대한 내용은 이 글을 참고하기 바란다. 링크는 다음과 같다. http://www.generationword.com/notes/bible-topics/josephus_giants.htm.

"시황제 왕릉에서 발견된 '거인'". '희망지성', 2016.
- 진시황 시대에 나타났다는 거인들에 대한 내용은 '희망지성'과 NBC 뉴스를 참고하기 바란다. 링크는 다음과 같다. 참고로, 국내 일부 블로그에 한서 29권 오행지에 해당 기록이 나온다고 되어 있는데, 오행지는 27권이다. 해당 내용이 오행지에 있는지, 27권에 있는지는 확인하지 못했다.
http://www.soundofhope.kr/bbs/board_view.php?bbs_code=bbsIdx52&num=27969.
https://www.nbcnews.com/sciencemain/chinas-terracotta-warriors-inspired-ancient-greek-art-2D11727052.